今注本二十四史

漢書

漢 班固 撰 唐 顏師古 注

孫曉 主持校注

中國社會科學出版社

一七　傳〔五〕

漢書　卷五五

衛青霍去病傳第二十五

　　衛青字仲卿。其父鄭季，河東平陽人也，[1]以縣吏給事侯家。[2]平陽侯曹壽尚武帝姊陽信長公主。[3]季與主家僮衛媼通，[4]生青。青有同母兄衛長君及姊子夫，[5]子夫自平陽公主家得幸武帝，[6]故青冒姓爲衛氏。[7]衛媼長女君孺，次女少兒，次女則子夫。子夫男弟步廣，皆冒衛氏。[8]

　　[1]【今注】河東：郡名。治安邑（今山西夏縣西北）。　平陽：縣名。治所在今山西臨汾市西南。

　　[2]【今注】給事：當差。

　　[3]【顏注】師古曰：壽姓曹，爲平陽侯，當是曹參之後，然《參傳》及《功臣侯表》並無之，未詳其意也。【今注】平陽侯曹壽：漢初平陽侯曹參曾孫。本書《高惠高后文功臣表》作“夷侯時”，景帝四年（前153）嗣位。王先謙《漢書補注》認爲，平陽侯當是名疇。其他或作“時”，或作“壽”，均爲因文字殘缺或形近而訛。　武帝：即劉徹。紀見本書卷六。　陽信長公主：漢景帝女，武帝的姐姐。長公主，漢代皇帝之女稱公主，皇帝姊稱長公主。

　　[4]【顏注】師古曰：僮者，婢妾之總稱也。媼者，後年老

之號，非當時所呼也。衞者，舉其夫家姓也。【今注】案，與主家僮衞媼通，《史記》卷一一一《衞將軍驃騎列傳》作"與侯妾衞媼通"。

[5]【今注】子夫：初爲平陽公主府中的歌姬。漢武帝元朔元年（前128），生下武帝長子劉據，獲立爲皇后。

[6]【今注】得幸武帝：事在建元二年（前139）春。征和二年（前91），因"巫蠱之禍"自殺。

[7]【顏注】師古曰：謂假稱（蔡琪本同，大德本、殿本"謂"前有"冒"字），若人首之有覆冒也。

[8]【顏注】師古曰：言步廣及青二人皆不姓衞，而冒稱。

青爲侯家人，[1]少時歸其父，父使牧羊。民母之子皆奴畜之，不以爲兄弟數。[2]青嘗從人至甘泉居室，[3]有一鉗徒相青曰：[4]"貴人也，官至封侯。"青笑曰："人奴之生，[5]得無笞罵即足矣，[6]安得封侯事乎！"

[1]【今注】家人：漢代對僕役的稱呼。

[2]【顏注】服虔曰：民母，嫡母也。師古曰：言鄭季正妻本在編户之間，以別於公主家也。今流俗書本云"牧羊人間，先母之子不以爲兄弟數"，妄增也。【今注】民母：又稱嫡母，妾所生子女對父正妻的稱呼。此指鄭季正妻。其爲編入户籍的平民，與在公主家爲奴者有區別。　不以爲兄弟數：不以衞青在兄弟之列。數，數目。

[3]【顏注】張晏曰：居室，甘泉中徒所居也。【今注】甘泉居室：漢代監獄名。屬少府。其長官有令、丞。據本書《百官公卿表》，少府屬官有居室及甘泉居室令。武帝太初元年（前104），將居室更名爲保宮，甘泉居室爲昆臺。甘泉，宮名。一稱雲陽宮。秦代爲林光宮。遺址在今陝西淳化縣北。

[4]【今注】鉗徒：被施加鉗刑的犯人。以鐵圈束頸爲鉗。

[5]【今注】人奴之生：衞青的生母衞媼本是平陽侯的家僮。

[6]【今注】笞罵：用竹板、荊條抽打並責罵。

  青壯，爲侯家騎，從平陽主。[1]建元二年春，[2]青姊子夫得入宫幸上。皇后，大長公主女也，[3]無子，妒。大長公主聞衞子夫幸，有身，妒之，迺使人捕青。青時給事建章，[4]未知名。大長公主執囚青，欲殺之。其友騎郎公孫敖與壯士往篡之，[5]故得不死。上聞，迺召青爲建章監，[6]侍中。[7]及母昆弟貴，賞賜數日閒累千金。君孺爲太僕公孫賀妻。[8]少兒故與陳掌通，[9]上召貴掌。公孫敖由此益顯。子夫爲夫人。[10]青爲大中大夫。[11]

[1]【今注】平陽主：陽信長公主嫁平陽侯，故稱平陽主。

[2]【今注】建元二年：公元前 139 年。建元，漢武帝年號（前 140—前 135）。

[3]【顏注】文穎曰：陳皇后，武帝姑女也。【今注】大長公主女：陳皇后，名阿嬌。其母爲武帝姑母劉嫖。皇帝姑母稱大長公主。

[4]【顏注】師古曰：建章宫中。【今注】建章：宫名。故址在今陝西西安市漢長安故城西。

[5]【顏注】師古曰：逆取曰篡。【今注】騎郎：官名。擔任騎兵的郎。由騎將率領，居宫中宿衛，皇帝出行則充車騎侍從。秩比三百石。 篡：劫奪。

[6]【今注】建章監：官名。掌管建章宫衣食起居。

[7]【今注】侍中：加官名。在宫中侍從皇帝。凡列侯至百官

加侍中的，可以入禁中，接近皇帝，後逐漸變爲親信貴重之職。

　　[8]【今注】太僕：官名。漢九卿之一。掌管皇帝車馬，兼管馬政。　公孫賀：傳見本書卷六六。

　　[9]【顏注】師古曰：掌即陳平曾孫也。

　　[10]【今注】夫人：秦及漢初、中期對皇帝妾的稱呼。

　　[11]【今注】大中大夫：官名。漢九卿之一郎中令（光禄勳）屬官。侍從皇帝，掌顧問應對，議論政事，奉詔出使。秩比千石。

　　元光六年，[1]拜爲車騎將軍，[2]擊匈奴，出上谷；[3]公孫賀爲輕車將軍，[4]出雲中；[5]大中大夫公孫敖爲騎將軍，[6]出代郡；[7]衞尉李廣爲驍騎將軍，[8]出鴈門：[9]軍各萬騎。青至籠城，[10]斬首虜數百。[11]騎將軍敖亡七千騎，衞尉廣爲虜所得，得脱歸，皆當斬，贖爲庶人。賀亦無功。唯青賜爵關内侯。[12]是後匈奴仍侵犯邊。[13]語在《匈奴傳》。

　　[1]【今注】元光六年：公元前 129 年。元光，漢武帝年號（前 134—前 129）。案，《史記》卷一一一《衞將軍驃騎列傳》作“元光五年”。《史記·漢興以來將相名臣年表》、本書卷六《武紀》亦作“六年”，本書卷九四上《匈奴傳上》作“自馬邑軍後五歲之秋”。當以六年爲是。

　　[2]【今注】車騎將軍：武官名。掌管車騎的高級武官。次於大將軍。

　　[3]【今注】上谷：郡名。治沮陽（今河北懷來縣大古城村）。

　　[4]【今注】輕車將軍：武官名。漢代雜號將軍之一。輕車本是古代一種戰車，也作爲一個兵種，又稱車士，後用作將軍稱號。

　　[5]【今注】雲中：郡名。治雲中（今内蒙古托克托縣古城村）。

［6］【今注】騎將軍：漢代雜號將軍之一。掌統領騎兵作戰。

［7］【今注】代郡：郡名。治代縣（今河北蔚縣東北）。

［8］【今注】衛尉：官名。漢九卿之一。掌宮門警衛，統率守衛部隊。　李廣：傳見本書卷五四。　驍騎將軍：武官名。漢代雜號將軍之一。掌統兵出征。

［9］【今注】鴈門：郡名。治善無（今山西右玉縣南）。

［10］【顏注】師古曰：“籠”讀與“龍”同。【今注】籠城：又作“蘢城”。匈奴祭天、大會諸部之處。又稱龍庭。漢初龍城在今內蒙古烏蘭察布市陰山一帶。元狩四年（前119）遷至今蒙古和碩柴達木湖附近。

［11］【今注】首虜：首級。一説首指斬獲首級，虜指俘虜。

［12］【今注】關內侯：爵名。秦漢二十等爵制的第十九級，次於列侯。有侯號、封户而無封土，居京畿，有徵收租税之權。也有特殊者，在關內有封土，食其租税。

［13］【顏注】師古曰：仍，頻也。

　　元朔元年春，[1]衛夫人有男，[2]立爲皇后。其秋，青復將三萬騎出鴈門，李息出代郡。青斬首虜數千。明年，青復出雲中，西至高闕，[3]遂至于隴西，[4]捕首虜數千，畜百餘萬，[5]走白羊、樓煩王。[6]遂取河南地爲朔方郡。[7]以三千八百户封青爲長平侯。[8]青校尉蘇建爲平陵侯，[9]張次公爲岸頭侯。[10]使建築朔方城。[11]上曰：“匈奴逆天理，亂人倫，暴長虐老，[12]以盗竊爲務，行詐諸蠻夷，造謀籍兵，數爲邊害。[13]故興師遣將，以征厥罪。《詩》不云乎：‘薄伐獫允，至于太原’；[14]‘出車彭彭，城彼朔方’。[15]今車騎將軍青度西河至高闕，[16]獲首二千三百級，[17]車輜畜産畢收爲鹵，[18]已封爲列侯，[19]遂西定河南地，案榆谿舊塞，[20]絕梓領，[21]梁北河，[22]討蒲泥，[23]破符離，[24]斬輕銳之卒，捕伏聽者[25]三千一十七級。[26]執訊獲醜，[27]毆馬牛羊百有餘萬，全甲兵而還，益封青三千八百户。"[28]其後匈奴比歲入代郡、鴈門、定襄、上郡、朔方，[29]所殺略甚衆。語在《匈奴傳》。

[1]【今注】元朔元年：公元前 128 年。元朔，漢武帝年號（前 128—前 123）。

[2]【今注】衛夫人有男：指太子劉據。傳見本書卷六三。

[3]【顏注】師古曰：高闕，山名也，一曰塞名也，在朔方之北。【今注】高闕：地名。在今内蒙古杭錦後旗東北。陰山山脈至此斷爲一缺口，如同門闕。高闕位置有狼山、烏拉前山等多種説法，參見張益群、馬晶《"高闕"地望研究綜述》（《陰山學刊》2016 年第 1 期）。

[4]【今注】隴西：郡名。治狄道（今甘肅臨洮縣南）。

[5]【今注】案，畜百餘萬，《史記》卷一一一《衛將軍驃騎列傳》作"畜數十萬"。

[6]【今注】白羊：古族名。在今内蒙古河套西部地區。其王又稱河南王。 樓煩：古族名。秦末爲匈奴征服，移居河南地（今内蒙古鄂爾多斯草原）。

[7]【顏注】師古曰：當北地郡之北，黄河之南也。【今注】河南地：在今内蒙古河套黄河以南地區。 朔方郡：治朔方縣（今内蒙古杭錦旗東北）。

[8]【今注】長平：縣名。治所在今河南西華縣東北。

[9]【今注】校尉：武官名。漢代中上級軍官。原爲秦朝統領一校的中級軍官。 蘇建：傳見本書卷五四。 平陵：在南陽郡武當縣（今湖北丹江口市均縣鎮西北）。

[10]【顔注】晉灼曰：河東皮氏亭也。【今注】岸頭：亭名。一說爲鄉名。在今山西河津市南。

[11]【顔注】師古曰：蘇建築之也。【今注】朔方城：漢武帝元朔三年（前 126）秋，蘇建修復秦代蒙恬所築要塞，築朔方城。故址在今内蒙古杭錦旗西北黃河南岸。

[12]【顔注】師古曰：謂其俗貴少壯而賤長老也。

[13]【顔注】張晏曰：從蠻夷借兵鈔邊。

[14]【顔注】師古曰：《小雅·六月》之詩，美宣王北伐也。薄伐者，言逐出之也。獫允，北狄名，即匈奴也。“獫”音“險”。【今注】獫允：又作“獫狁”。西周中期生活在今陝西北部、甘肅東部的少數民族。案，據《詩·小雅·六月》載，周人曾派南仲攻打獫狁，在朔方筑城。雙方交戰地點在涇水、洛水流域和晉南地區（參見張睿祥、劉潮、歐秀花《周伐獫狁時間及地域考》，《天水師範學院學報》2014 年第 6 期；李峰《西周的滅亡：中國早期國家的地理和政治危機》，上海古籍出版社 2016 年版，第 173—186 頁）。 太原：古地區名。在今寧夏固原市和甘肅平凉市一帶。

[15]【顔注】師古曰：《小雅·出車》之詩也。彭彭，衆車聲也。朔方，北方也。此詩人美出車而征，因築城以攘獫允也。【今注】案，出車彭彭，《史記》卷一一〇《匈奴列傳》引作“出輿彭彭”。

[16]【今注】西河：今寧夏、内蒙古之間從南向北的一段黃河。

[17]【今注】案，獲首，《史記·衛將軍驃騎列傳》作“獲首虜”。

[18]【今注】車輜：車輛及其所載軍用物資。輜，古代一種有帷蓋的大車。 鹵：掠奪。此處指繳獲的戰利品。

[19]【今注】列侯：爵位名。秦漢二十等爵的最高一級爲徹侯。後避漢武帝諱改通侯，又稱列侯。

　　［20］【顏注】如淳曰：案，尋也。榆谿，舊塞名也。師古曰：上郡之北有諸次山，諸次水出焉，東經榆林塞爲榆谿。言軍尋此塞而行也。【今注】榆谿舊塞：古關塞名。秦時始置，故漢人稱爲舊塞。一名榆林塞。在今內蒙古河套東北。

　　［21］【今注】絶梓領：橫越梓嶺。梓領，即梓嶺。辛德勇認爲，即陰山山脈西端的一處山梁（參見辛德勇《張家山漢簡所示漢初西北隅邊境解析——附論秦昭襄王長城北端走向與九原雲中兩郡戰略地位》，《歷史研究》2006年第1期）。或爲木根山（今內蒙古河套東北岸）。

　　［22］【今注】梁北河：在北河上架橋。梁，橋梁，指架橋。北河，黃河流經內蒙古巴彥高勒鎮，在陰山南麓分爲南、北兩支，南支稱爲南河，即今黃河正流；北支稱爲北河，約當今烏加河。

　　［23］【今注】蒲泥：匈奴王稱號。或以爲漢代漠北邊塞名。

　　［24］【顏注】如淳曰：絶，度也。爲北河作橋梁也。晉灼曰：蒲泥、符離，二王號也。師古曰：符離，塞名也。【今注】符離：塞名。在今內蒙古五原縣西北。

　　［25］【顏注】張晏曰：伏於隱處，聽軍虛實。

　　［26］【顏注】師古曰：本以斬敵一首拜爵一級，故謂一首爲一級，因復名生獲一人爲一級也。【今注】案，三千一十七級，《史記·衛將軍驃騎列傳》作“三千七十一級”。

　　［27］【顏注】師古曰：執訊者，謂生執其人而訊問之也。獲醜者，得其衆也。一曰醜，惡（蔡琪本同，大德本、殿本作“惡也”）。“訊”音“信”。

　　［28］【今注】案，三千八百戶，《史記·衛將軍驃騎列傳》作“三千戶”。

　　［29］【顏注】師古曰：比，類也（類，蔡琪本、大德本、殿本作“頻”）。【今注】定襄：郡名。治成樂（今內蒙古和林格爾縣盛樂鎮土城子村古城）。　上郡：郡名。治膚施（今陝西榆林市

東南）。

元朔五年春，[1]令青將三萬騎出高闕，衛尉蘇建爲游擊將軍，[2]左内史李沮爲彊弩將軍，[3]大僕公孫賀爲騎將軍，[4]代相李蔡爲輕車將軍，[5]皆領屬車騎將軍，俱出朔方。大行李息、岸頭侯張次公爲將軍，[6]俱出右北平。[7]匈奴右賢王當青等兵，[8]以爲漢兵不能至此，飲醉，漢兵夜至，圍右賢王。右賢王驚，夜逃，獨與其愛妾一人騎數百馳，潰圍北去。漢輕騎校尉郭成等追數百里，[9]弗得，得右賢裨王十餘人，[10]衆男女萬五千餘人，畜數十百萬，[11]於是引兵而還。至塞，天子使使者持大將軍印，[12]即軍中拜青爲大將軍，[13]諸將皆以兵屬，立號而歸。

[1]【今注】元朔五年：公元前 124 年。

[2]【今注】游擊將軍：武官名。漢雜號將軍之一。

[3]【顏注】文穎曰：“沮”音“䃢”。【今注】左内史：官名。景帝時分内史爲左、右内史，治京畿地方。　彊弩將軍：武官名。漢雜號將軍之一。掌管彊弩。

[4]【今注】大僕：官名。漢九卿之一。掌爲皇帝駕車及馬政。秩中二千石。　騎將軍：武官名。漢雜號將軍之一。掌管騎士。

[5]【今注】代：侯國名。初都代（今河北蔚縣西北），後徙中都（今山西平遥縣西南）。　相：官名。諸侯國丞相，職掌同郡太守。景帝中元五年（前 145）改稱相。　李蔡：事見本書卷五四《李廣傳》。　輕車將軍：武官名。漢雜號將軍之一。輕車爲古代兵種名，士兵均駕車作戰。

　　[6]【今注】大行：官名。大行令。漢武帝時九卿之一大鴻臚屬官。掌管諸郎官。秦時典客，漢景帝中元六年更名大行令。武帝太初元年（前104），大行令改爲大鴻臚，是漢九卿之一。其屬官行人改名大行令。

　　[7]【今注】右北平：郡名。漢初治無終（今天津市薊州區），後徙治平剛（今内蒙古寧城縣西）。

　　[8]【今注】右賢王：匈奴官名。匈奴謂賢爲“屠耆”，又稱右屠耆王。匈奴單于居中，左、右賢王分别居東、西方。

　　[9]【今注】輕騎校尉：武官名。掌騎兵。

　　[10]【顏注】師古曰：禆王，小王也，若言禆將也。禆，音頻移反。【今注】禆王：又作“禆小王”。漢時匈奴自左、右賢王以下至當户有二十四長（首領），其下各置禆王等。

　　[11]【顏注】師古曰：數十萬以至百萬。【今注】案，數十百萬，《史記》卷一一一《衛將軍驃騎列傳》作“數千百萬”。

　　[12]【今注】大將軍：武官名。漢代將軍最高稱號，掌統兵作戰。

　　[13]【顏注】師古曰：即，就也。

　　上曰：“大將軍青躬率戎士，師大捷，獲匈奴王十有餘人，益封青八千七百户。”[1]而封青子伉爲宜春侯，[2]子不疑爲陰安侯，[3]子登爲發干侯。[4]青固謝曰：[5]“臣幸得待罪行間，[6]賴陛下神靈，軍大捷，皆諸校力戰之功也。[7]陛下幸已益封臣青，臣青子在繦褓中，未有勤勞，上幸裂地封爲三侯，非臣待罪行間所以勸士力戰之意也。伉等三人何敢受封！”上曰：“我非忘諸校功也，今固且圖之。”乃詔御史曰：[8]“護軍都尉公孫敖三從大將軍擊匈奴，[9]常護軍傅校獲王，[10]

封敖爲合騎侯。[11]都尉韓説從大軍出寘渾,[12]至匈奴右賢王庭,爲戲下[13]搏戰獲王,[14]封説爲龍頟侯。[15]騎將軍賀從大將軍獲王,封賀爲南窌侯。[16]輕車將軍李蔡再從大將軍獲王,封蔡爲樂安侯。[17]校尉李朔、趙不虞、公孫戎奴各三從大將軍獲王,封朔爲陟軹侯,[18]不虞爲隨成侯,[19]戎奴爲從平侯。[20]將軍李沮、李息及校尉豆如意、中郎將綰皆有功,[21]賜爵關內侯。沮、息、如意食邑各三百户。”其秋,匈奴入代,殺都尉。[22]

[1]【今注】案,八千七百户,《史記》卷一一一《衞將軍驃騎列傳》作“六千户”。

[2]【顔注】師古曰:“伉”音“杭”(杭,蔡琪本、大德本、殿本作“抗”),又音工郎反。【今注】宜春:縣名。治所在今河南汝南縣西南。

[3]【今注】陰安:縣名。治所在今河南清豐縣北。

[4]【今注】發干:縣名。治所在今山東聊城市西。 案,據《史記·惠景閒侯者年表》,衞青三子,將軍公孫賀、李蔡,校尉公孫敖、韓説、李朔受封於四月丁未(廿日),校尉公孫戎奴、趙不虞受封於四月乙卯(廿八日);本書《景武昭宣元成功臣表》《外戚恩澤侯表》則以公孫賀受封於丁卯,李蔡受封於乙巳,校尉李朔受封於乙卯。數人皆不是同日受封,將軍公孫賀、李蔡受封則在此前。故此處所引詔書並非原文,當經過改編。(參見徐朔方《舊史所引文書往往不是原文一例》,載《徐朔方集》第五卷《文史·創作》,浙江古籍出版社1993年版,第210頁)

[5]【顔注】師古曰:固謂再三也。

[6]【今注】待罪行閒:在軍隊供職。待罪,官吏因怕失職而

得罪。待罪爲做官任職的謙詞。行間，行伍之間，指軍隊。

[7]【今注】校：漢代軍隊編制單位。每校七百人至一千二百人，其統兵官稱校尉。又爲軍營名稱，軍之一部爲一校。

[8]【今注】御史：官名。此處指御史大夫。皇帝制書、詔令下達，多由御史大夫承轉，然後纔下達丞相。

[9]【今注】護軍都尉：武官名。初爲臨時設置的監領軍隊、協調各將領之間關係的官職。

[10]【顏注】師古曰：“傅”讀曰“附”。言敎揔護諸軍，每附部校，以致克捷而獲王也。校者，營壘之稱，故謂軍之一部爲一校。或曰旛旗之名，非也。每軍一校，則別爲旛耳，不名校也。【今注】傅校獲王：監護諸軍擒獲左賢王下屬裨王多人。校，爲軍營名稱，一部爲一校。代指諸軍。

[11]【顏注】晉灼曰：猶冠軍從票之名也。【今注】合騎：因接應協調諸軍，立下戰功，故名。

[12]【顏注】服虔曰：塞名也。師古曰：“説”讀曰“悦”。“寘”音“田”。“渾”音“麗”。【今注】都尉：官名。漢代一郡中掌管軍事的高級武官，職位低於將軍。　韓説：事見本書卷三三《韓王信傳》。　大軍：應作“大將軍”，脱“將”字。《史記·衛將軍驃騎列傳》正作“都尉韓説從大將軍出寘渾”，當據改。　寘渾：縣名。治所在今內蒙古磴口縣西北保爾浩特土城。又作“窳渾”。

[13]【顏注】師古曰：“戲”讀曰“麾”，又音許宜反。言在大將軍麾旗之下，不別統衆也。

[14]【顏注】服虔曰（服虔，蔡琪本、大德本、殿本作“師古”）：搏戰，擊戰。

[15]【顏注】師古曰：“頜”字或作“頷”。【今注】龍頜：地名。在今山東齊河縣西北。

[16]【顏注】臣瓚曰：茂陵中書云南奅侯，此本字也。師古

曰：窌，音普教反。窌亦同字。

[17]【今注】樂安：縣名。治所在今山東博興縣東北。

[18]【今注】案，陟軹，《史記·衛將軍驃騎列傳》作“涉軹”，本書《景武昭宣元成功臣表》作“軹”。軹，縣名。治所在今河南濟源市南。

[19]【今注】隨成：地名。在千乘縣（今山東高青縣東南）。又作“隨城”。一說指隨大將軍成功，故作“隨成”。

[20]【今注】從平：地名。在樂昌縣（今河南南樂縣西北）。

[21]【今注】案，豆，蔡琪本、殿本作“竇”。 中郎將：官名。漢九卿之一光禄勳屬官，統領宮中侍衛。《史記·衛將軍驃騎列傳》無“中郎將綰”。

[22]【今注】案，殺都尉，《史記·衛將軍驃騎列傳》作“殺都尉朱英”。

明年春，[1]大將軍青出定襄，合騎侯敖爲中將軍，大僕賀爲左將軍，翕侯趙信爲前將軍，[2]衛尉蘇建爲右將軍，郎中令李廣爲後將軍，[3]左内史李沮爲彊弩將軍，咸屬大將軍，斬首數千級而還。月餘，悉復出定襄，斬首虜萬餘人。蘇建、趙信并軍三千餘騎，獨逢單于兵，[4]與戰一日餘，漢兵且盡。信故胡人，降爲翕侯，見急，匈奴誘之，還將其餘騎可八百犇降單于。[5]蘇建盡亡其軍，獨以身得亡去，自歸青。青問其罪正閎、長史安、議郎周霸等：[6]“建當云何？”[7]霸曰：“自大將軍出，未嘗斬裨將，今建棄軍，可斬，以明將軍之威。”閎、安曰：“不然。兵法‘小敵之堅，大敵之禽也。’[8]今建以數千當單于數萬，力戰一日餘，士皆不敢有二心。自歸而斬之，是示後無反意也。不當斬。"[9]青曰："青幸得以肺附待罪行間,[10]不患無威,而霸説我以明威,甚失臣意。且使臣職雖當斬將,以臣之尊寵而不敢自擅專誅於境外,其歸天子,[11]天子自裁之,於以風爲人臣不敢專權,不亦可乎?"[12]軍吏皆曰"善"。遂囚建行在所。[13]是歲也,霍去病始侯。

[1]【今注】明年:元朔六年(前123)。

[2]【今注】翕:鄉名。治所在今河南内黄縣北。

[3]【今注】郎中令:官名。漢九卿之一。掌管宿衞殿内門户。武帝時改爲光禄勳。

[4]【今注】單于:匈奴君主的稱號。此時爲伊稚斜單于。

[5]【顔注】師古曰:犇,古"奔"字也。【今注】案,還,蔡琪本、大德本、殿本作"遂"。

[6]【顔注】張晏曰:正,軍正也。閎,名也。如淳曰:律,都軍官長史一人。【今注】正:軍正。軍中掌軍法之官。　長史:官名。隨軍出征,協助大將軍監督屬吏,備顧問,處理政務。類似今之秘書。　議郎:郎官的一種。屬九卿之一郎中令(光禄勳),秩比六百石。錢大昭《漢書辨疑》認爲,議郎是郎中令屬官,大將軍莫府中不得有此官,疑即從事中郎之類。王先謙《漢書補注》,周霸當時爲奉詔從軍,並非必爲大將軍幕府屬官。

[7]【顔注】師古曰:謂處斷其罪法何至也?【今注】建當云何:問建棄軍之罪根據軍法應該如何處理。

[8]【顔注】師古曰:言衆寡不敵,以其堅戰無有退心,故士卒喪盡也。一説,若建恥敗而不自歸,則亦被匈奴禽之而去。【今注】案,"兵法"數句出自《孫子兵法·作戰》。意思是强者與弱者的力量並不相當。弱者雖然堅守作戰,終必爲强者所擒獲。

[9]【今注】案,士皆不敢有二心自歸而斬之,《史記》卷一一一《衞將軍驃騎列傳》作"士盡,不敢有二心,自歸。自歸而

斬之"。上文言"蘇建盡亡其軍，獨以身得亡去，自歸青"，故云"士盡，不敢有二心，自歸"。指蘇建在士兵盡戰死的情況下仍不敢有二心。

[10]【顏注】師古曰：肺附，謂親戚也。解在《田蚡傳》也。【今注】肺附：比喻帝王的親屬或親戚。王先謙《漢書補注》認爲，"肺附"當作"柿附"。柿爲大木上砍削下的木片，附爲樹皮，出於樹幹上。比喻樹皮與樹幹的依附關係。

[11]【今注】其歸天子：《史記·衛將軍驃騎列傳》作"而具歸天子"。將蘇建交給天子處置並如實彙報相關情況。"其"當爲"具"之訛。

[12]【顏注】師古曰："風"讀曰"諷"。

[13]【今注】行在所：皇帝臨時駐蹕的地方。《史記·衛將軍驃騎列傳》作"詣行在所"，當據補"詣"字。

霍去病，大將軍青姊少兒子也。其父霍仲孺先與少兒通，[1]生去病。及衛皇后尊，少兒更爲詹事陳掌妻。[2]去病以皇后姊子，年十八爲侍中。善騎射，再從大將軍。大將軍受詔，予壯士，爲票姚校尉，[3]與輕勇騎八百直棄大將軍數百里赴利，[4]斬捕首虜過當。[5]於是上曰："票姚校尉去病斬首捕虜二千二十八級，得相國、當户，[6]斬單于大父行藉若侯産，[7]捕季父羅姑比，再冠軍，[8]以二千五百户封去病爲冠軍侯。[9]上谷太守郝賢四從大將軍，捕首虜千三百級，[10]封賢爲終利侯。騎士孟已有功，賜爵關内侯，邑二百户。"

[1]【今注】霍仲孺：事見本書卷六八《霍光傳》。
[2]【今注】詹事：官名。掌皇后、太子家事。

　　[3]【顏注】服虔曰：音“飄搖”。師古曰：票，音頻妙反。搖，音羊召反。票姚，勁疾之貌也。荀悅《漢紀》作“票鷂”字。去病後爲票騎將軍，尚取“票姚”之字耳。今讀者音“飄遙”，則不當其義也。【今注】票姚校尉：武官名。取雄健敏捷之意。同“勡姚”，也作“嫖姚”。

　　[4]【今注】直棄大將軍：脱離大軍徑直離去。《史記》卷一一一《衛將軍驃騎列傳》作“直棄大軍”。此句衍“將”字，當删。

　　[5]【顏注】師古曰：言計其所將人數，則捕首虜爲多，過於所當也。一曰漢軍失亡者少，而殺獲匈奴數多，故曰過當也。其下並同。

　　[6]【今注】相國：匈奴官名。又作“相邦”。爲匈奴左、右賢王下二十四長之一（參見王國維《觀堂集林》卷一六《匈奴相邦印跋》，中華書局1959年版）。　當户：匈奴官名。二十四長之一。掌統兵征戰。

　　[7]【顏注】張晏曰：藉若，胡侯也。產，名也。師古曰：此人單于祖父之行也。行，音胡浪反。

　　[8]【顏注】師古曰：亦單于之季父也，羅姑，其名也。比，頻也（頻，蔡琪本、殿本作“類”）。【今注】羅姑比：單于叔父的名字。

　　[9]【今注】案，二千五百户，《史記·衛將軍驃騎列傳》作“千六百户”。　冠軍：軍功爲全軍之冠。漢武帝元朔六年（前123）爲表彰霍去病，分穰縣、宛縣置冠軍縣。

　　[10]【今注】案，千三百級，《史記·衛將軍驃騎列傳》作“二千餘人”。

　　是歲失兩將軍，[1]亡翕侯，[2]功不多，故青不益封。蘇建至，上弗誅，贖爲庶人。青賜千金。是時王夫人方幸於上，[3]甯乘説青曰：[4]"將軍所以功未甚多，身食萬户，三子皆爲侯者，[5]以皇后故也。今王夫人幸而宗族未富貴，願將軍奉所賜千金爲王夫人親壽。"[6]青以五百金爲王夫人親壽。上聞，問青，青以實對。上迺拜甯乘爲東海都尉。[7]校尉張騫從大將軍，[8]以嘗使大夏，[9]留匈奴中久，道軍，知善水草處，[10]軍得以無飢渴，因前使絶國功，[11]封騫爲博望侯。[12]

[1]【今注】兩將軍：指蘇建、趙信兩將的軍隊。《史記》卷一一一《衞將軍驃騎列傳》作"兩將軍軍"，多一"軍"字。

[2]【今注】亡翕侯：趙信本是匈奴人，後降漢，封翕侯。武帝元朔六年（前123）與匈奴交戰，兵敗降匈奴。翕，在今河南内黄縣。

[3]【今注】王夫人：漢武帝寵姬。生齊懷王劉閎。

[4]【顏注】師古曰：《史記》云，甯乘，齊人。

[5]【今注】三子皆爲侯者：漢武帝元朔五年封衞青三子爲侯。

[6]【顏注】師古曰：親，母也。

[7]【今注】東海：郡名。治郯縣（今山東郯城縣西北）。

[8]【今注】張騫：傳見本書卷六一。

[9]【今注】使大夏：王先謙《漢書補注》據《張騫傳》認爲，當作"使月氏"。月氏後迺君大夏。騫留十三歲。大夏，中亞古國名，音譯"巴克特里亞"，在今阿富汗北部，國都藍氏城（今阿富汗瓦齊拉巴德）。

[10]【顏注】師古曰："道"讀曰"導"。

[11]【今注】絶國：極爲遥遠的邦國。

[12]【今注】博望：縣名。治所在今河南方城縣。

　　去病侯一歲，[1]元狩二年春爲票騎將軍，[2]將萬騎出隴西，有功。上曰：“票騎將軍率戎士隃烏盭，[3]討遫濮，[4]涉狐奴，[5]歷五王國，[6]輜重人衆攝讋者弗取，[7]幾獲單于子。[8]轉戰六日，過焉支山千有餘里，[9]合短兵，鏖皋蘭下，[10]殺折蘭王，斬盧侯王，[11]銳悍者誅，全甲獲醜，執渾邪王子[12]及相國、都尉，[13]捷首虜八千九百六十級，[14]收休屠祭天金人，[15]師率減什七，[16]益封去病二千二百戶。”[17]

　　[1]【今注】去病侯一歲：《漢書考正》宋祁曰：“三”，越本作“一”。據景祐本及《史記》卷一一一《衛將軍驃騎列傳》、本書卷六《武紀》並作“元狩二年”。又《史記·建元以來侯者表》云冠軍景桓侯霍去病以“（元朔）六年從大將軍擊匈奴，斬相國功侯。元狩二年，以驃騎將軍擊匈奴，至祁連，益封”。自元朔六年（前123）至元狩二年（前121），凡三年，故曰“侯三歲”。案，一歲，蔡琪本、大德本、殿本作“三歲”。

　　[2]【今注】案，二年，蔡琪本、大德本、殿本作“三年”。票騎將軍：武官名。票騎，或作“驃騎”，爲將軍之號，取驍勇之意。

　　[3]【顏注】師古曰：“隃”與“踰”同。盭，古“戾”字也。烏盭，山名也。【今注】烏盭（lì）：山名。在今甘肅蘭州市東北。

　　[4]【顏注】師古曰：遫，古“速”字也。遫濮，匈奴部落名也。

　　[5]【顏注】晉灼曰：水名也。【今注】狐奴：水名。即今莊浪河，在甘肅蘭州市西。

　　[6]【今注】五王國：匈奴右部五個王國。左賢王、昆邪王、

休屠王、谷蠡王、右賢王。

[7]【顏注】師古曰：攝讋，謂振動失志氣。言距戰者誅，服者則赦也。讋，音之涉反。【今注】攝讋：畏懼屈服。

[8]【顏注】師古曰：幾，音距衣反（衣，蔡琪本、大德本同，殿本作"依"）。

[9]【今注】焉支山：山名。在今甘肅永昌縣西、山丹縣東南。

[10]【顏注】應劭曰：隴西白石縣塞外河名也。蘇林曰：匈奴中山關名也。李奇曰："鏖"音"廘"，津名也。晉灼曰：世俗謂盡死殺人爲鏖糟。文穎曰：鏖，音意曹反。師古曰：鏖字本從金麃聲，轉寫訛耳。鏖謂苦擊而多殺也。皋蘭，山名也。言苦戰於皋蘭山下而多殺虜也。晉説文音皆得之。今俗猶謂打擊之甚者曰鏖。麃，牝鹿也（牝，蔡琪本、大德本同，殿本作"牡"），音於求反。【今注】鏖：激戰。　皋蘭：山名。在今甘肅臨夏市南。一名石門山。皋蘭山在焉支山東南，上文又説過焉支山千餘里，文或有誤。《史記·衛將軍驃騎列傳》無此句。

[11]【顏注】張晏曰：折蘭、盧侯，胡國名也。殺者，殺之而已。斬者，獲其首也。師古曰：折蘭，匈奴中姓也。今鮮卑有是蘭姓者，即其種也。折，音上列反。

[12]【顏注】師古曰：全甲，謂軍中之甲不喪失也。渾，音下昆反。【今注】案，"鋭悍者誅"二句，《史記·衛將軍驃騎列傳》祇有"誅全甲"三字。　渾邪王：又作"昆邪王"。匈奴西部地區重要首領之一，王庭在觻得（今甘肅張掖市西北）。

[13]【今注】都尉：匈奴官名。

[14]【今注】案，捷首虜八千九百六十級，《史記·衛將軍驃騎列傳》作"首虜八千餘級"。捷，同"斬"。

[15]【顏注】如淳曰：祭天以金人爲主也。張晏曰：佛徒祠金人也。師古曰：今之佛像是也。休，音許虯反。"屠"音

"儲"。【今注】休屠：匈奴西部地區重要首領之一，其領地在今甘肅民勤縣北。後爲渾邪王所殺。 祭天金人：用於祭天的銅像。

[16]【顏注】師古曰：言其破敵，故匈奴之師十減其七也。一曰，漢兵失亡之數。下皆類此也。【今注】率減什七：謂匈奴軍隊大約損失十分之七。王先謙《漢書補注》謂霍去病是役捷首虜近九千，匈奴約萬三千人，故云什減其七。

[17]【今注】案，二千二百户，《史記·衞將軍驃騎列傳》作"二千户"。

其夏，去病與合騎侯敖俱出北地，[1]異道。博望侯張騫、郎中令李廣俱出右北平，異道。廣將四千騎先至，騫將萬騎後。匈奴左賢王將數萬騎圍廣，[2]廣與戰二日，死者過半，所殺亦過當。騫至，匈奴引兵去。騫坐行留，當斬，贖爲庶人。[3]而去病出北地，遂深入，合騎侯失道，不相得。去病至祁連山，[4]捕首虜甚多。上曰："票騎將軍涉鈞耆，濟居延，[5]遂臻小月氏，[6]攻祁連山，揚武乎鱳得，[7]得單于單桓、酋涂王，[8]及相國、都尉以衆降下者二千五百人，可謂能舍服知成而止矣。[9]捷首虜三萬二百，[10]獲五王，王母、單于閼氏、王子五十九人，[11]相國、將軍、當户、都尉六十三人，師大率減什三，益封去病五千四百户。[12]賜校尉從至小月氏者爵左庶長。[13]鷹擊將軍破奴[14]再從票騎將軍斬遫濮王，捕稽且王，[15]右千騎將、王、王母各一人，[16]王子以下四十一人，捕虜三千三百三十人，前行捕虜千四百人，[17]封破奴爲從票侯。[18]校尉高不識從票騎將軍捕呼于耆王王子以下十一人，捕虜千七百六十八人，封不識爲宜冠侯。校尉僕多有功，封爲煇渠侯。"[19] 合騎侯敖坐行留不與票騎將軍會，當斬，贖爲庶人。諸宿將所將士馬兵亦不如去病，[20] 去病所將常選，[21] 然亦敢深入，常與壯騎先其大軍，軍亦有天幸，未嘗困絕。[22] 然而諸宿將常留落不耦。[23] 由此去病日以親貴，比大將軍。

[1]【今注】北地：郡名。治馬領（今甘肅慶陽市西北馬嶺鎮）。北地原治義渠（今甘肅寧縣西北）。漢武帝元鼎三年（前114），從北地郡析置安定郡，治高平（今寧夏固原市原州區），將北地郡治移馬領。

[2]【今注】左賢王：匈奴官名。又稱左屠耆王。其名稱來自匈奴語"屠耆"，漢譯爲"賢"。匈奴出兵，單于領中部，左賢王居東，右賢王居西。

[3]【顏注】師古曰：軍行而輒稽留，故坐法。

[4]【顏注】師古曰：祁連山即天山也，匈奴呼天爲"祁連"。祁，音上夷反。【今注】祁連山：在今甘肅酒泉市南。

[5]【顏注】張晏曰：鈞耆、居延，皆水名也。淺曰涉，深曰濟。師古曰：涉謂人馬涉度也，濟謂以舟舩（舩，大德本同，蔡琪本、殿本作"船"）。【今注】鈞耆：地名。在今甘肅山丹縣西北東樂鄉附近，山丹河流經其地。 居延：澤名。一作"居延海"。在今内蒙古額濟納旗北境。本爲水名，在今甘肅武威市東南。至太初元年（前104），建置酒泉、張掖兩郡，太初三年命强弩都尉路博德築居延以衛酒泉，於是居延地名就搬至今内蒙古額濟納旗境内，而發源於南山羌谷的羌谷水（今黑河）流注的終端湖名爲居延澤（參見陳秀實《漢將霍去病出北地行軍路綫考——〈漢書〉"涉鈞耆濟居延"新解》，《西北師大學報》1998年第6期）。

[6]【顏注】師古曰：臻，至也。"氐"音"支"。【今注】

小月氏：古族名。漢文帝時，月氏因遭匈奴攻擊，大部分西遷塞種地區（今新疆西部伊犁河流域及其迤西一帶），後又西遷大夏（即今阿姆河上游），稱大月氏；一部分進入南山（今祁連山），與羌人雜居，稱小月氏。

[7]【顏注】鄭氏曰："鱳"音"鹿"，張掖縣也。師古曰：鄭說非也。此鱳得，匈奴中地名，而張掖縣轉取其名耳。【今注】鱳得：縣名。治所在今甘肅張掖市西北。當時尚爲渾邪王王庭所在地。

[8]【顏注】張晏曰：單桓、酋涂，皆胡王也。師古曰：酋，音才由反。涂音塗。

[9]【顏注】師古曰：服而舍之，功成則止也。【今注】舍服知成而止：對投降者放生不殺，達到目標即停止進軍。舍，赦免。

[10]【今注】案，王先謙《漢書補注》認爲，據上下文體例，"捷首虜三萬二百"後當有"級"字。《史記》卷一一一《衛將軍驃騎列傳》有"級"字。

[11]【今注】案，《史記·衛將軍驃騎列傳》"王母"上有"五"字。　閼氏：漢時對匈奴單于、諸王之妻的統稱或尊稱。

[12]【今注】案，五千四百户，《史記·衛將軍驃騎列傳》作"五千户"。

[13]【顏注】師古曰：弟十一爵（蔡琪本、大德本、殿本作"第十爵"）。

[14]【顏注】師古曰：趙破奴。【今注】案，將軍，蔡琪本、大德本、殿本作"司馬"。

[15]【顏注】師古曰：且，音子閭反。

[16]【今注】右千騎將：匈奴將軍名，率騎兵千人。本書卷四一《靳歙傳》作"靳騎千人將"，吳恂《漢書注商》認爲，當依《史記·衛將軍驃騎列傳》作"千騎將得王、王母各一人"。

[17]【顏注】師古曰：前行，謂在軍之前而行。

[18]【顏注】張晏曰：從票騎將軍有功，因以爲號。

[19]【顏注】師古曰：《功臣侯表》作“僕朋”，今此作“多”，轉寫者誤也。“煇”音“暉”也。

[20]【顏注】師古曰：宿，舊也。兵，兵器也。

[21]【顏注】師古曰：選取驍銳。

[22]【今注】案，蔡琪本同，大德本、殿本“絕”後有“也”字。

[23]【顏注】師古曰：留謂遲留，落謂墜落，故不諧耦而無功也。【今注】留落不耦：行軍作戰遲留落後而不遇良機。王念孫《讀書雜志·漢書第十》云，留落即不耦之意。即不遇。《史記·衛將軍驃騎列傳》作“留落不遇”。

其後，單于怒渾邪王居西方數爲漢所破，[1]亡數萬人，以票騎之兵也，欲召誅渾邪王。渾邪王與休屠王等謀欲降漢，使人先要道邊。[2]是時大行李息將城河上，[3]得渾邪王使，即馳傳以聞。[4]上恐其以詐降而襲邊，乃令去病將兵往迎之。去病既度河，[5]與渾邪衆相望。渾邪裨王、將見漢軍而多欲不降者，[6]頗遁去。去病乃馳入，得與渾邪王相見，斬其欲亡者八千人，遂獨遣渾邪王乘傳先詣行在所，[7]盡將其衆度河，降者數萬人，號稱十萬。既至長安，天子所以賞賜數十鉅萬。封渾邪王萬户，爲漯陰侯。[8]封其裨王呼毒尼爲下摩侯，[9]雁疵爲煇渠侯，[10]禽黎爲河綦侯，[11]大當户調雖爲常樂侯。[12]於是上嘉去病之功，曰：“票騎將軍去病率師征匈奴，西域王渾邪王及厥衆萌咸犇於率，[13]以軍糧接食，[14]并將控弦萬有餘人，[15]誅獷悍，[16]捷首虜八千餘級，降異國之王三十三。戰士不離傷，[17]十萬之衆畢懷集服。仍興之勞，爰及河塞，庶幾亡患。"[18]以千七百户益封票騎將軍。減隴西、北地、上郡戍卒之半，以寬天下繇役。"迺分處降者於邊五郡故塞外，[19]而皆在河南，因其故俗爲屬國。[20]其明年，匈奴入右北平、定襄，殺略漢千餘人。

[1]【今注】西方：漢武帝時，渾邪王擁兵數萬，活動在今祁連山及河西走廊一帶，常犯漢邊境。《史記》卷一一〇《匈奴列傳》作"其秋，單于怒渾邪王、休屠王居西方爲漢所殺虜數萬人，欲召誅之"。

[2]【顏注】師古曰：道猶言也。先爲要約來言之於邊界。【今注】使人先要道邊：言遣人先與漢要約，請於邊境上導之入内地耳。要，通"邀"。半路遮攔。道，通"導"。

[3]【今注】將城河上：在黄河邊築城。即金城。

[4]【顏注】師古曰：傳，音張戀反。次下亦同。【今注】馳傳：四馬中足爲馳傳，即以中速行駛的傳車。傳，驛站用的馬車。

[5]【今注】案，度，蔡琪本、大德本同，殿本作"渡"。下同不注。

[6]【顏注】師古曰：恐被掩覆也。【今注】渾邪裨王將：渾邪王屬下裨王、裨將。

[7]【今注】乘傳：四馬下足爲乘傳。

[8]【顏注】如淳曰：漯陰，平原縣也。師古曰：漯，音吐合反。【今注】漯陰：縣名。治所在今山東禹城市東。

[9]【顏注】文穎曰：呼毒尼，胡王名也。【今注】下摩：鄉名。在今山西臨猗縣南。

[10]【顏注】文穎曰：雁音鷹。疕，音"庇陰"之"庇"。師古曰：疕，音匹履反，其字從疒，非庇陰之庇。疒，音女革反。【今注】案，本書《景武昭宣元成功臣表》載元狩二年（前121）

以煇渠封僕朋，至三年，又封鷹庇。王先謙《漢書補注》引孔文祥說是以同邑而分封。

[11]【顏注】師古曰：《功臣侯表》作"烏黎"，今此作"黎"（大德本、殿本"作"後有"禽"字），轉寫誤耳。【今注】河綦：在濟南郡，治東平陵縣（今山東濟南市章丘區西北）。當在今山東濟南市章丘區、濟陽縣、鄒平縣一帶。

[12]【顏注】師古曰：《功臣侯表》作"稠睢"，今此傳作"調雖"，表傳不同，當有誤者。【今注】大當戶：匈奴官名。即左大當戶與右大當戶。其位在左、右大都尉之下，官位世襲。左職居東方，在漢上谷郡以東；右職居西方，在漢上谷郡以西。 調雖：匈奴王名。案，本書《景武昭宣元成功臣表》作"稠雕"。《史記》卷一一一《衛將軍驃騎列傳》作"銅離"。

[13]【顏注】師古曰："萌"字與"氓"同。犇，古"奔"字也。【今注】西域王：匈奴西部地區的渾邪王、休屠王等。 衆萌：民衆。萌，通"氓"。 犇於率：奔於所率領的軍隊。犇，古"奔"字。

[14]【今注】接食（sì）：接濟供養。

[15]【顏注】師古曰：言能引弓皆堪戰陳。

[16]【顏注】師古曰：獟，健行輕貌也，字或作"趬"。捍，勇也。獟，音丘昭反，又音丘召反。【今注】獟悍：驍勇凶悍。指逃走的匈奴。獟，狂犬。

[17]【顏注】師古曰：離，遭也。【今注】案，三十三，蔡琪本、大德本、殿本作"三十二"。

[18]【顏注】師古曰：重興軍旅之勞，及北河沙塞之表，可得寧息無憂患也。【今注】案，"仍興之勞"三句，王先謙《漢書補注》認爲，指歷年來戰爭頻繁，士卒非常勞苦，如今漢朝兵威已至河塞以外，從此可以沒有後患。故下文言減戍卒，以寬天下繇役。

[19]【今注】五郡：王先謙《漢書補注》據《史記正義》認爲，指隴西、北地、上郡、朔方、雲中五郡，並在塞外，又在黃河河套西南。

[20]【顏注】師古曰：不改其本國之俗而屬於漢，故號屬國。

　　其明年，上與諸將議曰：“翕侯趙信爲單于畫計，[1]常以爲漢兵不能度幕輕留，[2]今大發卒，其執必得所欲。”是歲元狩四年也。[3]春，上令大將軍青、票騎將軍去病各五萬騎，步兵轉者踵軍數十萬，[4]而敢力戰深入之士皆屬去病。去病始爲出定襄，當單于。捕虜，虜言單于東，迺更令去病出代郡，令青出定襄。郎中令李廣爲前將軍，大僕公孫賀爲左將軍，主爵趙食其爲右將軍，[5]平陽侯襄爲後將軍，[6]皆屬大將軍。趙信爲單于謀曰：“漢兵即度幕，人馬罷，[7]匈奴可坐收虜耳。”[8]迺悉遠北其輜重，[9]皆以精兵待幕北。而適直青軍出塞千餘里，[10]見單于兵陳而待，[11]於是青令武剛車自環爲營，[12]而縱五千騎往當匈奴，匈奴亦從萬騎。[13]會日且入，[14]而大風起，沙礫擊面，[15]兩軍不相見，漢益縱左右翼繞單于。[16]單于視漢兵多，而士馬尚彊，戰而匈奴不利，薄莫，[17]單于遂乘六驘，壯騎可數百，直冒漢圍西北馳去。[18]昏，漢、匈奴相紛挐，[19]殺傷大當。[20]漢軍左校捕虜，[21]言單于未昏而去，漢軍因發輕騎夜追之，青因隨其後。匈奴兵亦散走。會明，行二百餘里，不得單于，頗捕斬首虜萬餘級，遂至寘顏山趙信城，[22]得匈奴積粟食軍。[23]軍留一日而還，悉燒其城餘粟以歸。

[1]【今注】爲單于畫計：趙信教單于引誘漢軍至漠北，使之疲憊，從而擊敗漢軍，不要在接近漢朝的邊境地區交戰。

[2]【顏注】師古曰：言輕易漢軍，故留而不去也。一日，謂漢兵不能輕入而久留也。【今注】度幕輕留：穿越沙漠，輕易久留。幕，通"漠"。沙漠，指蒙古高原大沙漠地。

[3]【今注】元狩四年：公元前 119 年。元狩，漢武帝年號（前 122—前 117）。

[4]【顏注】師古曰：轉者謂運輜重也。踵，接也。

[5]【顏注】師古曰："食"音"異"。"其"音"基"。【今注】主爵：主爵都尉。掌列侯封爵之事。

[6]【顏注】師古曰：曹襄。【今注】襄：曹襄，漢初大臣曹參玄孫。

[7]【顏注】師古曰："罷"讀曰"疲"。

[8]【顏注】師古曰：言收虜取漢軍人馬，可不費力，故言坐。

[9]【顏注】師古曰：送輜重遠去，令處北也。

[10]【顏注】師古曰："直"讀曰"值"。

[11]【顏注】師古曰：爲行陳而待。

[12]【顏注】張晏曰：兵車也。師古曰：環，繞也。【今注】武剛車：四周及頂部都有防護的戰車。可以運送士兵、糧草、武器。也可以用來作戰。

[13]【今注】亦從萬騎："從"當作"縱"。《史記》卷一一一《衞將軍驃騎列傳》作"匈奴亦縱可萬騎"。

[14]【顏注】師古曰：言日欲没也。

[15]【顏注】師古曰：礫，小石也，音"歷"。

[16]【顏注】師古曰：翼謂左右舒引其兵，如鳥之翅翼。

[17]【今注】薄莫：天快黑時。薄，臨近。莫，通"暮"。黃

昏，日落的時候。

[18]【顏注】師古曰：贏者，驢種馬子，堅忍。單于自乘善走贏，而壯騎隨之也。冒，犯也。贏，音來戈反。冒，音莫克反。【今注】六贏：六匹騾子拉的車。贏，通“騾”。

[19]【顏注】師古曰：紛挐，亂相持搏也。挐，音女居反。

[20]【顏注】師古曰：各大相殺傷。

[21]【今注】左校：左翼軍隊。校，軍營，古代軍隊編制單位。

[22]【顏注】如淳曰：趙信降匈奴，匈奴築城居之。【今注】寘（tián）顏山：山名。在今蒙古國杭愛山南面。

[23]【顏注】師古曰：“食”讀曰“飤”。【今注】食（sì）：供給糧食。

青之與單于會也，而前將軍廣、右將軍食其軍別從東道，或失道。[1]大將軍引還，過幕南，[2]迺相逢。青欲使使歸報，令長史簿責廣，[3]廣自殺。[4]食其贖爲庶人。青軍入塞，凡斬首虜萬九千級。

[1]【顏注】師古曰：或，迷也。

[2]【今注】幕南：漠南。蒙古高原大沙漠以南地區。

[3]【顏注】師古曰：簿，音步户反。【今注】簿責：按文書所列罪狀進行審問。簿，文書。

[4]【今注】廣自殺：大將軍衛青親率精兵擊匈奴單于，派李廣、食其出東道。但李廣軍迷路，未能與衛青合軍，又因大將軍長史責問，故以刀自殺。詳見本書卷五四《李廣傳》。

是時匈奴衆失單于十餘日，[1]右谷蠡王自立爲單于。[2]單于後得其衆，右王迺去單于之號。[3]

[1]【今注】單于：伊稚斜單于。公元前 126 年至前 114 年在位。

[2]【顏注】師古曰："谷"音"鹿"。蠡，音盧奚反。【今注】谷蠡王：匈奴王名。又作"鹿蠡王"。分左、右，在左、右賢王之下，一般由單于子弟擔任。

[3]【顏注】師古曰：去，除也，音丘呂反。

去病騎兵車重與大將軍軍等，[1]而亡裨將。悉以李敢等爲大校，[2]當裨將，出代、右北平二千餘里，直左方兵，[3]所斬捕功已多於青。

[1]【顏注】師古曰：重，音直用反。【今注】車重：行軍車輛所載的物資。同車輜。

[2]【今注】李敢：李廣的小兒子。官至郎中令，後被霍去病射死。事見本書卷五四《李廣傳》。 大校：校尉。校尉次於將軍，加"大"字强調其臨時的特殊職權和作用。

[3]【顏注】師古曰：直，當也。【今注】左方：王先謙《漢書補注》曰："左方"當爲"左王"。指匈奴左賢王統率的軍隊。

既皆還，上曰："票騎將軍去病率師躬將所獲葷允之士，[1]約輕齎，絕大幕，[2]涉獲單于章渠，[3]以誅北車耆，[4]轉擊左大將雙，獲旗鼓，[5]歷度難侯，[6]濟弓盧，[7]獲屯頭王、韓王等三人，[8]將軍、相國、當户、都尉八十三人，封狼居胥山，[9]禪於姑衍，[10]登臨翰海，[11]執訊獲醜七萬有四百四十三級，師率減什二，[12]取食於敵，卓行殊遠而糧不絕。[13]以五千八百户益封票騎將軍。右北平大守路博德屬票騎將軍，會興城，[14]不失期，從至檮余山，[15]斬首捕虜二千八百級，[16]封博德爲邳離侯。[17]北地都尉衞山從票騎將軍獲王，封山爲義陽侯。[18]故歸義侯因淳王復陸支、[19]樓剸王伊即靬[20]皆從票騎將軍有功，封復陸支爲杜侯，[21]伊即靬爲衆利侯。[22]從票侯破奴、昌武侯安稽從票騎有功，[23]益封各三百户。漁陽大守解、校尉敢皆獲鼓旗，[24]賜爵關内侯，解食邑三百户，敢二百户。校尉自爲爵左庶長。”[25]軍吏卒爲官，賞賜甚多。而青不得益封，吏卒無封者。唯西河太守常惠、雲中太守遂成受賞，[26]遂成秩諸侯相，[27]賜食邑二百户，黄金百斤，惠爵關内侯。

[1]【顔注】服虔曰：“葷”音“熏”。葷允，熏鬻也。堯時曰“熏鬻”，周曰“獫允”，秦曰“匈奴”。師古曰：“葷”字與“薫”同。鬻，弋六反。【今注】葷允：匈奴古稱。王先謙《漢書補注》認爲，既率漢兵，又躬將所得匈奴歸義之士。“葷”同“熏”，“允”同“狁”，取“熏鬻”“獫狁”併稱之。《史記》卷一一一《衞將軍驃騎列傳》作“葷粥”。

[2]【顔注】師古曰：輕齎者，不以輜重自隨，而所齎糧食少也。一曰“齎”字與“資”同，謂資裝也。

[3]【顔注】師古曰：涉謂涉水也。章渠，單于之近臣也，涉水而破獲之。【今注】涉獲單于章渠：入其軍獲其近臣章渠。涉，進入。案，《史記·衞將軍驃騎列傳》作“涉獲章渠”。

[4]【顔注】晉灼曰：王號也。

[5]【今注】案，獲旗鼓，《史記·衞將軍驃騎列傳》作“斬獲旗鼓”。

[6]【顔注】師古曰：山名也。【今注】案，度難侯，《史

記·衞將軍驃騎列傳》作"涉離侯"。

[7]【顏注】晉灼曰：水名也。【今注】弓盧：水名。即今蒙古國克魯倫河，東流入呼倫湖。

[8]【顏注】李奇曰：皆匈奴王號。

[9]【今注】封狼居胥山：在狼居胥山進行築壇祭天。封，祭天。狼居胥山，今蒙古國烏蘭巴托東肯特山。

[10]【今注】禪於姑衍：在姑衍山上祭地。禪，祭地。姑衍，山名。在狼居胥山西北。

[11]【顏注】張晏曰：登海邊山以望海也。有大功，故增山而廣地也。如淳曰：翰海，北海名也。師古曰：積土增山曰封，爲墠祭地曰禪也。【今注】翰海：又作"瀚海"。即大漠的別名。

[12]【今注】案，什二，《史記·衞將軍驃騎列傳》作"什三"。

[13]【顏注】師古曰：卓亦遠意。

[14]【今注】興城：在今河北遷安市西北。案，《史記·衞將軍驃騎列傳》作"與城"。

[15]【顏注】師古曰："檮"音"籌"，其字從木。【今注】檮余：山名。在今內蒙古達里湖北。

[16]【今注】案，二千八百，《史記·衞將軍驃騎列傳》作"二千七百"。

[17]【今注】邳離：縣名。治所在今安徽宿州市東北。案，《史記·衞將軍驃騎列傳》作"符離"。

[18]【今注】義陽：鄉名。在今河南桐柏縣東。

[19]【顏注】師古曰：復，音芳福反。【今注】歸義：歸附漢朝，深明大義。　因淳王：匈奴王名。　復陸支：人名。

[20]【顏注】師古曰：剺，音之兖反。靬，音居言反。【今注】樓剺王：匈奴王名。　伊即靬：人名。

[21]【今注】杜：侯國名。在今河北吳橋縣南。

[22]【今注】衆利：侯國名。在今山東諸城市西北。

[23]【今注】昌武：當作"武昌"。侯國名。在今河南舞陽縣西北。　安稽：姓趙。原爲匈奴王，後降漢。

[24]【今注】漁陽：郡名。治漁陽（今北京市懷柔區北房鎮梨園莊東）。　敢：李敢。

[25]【今注】自爲：徐自爲。漢武帝太初三年（前102）擔任光禄勳，在五原郡以外築長城，名爲光禄塞。　左庶長：秦漢二十等爵的第十級。當依《史記·衛將軍驃騎列傳》作"大庶長"（第十八級，次於關内侯）。

[26]【今注】西河：郡名。治平定（今内蒙古伊金霍洛旗東南）。　常惠：傳見本書卷七〇。

[27]【今注】秩諸侯相：品秩同諸侯國的相。漢制，郡太守品秩本應與諸侯國相一致。

　　兩軍之出塞，塞閲官及私馬凡十四萬匹，[1]而後入塞者不滿三萬匹。[2]迺置大司馬位，[3]大將軍、票騎將軍皆爲大司馬。[4]定令，令票騎將軍秩禄與大將軍等。自是後，青日衰而去病日益貴。青故人門下多去事去病，輒得官爵，唯獨任安不肯去。[5]

[1]【今注】塞：邊塞官吏。　閲官及私馬：查點官府與私募的馬匹。閲，察閲。陳直《漢書新證》認爲，漢代閲馬有簿，稱作"閲具簿"。

[2]【今注】後入塞者：兩軍返回時的官私馬匹。

[3]【今注】大司馬：武官名。漢武帝元狩四年（前119），罷太尉而置。西漢時常授予掌權的外戚，與大將軍、驃騎將軍、車騎將軍等合稱，也有不兼將軍號的。

[4]【顏注】晉灼曰：悉加大司馬者，欲令票騎將軍去病與

大將軍青等耳。

[5]【顏注】師古曰：安，滎陽人，後爲益州刺史，即遺司馬遷書者。【今注】任安：楊樹達《漢書窺管》認爲即前文所載大將軍府長史安。

去病爲人少言不泄，[1]有氣敢往。[2]上嘗欲教之吳孫兵法，[3]對曰：“顧方略何如耳，不至學古兵法。”[4]上爲治弟，[5]令視之，對曰：“匈奴不滅，無以家爲也。”由此上益重愛之。然少而侍中，貴不省士。[6]其從軍，上爲遣太官齎數十乘，[7]既還，重車餘棄粱肉，[8]而士有飢者。其在塞外，卒乏糧，或不能自振，[9]而去病尚穿域躢鞠。[10]也事多此類。[11]青仁喜士退讓，[12]以和柔自媚於上，然於天下未有稱也。[13]

[1]【今注】少言不泄：沉默寡言而不泄漏別人的話。

[2]【今注】有氣敢往：有氣概，敢作敢爲。

[3]【顏注】師古曰：吳，吳起也。孫，孫武也。

[4]【顏注】師古曰：顧，念也。【今注】顧方略何如耳不至學古兵法：意爲戰場上不過是憑藉謀略，不必學古人的兵法。

[5]【今注】案，弟，蔡琪本、大德本、殿本作“第”。

[6]【顏注】師古曰：省，視也。不恤視也。

[7]【顏注】師古曰：“齎”與“資”同。解已在前也。【今注】太官：官名。少府屬官。主管皇帝膳食，秩千石。　齎數十乘：車載數十車的食物送給霍去病。乘，一車四馬。

[8]【顏注】師古曰：粱，粟類也，米之善者。重，音直用反。【今注】重車餘棄粱肉：霍去病班師回朝時，輜車丟棄了剩餘的糧食和肉類。粱肉，指精美的食物。

[9]【顏注】師古曰：振，舉也。

[10]【顏注】服虔曰：穿地作鞠室也。師曰：鞠，以皮爲之，實以毛，蹵蹋而戲也。蹋，音徒臘反。鞠，音鉅六反。【今注】穿域蹋鞠：畫地修建鞠室用以踢球。古代蹴鞠時，設有鞠室，又稱“鞠城”，蹴鞠時射球進去的區域。其有兩種形式：一種是附屬在鞠城牆垣東西兩面的下部，圓形，兩面各設六個，每個鞠域內有一人防守；另一種是不圍鞠城的球場的鞠域，是從地面向下挖去泥土構成，爲軍隊所用。蹋，同“蹹”。踢。鞠，古代的一種足球，皮製，其中以毛充實之。

[11]【今注】也事多此類：楊樹達《漢書窺管》認爲，此處的“也”當作“它”。《史記》卷一一一《衞將軍驃騎列傳》無“也”字。

[12]【顏注】師古曰：喜，音許吏反。【今注】案，青仁喜士退讓，《史記·衞將軍驃騎列傳》作“爲人仁善退讓”。楊樹達《漢書窺管》説，據本卷贊，衞青明確説“何與招士”。“善”“喜”形近而誤，後人又增“士”字。“士”字應衍。

[13]【今注】於天下未有稱：因衞青不招攬人才，所以天下並不在這方面稱贊他。這裏不涉及衞青的軍事才能。

　　去病自四年軍後三歲，[1]元狩六年薨。[2]上悼之，發屬國玄甲，軍陳自長安至茂陵，[3]爲塚象祁連山。[4]謚之并武與廣地曰景桓侯。[5]子嬗嗣。[6]嬗字子侯，上愛之，幸其壯而將之。爲奉車都尉，[7]從封泰山而薨。[8]無子，國除。

[1]【今注】四年軍：漢武帝元狩四年（前119）霍去病率軍出征匈奴的軍事行動。

[2]【今注】元狩六年：公元前117年。　薨：諸侯死。霍去

病生於建元元年（前140）。

[3]【顏注】師古曰：送其葬，所以寵衛之也。屬國，即上所云分處降者於邊五郡者也。玄甲，謂甲之黑色也。【今注】玄甲：鐵甲軍。身穿黑色鐵甲的騎兵部隊。 茂陵：漢武帝陵。建元二年武帝在槐里縣（今陝西興平市東南）茂鄉築陵，置茂陵縣（今陝西興平市東北）。

[4]【顏注】師古曰：在茂陵旁，冢上有豎石，冢前有石人馬者是也。

[5]【顏注】蘇林曰：景，武謚也。桓，廣地謚也。義見《謚法》。張晏曰：《謚法》"布義行剛曰景，辟土服遠曰桓"也。【今注】謚：制定謚號。古代有地位的人死後，根據其生前事迹，給予稱號，有褒有貶。

[6]【顏注】師古曰：壇，音上戰反。

[7]【今注】奉車都尉：官名。掌皇帝車馬。秩比二千石。

[8]【今注】封泰山：古代帝王在泰山頂上築土爲壇祭天，在泰山脚下的梁父山築壇祭地，即"封禪"。

自去病死後，青長子宜春侯伉坐法失侯。[1]後五歲，伉弟二人，陰安侯不疑、發干侯登，皆坐酎金失侯。[2]後二歲，冠軍侯國絶。[3]後四年，元封五年，[4]青薨，謚曰烈侯。[5]子伉嗣，六年坐法免。[6]

[1]【今注】坐法失侯：據本書《景武昭宣元成功臣表》，事在漢武帝元鼎元年（前116）。

[2]【今注】酎金：漢代宗廟祭祀時諸侯王和列侯獻的助祭金。酎金的分量和成色不足則被視爲有罪。武帝元鼎五年，列侯106人因酎金被削奪爵位。

[3]【今注】冠軍侯國絶：事在漢武帝元封元年（前110）。

　　[4]【今注】元封五年：公元前106年。元封，漢武帝年號
（前110—前105）。

　　[5]【今注】烈侯：謚法"有功安民曰烈"，又"秉德尊業曰
烈"。

　　[6]【今注】六年坐法免：衛伉在侯位六年因犯法而削奪侯
爵。據本書《外戚恩澤侯表》，漢武帝太初元年（前104），衛伉爲
長平侯，在位五年，因闌入宮禁，被罰爲城旦（築城）。

　　自青圍單于後十四歲而卒，[1]竟不復擊匈奴者，以
漢馬少，又方南誅兩越，[2]東伐朝鮮，[3]擊羌、西南
夷，[4]以故久不伐胡。

　　[1]【今注】十四歲：自元狩四年（前119）至元封五年（前
106），共十四年。

　　[2]【今注】南誅兩越：元鼎五年（前112），南越相吕嘉反，
次年冬被漢軍擊敗。漢朝在其地置南海等九郡。元鼎六年，東越王
餘善反，元封元年冬被建成侯敖與繇王居股殺。漢徙其民於江、淮
間。兩越，指南越和東越。

　　[3]【今注】東伐朝鮮：漢初，燕人衛滿在今朝鮮半島北部建
立衛氏朝鮮。漢武帝元封二年，朝鮮殺漢使涉何。元封三年，漢滅
衛氏朝鮮，以其地置樂浪等四郡。

　　[4]【今注】羌：古代西部族名，主要分布在今甘肅、青海、
四川等地。漢武帝元鼎五年九月，羌人與匈奴聯合攻打漢朝。第二
年冬被趙充國平定。　西南夷：漢代對分布在西南地區（包括今甘
肅南部、四川西及西南部、雲南和貴州一帶）各少數民族的統稱。
武帝元鼎六年，漢軍殺且蘭、邛、筰諸部族君長，置牂柯等三郡，
又以冉駹地爲汶山郡，白馬氏地爲武都郡。元封二年，漢軍迫降滇
王，以其地置益州郡。

　　初，青既尊貴，而平陽侯曹壽有惡疾就國，[1]長公主問：“列侯誰賢者？”左右皆言大將軍。主笑曰：“此出吾家，常騎從我，奈何？”左右曰：“於今尊貴無比。”於是長公主風白皇后，[2]皇后言之，上迺詔青尚平陽主，[3]與主合葬，起冢象廬山云。[4]

　　[1]【今注】曹壽：王先謙《漢書補注》認爲，當作“曹時”。惡疾：難以治癒的殘疾。一説曹壽患麻風。就國：到封國居住。

　　[2]【顏注】師古曰：“風”讀曰“諷”。【今注】風白：委婉地説。皇后：指衞子夫。

　　[3]【顏注】如淳曰：本陽信長公主也，爲平陽侯所尚，故稱平陽主。【今注】上迺詔青尚平陽主：曹時薨於漢武帝元光四年（前131）。元朔五年（前124），衞青爲大將軍。長公主尚衞青，當在其時。

　　[4]【顏注】師古曰：在茂陵東，次去病冢之西，相併者是也。【今注】廬山：山名。在匈奴境内。本書卷八七《揚雄傳》孟康説此山在單于南庭附近。

　　最[1]大將軍青凡七出擊匈奴，[2]斬捕首虜五萬餘級。一與單于戰，收河南地，置朔方郡。再封，[3]凡萬六千三百户；[4]封三子爲侯，侯千三百户，并之二萬二百户。[5]其裨將及校尉侯者九人，[6]爲特將者十五人，[7]李廣、張騫、公孫賀、李蔡、曹襄、韓説、蘇建皆自有傳。[8]

　　[1]【顏注】師古曰：最亦凡也（蔡琪本、大德本同，殿本

此注在"青"後)。【今注】最：總計。

　　[2]【今注】七出擊匈奴：漢武帝元光五年（前130）出上谷，元朔元年（前128）出雁門，元朔二年出雲中，元朔五年出高闕，元朔六年二月、四月兩次出定襄，元狩四年（前119）第三次出定襄。

　　[3]【今注】再封：兩次增加封贈。

　　[4]【今注】案，萬六千三百户，《史記》卷一一一《衛將軍驃騎列傳》作"萬一千八百户"。

　　[5]【今注】案，二萬二百户，《史記·衛將軍驃騎列傳》作"萬五千七百户"。

　　[6]【今注】九人：公孫敖、公孫賀、公孫戎奴、張次公、蘇建、李蔡、韓説、李朔、趙不虞。

　　[7]【顏注】師古曰：特將，謂獨別爲將而出征也。【今注】特將：獨當一面的將軍。　　十五人：王先謙《漢書補注》認爲，《史記·衛將軍驃騎列傳》作"十四人"，又云"爲裨將者曰李廣，自有傳"，故止十四人。

　　[8]【顏注】師古曰：七人自有傳，八人今列於此下，凡十五人也。"説"讀曰"悦"。【今注】自有傳：李廣、蘇建傳見本書卷五四，張騫傳見本書卷六一，公孫賀傳見本書卷六六，李蔡傳見本書卷五四《李廣傳》，曹襄傳見本書卷三九《曹參傳》，韓説傳見本書卷三三《韓王信傳》。

　　李息，郁郅人也，[1]事景帝。[2]至武帝立八歲，爲材官將軍，[3]軍馬邑；[4]後六歲，爲將軍，出代；後三歲，爲將軍，從大將軍出朔方；[5]皆無功。[6]凡三爲將軍，其後常爲大行。[7]

　　[1]【顏注】師古曰：北地之縣也。郅音之曰反。【今注】郁

郅：縣名。治所在今甘肅慶陽市。

　[2]【今注】景帝：劉啓。公元前 157 年至前 141 年在位。

　[3]【今注】材官將軍：漢代雜號將軍之一。材官爲漢地方
兵名。

　[4]【今注】軍馬邑：元光二年（前 133），武帝派聶翁壹引誘
單于，又遣李廣等在城外山谷中伏兵三十餘萬。但被守衛烽火臺的
亭尉向匈奴泄露机密。軍臣單于發覺後撤退。馬邑，縣名。治所在
今山西朔州市。

　[5]【今注】案，前文作元朔五年（前 124）春，李息與張次
公出右北平，並非朔方。此處載武帝立十七歲，爲元朔四年，與前
文不符，應當作"後四歲"，"出右北平"。

　[6]【今注】皆無功：王先謙《漢書補注》據《衛青傳》，出
朔方之役，李息有功，爵封關内侯，與此不同。

　[7]【今注】常爲大行：王先謙《漢書補注》據本書《公卿
表》，李息元朔三年爲中尉，元狩元年（前 122）爲大行，凡七年。
至元鼎元年（前 116），被張騫取代。又據《衛青傳》，元朔五年出
朔方，已有"大行李息"。

　　公孫敖，義渠人，[1]以郎事景帝。[2]至武帝立十二
歲，[3]爲騎將軍，出代，亡卒七千人，當斬，贖爲庶
人。後五歲，[4]以校尉從大將軍，封合騎侯。後一歲，
以中將軍從大將軍再出定襄，無功。後二歲，以將軍
出北地，後票騎期當斬，[5]贖爲庶人。後二歲，以校尉
從大將軍，無功。後十四歲，以因杅將軍築受降城。[6]
七歲，[7]復以因杅將軍再出擊匈奴，至余吾，[8]亡士
多，下吏，當斬，詐死，亡居民閒五六歲。[9]後覺，復
繫。坐妻爲巫蠱，[10]族。凡四爲將軍。

[1]【今注】義渠：縣名。治所在今甘肅慶陽市西南。

[2]【今注】郎：官名。或稱郎官、郎吏。漢九卿之一郎中令（光禄勳）屬官。掌皇宫門户，充皇帝侍從。武帝後，郎任職滿一定期限可以補内外官職。

[3]【今注】立十二歲：事在漢武帝元光六年（前129）。

[4]【今注】後五歲：漢武帝元朔五年（前124）。

[5]【今注】票騎：指霍去病。　期當斬：王念孫《讀書雜志·漢書第十》認爲，景德本無“失”字。“後票騎期”，已經爲失期，不用再加“失”字。案，蔡琪本、大德本、殿本“期”前有“失”字。

[6]【今注】因杅：匈奴地名。漢朝用作將軍名號。　受降城：元封六年（前105），因匈奴左大都尉欲降，築此城。在今内蒙古烏拉特中後聯合旗東陰山北。

[7]【今注】案，七歲，蔡琪本、大德本、殿本作“十歲”。當作後七歲，即天漢四年（前97）。

[8]【顔注】師古曰：水名也，在朔方北。【今注】余吾：水名。即今蒙古國土拉河。

[9]【今注】亡居民閒五六歲：王先謙《漢書補注》據本書《武紀》認爲，敖自余吾還，明年，即太始元年（前96），有罪要斬。敖於斬時詐死，故得不死。

[10]【今注】巫蠱：指漢武帝征和元年（前92）至二年“巫蠱之禍”。武帝晚年多病，懷疑因巫蠱所致，征和元年十一月，發兵搜長安城十餘日。丞相公孫賀爲其子公孫敬贖罪，逮捕長安大俠朱安世。朱安世反告其子與武帝女陽石公主私通，且以巫蠱詛咒武帝。征和二年春正月，公孫賀父子死於獄中。後諸邑公主、陽石公主及衞青之子長平侯衞伉皆坐巫蠱伏誅。當時有女巫教宫人埋木人祭祀，武帝大怒，殺宫人及大臣數百人。江充因與太子劉據及衞后有矛盾，誣陷太子宫中有木人。太子發兵殺江充等。武帝令丞相劉屈氂發兵圍長安，太子兵敗出逃，後自殺。衞皇后亦自殺。此事株

連多人，死者數萬。後武帝感悟，族殺江充一家，築思子宮、歸來望思臺。巫蠱，古代迷信活動，用巫術詛咒木偶人並埋入地下，用以害人。

李沮，雲中人，[1]事景帝。武帝立十七歲，[2]以左内史爲彊弩將軍。後一歲，復爲彊弩將軍。

[1]【顏注】師古曰："沮"音"苴"。
[2]【今注】武帝立十七歲：元朔五年（前124）。

張次公，[1]河東人，以校尉從大將軍，封岸頭侯。其後大后崩，[2]爲將軍，軍北軍。[3]後一歲，[4]復從大將軍。凡再爲將軍，後坐法失侯。[5]

[1]【今注】張次公：據《酷吏傳》載，張次公少年時與義縱爲群盜，攻掠地方。

[2]【今注】大后：武帝母親王太后。

[3]【今注】北軍：漢朝守衞京師的軍隊。駐未央宮及長樂宮之北，故名。

[4]【今注】後一歲：據本書卷六《武紀》、卷一七《景武昭宣元成功臣表》，元朔二年（前127）五月封侯，六月皇太后崩。而張次公第二次隨衞青征匈奴在元朔五年，故"後一歲"當作"後二歲"。

[5]【今注】後坐法失侯：據本書《景武昭宣元成功臣表》，元狩元年（前122）張次公因與淮南王劉安之女通姦及受賄，被免。《史記》卷一一一《衞將軍驃騎列傳》下有"次公父隆，輕車武射也。以善射，景帝幸近之也"十八字。

趙信，以匈奴相國降，爲侯。[1]武帝立十八年，[2]爲前將軍，與匈奴戰，敗，降匈奴。

　　[1]【今注】爲侯：王念孫《讀書雜志·漢書第十》謂“侯”上脱“翕”字，當依《史記》卷一一一《衞將軍驃騎列傳》補。
　　[2]【今注】武帝立十八年：元朔六年（前123）。

　　趙食其，祋栩人。[1]武帝立十八年，以主爵都尉從大將軍，[2]斬首六百六十級。元狩三年，[3]賜爵關内侯，黄金百斤。明年，爲右將軍，從大將軍出定襄，迷失道，當斬，贖爲庶人。

　　[1]【顔注】師古曰：馮翊之縣也。祋，音丁活反，又音丁外反。栩，音許羽反。【今注】祋栩：縣名。治所在今陝西銅川市耀州區。
　　[2]【今注】主爵都尉：事在漢武帝元朔六年（前123）。王先謙《漢書補注》據《公卿表》於元狩三年（前120）載“主爵都尉趙食其”，元朔中食其尚未爲主爵。吴恂《漢書注商》認爲，“主爵都尉”五字應置於“明年”與“右將軍”之間。
　　[3]【今注】元狩三年：公元前120年。案，三年，蔡琪本、大德本同，殿本作“二年”。

　　郭昌，雲中人，以校尉從大將軍。元封四年，[1]以大中大夫爲拔胡將軍，[2]屯朔方。[3]還擊昆明，[4]無功，奪印。

　　[1]【今注】元封四年：公元前107年。

［2］【今注】拔胡將軍：漢代雜號將軍之一。

［3］【今注】案，屯朔方，蔡琪本、大德本同，殿本無"方"字。

［4］【今注】還擊昆明：王先謙《漢書補注》據本書《西南夷傳》認爲，元鼎六年（前111）郭昌平西南夷有功。《武紀》又載，元封二年，遣郭昌、衞廣發巴蜀兵平西南夷未服者，以爲益州郡。其擊昆明無功，當爲元封六年，益州、昆明反，遣拔胡將軍郭昌擊之。

荀彘，太原廣武人，[1]以御見，侍中，[2]用校尉數從大將軍。元封三年，[3]爲左將軍擊朝鮮，無功，坐捕樓舩將軍誅。[4]

［1］【今注】太原：郡名。治晉陽（今山西太原市西南）。廣武：縣名。治所在今山西代縣西南。

［2］【顏注】師古曰：以善御得見，因爲侍中也。御謂御車也。

［3］【今注】元封三年：公元前108年。

［4］【今注】樓舩將軍：荀彘率軍進攻朝鮮時，與奉命從海路進攻朝鮮的樓船將軍楊僕發生矛盾，漢武帝派濟南太守公孫遂前去處理，公孫遂聽信荀彘的片面意見，逮捕楊僕。後武帝處死公孫遂，平定朝鮮後，又殺荀彘。案，舩，殿本作"船"。

最票騎將軍去病凡六出擊匈奴，[1]其四出以將軍，[2]斬首虜十一萬餘級。渾邪王以衆降數萬，開河西酒泉之地，[3]西方益少胡寇。四益封，凡萬七千七百户。[4]其校吏有功侯者六人，[5]爲將軍者二人。[6]

[1]【今注】凡六出擊匈奴：漢武帝元朔六年（前123）二月、四月兩次出定襄，元狩二年（前121）三月出隴西，同年夏季出北地，同年秋季渡黃河，元狩四年春季出代郡。

[2]【顔注】師古曰：再出爲票姚校尉也。【今注】其四出以將軍：前兩次以票姚校尉從衛青出征，後四次以票騎將軍出征。

[3]【今注】河西：古地區名。漢代以今甘肅、青海兩省黃河以西，即今河西走廊與湟水流域爲河西之地。因在黃河之西而得名。　酒泉：郡名。治禄福（今甘肅酒泉市）。

[4]【今注】案，萬七千七百户，《史記》卷一一一《衛將軍驃騎列傳》作“萬五千一百户”。

[5]【今注】六人：實爲七人。即趙破奴、高不識、僕多、路博德、衛山、復陸支、伊即軒。

[6]【今注】二人：即路博德、趙破奴。

　　路博德，西河平州人，[1]以右北平大守從票騎將軍，封邳離侯。票騎死後，博德以衛尉爲伏波將軍，伐破南越，益封。其後坐法失侯。[2]爲彊弩都尉，屯居延，[3]卒。

[1]【今注】平州：又作“平周”。縣名。治所在今山西靈石縣。

[2]【今注】坐法失侯：漢武帝太初元年（前104）路博德因“見知子犯逆不道罪”而被奪爵。

[3]【今注】屯居延：事在漢武帝太初三年。路博德築遮虜障。遺址在今內蒙古額濟納旗境內。

　　趙破奴，大原人。[1]嘗亡入匈奴，已而歸漢，爲票騎將軍司馬。出北地，封從票侯，坐酎金失侯。後一歲，[2]爲匈河將軍，攻胡至匈河水，[3]無功。後一歲，[4]擊虜樓蘭王，[5]後爲浞野侯。[6]後六歲，以浚稽將軍將二萬騎擊匈奴左王。[7]左王與戰，兵八萬騎圍破奴，破奴爲虜所得，遂没其軍。[8]居匈奴中十歲，[9]復與其大子安定亡入漢。[10]後坐巫蠱，族。

[1]【今注】大原人：王先謙《漢書補注》謂《史記·衛將軍驃騎列傳》作"故九原人"。"九""太"形近易誤。九原，縣名。治所在今内蒙古包頭市西北，接近匈奴。趙破奴曾逃入匈奴，與此有關。

[2]【今注】後一歲：指漢武帝元鼎六年（前111）。

[3]【今注】匈河水：水名。在今蒙古國杭愛山南麓。

[4]【今注】後一歲：趙破奴爲匈河將軍出擊匈奴在漢武帝元鼎六年，虜樓蘭王在元封三年（前108），前後相距三年。故王先謙《漢書補注》謂應作"後三歲"。案，《史記·衛將軍驃騎列傳》作"後二歲"。

[5]【今注】樓蘭：西域古國名。後改名鄯善。在今新疆羅布泊西。

[6]【今注】後爲浞野侯：王先謙《漢書補注》認爲，"後"當作"復"。本書《景武昭宣元成功臣表》及《史記·衛將軍驃騎列傳》皆作"復"。

[7]【今注】浚稽：山名。在今蒙古國杭愛山東南。

[8]【今注】遂没其軍：事在漢武帝太初三年（前102）。

[9]【今注】十歲：以漢武帝太初二年入匈奴，天漢二年（前99）歸漢，其間共四年。

[10]【今注】大子安定：趙破奴長子趙安國。案，蔡琪本、大德本、殿本作"太子安國"。

　　自衛氏興，大將軍青首封，其後支屬五人爲侯。[1]凡二十四歲而五侯皆奪國。[2]征和中，[3]戾大子敗，[4]衛氏遂滅。[5]而霍去病弟光貴盛，[6]自有傳。

　　[1]【今注】支屬：親屬。　五人爲侯：《史記》卷一一一《衛將軍驃騎列傳》作“其後枝屬爲五侯”。連同衛青在内衛氏家族共五個列侯，即長平侯青、宜春侯伉、陰安侯不疑、發干侯登、長平侯伉（太初元年襲封）。衛青子孫並無一人爲列侯。

　　[2]【今注】二十四歲：自衛青於元朔二年（前127）封侯至衛伉於天漢元年（前100）失侯，共二十七年。但自元朔五年衛青的兒子們封侯算起，則爲二十四年。

　　[3]【今注】征和中：指公元前91年。征和，漢武帝年號（前92—前89）。有學者認爲，“征和”當作“延和”。

　　[4]【今注】戾大子：即劉據。又作“衛太子”。

　　[5]【今注】衛氏遂滅：漢宣帝元康四年（前62）詔賜衛青孫錢五十萬，復家。成帝永始元年（前16）衛青曾孫衛玄任侍郎。平帝元始四年（4），詔賜衛青玄孫衛賞爵關内侯。指衛氏權勢衰落。

　　[6]【今注】霍光：傳見本書卷六八。

　　贊曰：蘇建嘗責：“大將軍至尊重，而天下之賢士大夫無稱焉，[1]願將軍觀古名將所招選者，勉之哉！”[2]青謝曰：“自魏其、武安之厚賓客，[3]天子常切齒，彼親待士大夫，招賢黜不肖者，人主之柄也。人臣奉法遵職而已，何與招士！”[4]票騎亦方此意，爲將如此。[5]

［1］【顏注】師古曰：言不爲賢士大夫所稱譽。【今注】案，責，蔡琪本、大德本、殿本作"說責"。

［2］【顏注】師古曰：勸令招賢薦士也。

［3］【今注】魏其：即竇嬰。傳見本卷五二。　武安：即田蚡。傳見本書卷五二。

［4］【顏注】師古曰："與"讀曰"豫"。【今注】何與招士：何焯《義門讀書記》卷一七，武帝時恩自己出，丞相尚且不能薦士，何況手握兵權的衞青。沈欽韓《漢書疏證》據《史記》卷一○四《田叔列傳》，漢廷下詔在衞將軍舍人中選爲郎，少府趙禹至衞青府中，召問舍人百餘人，得田仁、任安。可見，衞將軍府中確實有賓客，但田仁、任安在其府中並不受重視，甚至被將軍家監派去養惡齧馬。故任安曰："將軍尚不知人，何乃家監！"田仁、任安因家貧不能準備馬匹、衣物，但遭到衞青斥責。由此推斷，衞青雖然養士，但確實不知士。

［5］【顏注】師古曰：方，比類也。

漢書　卷五六

董仲舒傳第二十六^[1]

[1]【今注】案，司馬遷嘗從董仲舒學《春秋》，但《史記》無董仲舒傳，僅附其於卷一二一《儒林列傳》，記述頗略。《漢書》爲董仲舒立專傳，文贍事詳。關於董仲舒研究，可參見王永祥《董仲舒評傳》（南京大學出版社 1995 年版）。

董仲舒，^[1]廣川人也。^[2]少治《春秋》，^[3]孝景時爲博士。^[4]下帷講誦，^[5]弟子傳以久次相授業，或莫見其面。^[6]蓋三年不窺園，其精如此。^[7]進退容止，^[8]非禮不行，學士皆師尊之。武帝即位，舉賢良文學之士前後百數，^[9]而仲舒以賢良對策焉。^[10]

[1]【今注】董仲舒：清光緒十一年（1885）修《故城縣志》載董氏字寬夫。所據不詳。

[2]【今注】廣川：縣名。治所在今河北景縣西南。沈欽韓《漢書疏證》引董仲舒《春秋繁露·五行對》“河間獻王問温城董君”，以爲董仲舒是廣川温城人。沈氏復引《水經注》：“桑林舊溝又東，逕修市縣故城北，王莽更曰居甯，俗謂之温城，非也。《地理風俗記》曰，修縣西北二十里有修市城，故縣也。”以爲修市縣即温城所改，其後改屬渤海郡。明代景州西北有修市故縣，應即其

地。又，關於董氏之故里，舊尚有其他三說。山東德州說，所本爲明黃淳耀《山左筆記》和清田雯纂《長河志籍考》。河北棗强說，縣志記載此地曾發現北宋大中祥符年間重修"董子宗祠"石刻門楣和董仲舒石像。河北冀州說，依據是《漢書·地理志下》"信都國"條記載信都國"景帝二年爲廣川國，宣帝甘露三年，復故。莽曰新博"。明嘉靖年間，棗强知縣羅廷唯與景州知州李廷寶曾有爭論。李廷寶認爲應在景州，並著有《董子故里志》六卷，見《明史·藝文志》。

［3］【今注】春秋：指《春秋公羊傳》。《史記》卷一二一《儒林列傳》："故漢興至于五世之間，唯董仲舒名爲明於《春秋》，其傳公羊氏也。"

［4］【今注】博士：戰國末年齊、魏、秦等國置。秦、西漢初充當皇帝顧問，參與議政、制禮，典守書籍。屬太常。秩四百石。漢景帝時董仲舒雖爲《春秋》博士，但有別於漢武帝所置的五經博士。

［5］【今注】帷：帳幕。　講誦：講授誦讀。

［6］【顔注】師古曰：言新學者但就其舊弟子受業，不必親見仲舒。【今注】弟子：傳董仲舒《公羊》學弟子，有褚大、嬴公、段仲、吕步舒等，詳見本書卷八八《儒林傳》。　久次：楊樹達《漢書窺管》以爲"久次"爲漢代人的慣用語，意爲年時久暫的次序。如漢官職升遷有以久次者，如本書卷八一《孔光傳》云"竊見國家故事，尚書以久次轉遷"，如同後世所謂年資。有以功次者，如本書卷五八《兒寬傳》云"以射策爲掌故，功次補廷尉文學卒史"。董仲舒以在門下較久的弟子教授後至之學生，故亦云"久次"。　授業：王先謙《漢書補注》以爲據顔注，"授業"當作"受業"。楊樹達《漢書窺管》以爲"授"是。　"傳"當讀爲"轉"，意爲轉相授業。王先謙誤讀"傳"爲傳授之"傳"，故改"授"爲"受"。

［7］【顏注】師古曰：雖有圍圃，不窺視之，言專學也。【今注】三年：多年。

［8］【今注】容止：儀容舉止。

［9］【顏注】師古曰：數，音所具反。【今注】賢良文學：漢朝察舉科目。“賢良”科始於漢文帝，常與方正、文學、能直言極諫者連稱。武帝時舉賢良注重文學，故稱賢良文學。

［10］【今注】對策：就政事、經義等設問，由應試者對答。自西漢起作爲取士考試的一種形式。

制曰：

朕獲承至尊休德，[1]傳之亡窮，而施之罔極，[2]任大而守重，是以夙夜不皇康寧，[3]永惟萬事之統，猶懼有闕。[4]故廣延四方之豪儁，[5]郡國諸侯公選賢良脩絜博習之士，[6]欲聞大道之要，至論之極。[7]今子大夫襃然爲舉首，[8]朕甚嘉之。子大夫其精心致思，朕垂聽而問焉。

［1］【顏注】師古曰：休，美也。言承先帝極尊之位至美之德也。【今注】制：皇帝的教令。案，《漢書考正》宋祁曰：浙本“至尊”下有“之”字。

［2］【顏注】師古曰：罔亦無也。極，盡也。

［3］【顏注】師古曰：皇，暇也（暇，白鷺洲本作“瑕”，誤）。康，樂也。【今注】不皇：即“不遑”，指無閒暇，來不及。

［4］【顏注】師古曰：永，深也。惟，思也。統，緒也。【今注】統：何焯《義門讀書記》卷一七以爲顏注釋“統”爲“緒”者非。此處本意，觀第三策中“統紀不終”之語可見。“統”意爲紀、總。 闕：過失。

[5]【今注】儁：同"俊"。

[6]【顏注】師古曰：郡，郡守也。國，王國也。諸侯，列侯也。郡國及諸侯，總謂四方在外者。公選，謂以公正之道選士，無偏私也。【今注】國：諸侯王國。但諸侯王不得治國，故王先謙《漢書補注》以爲諸侯王國域内的文學賢良由諸侯國相選取推薦。

賢良：有德行才能，察舉科目之"賢良"稱名即據此而來。　脩絜：高尚純潔。

[7]【顏注】師古曰：極，中也。

[8]【顏注】服虔曰：子，男子之美號也。張晏曰：襄，進也，爲舉賢良之首也。師古曰：襄然，盛服貌也。《詩·邶風·旄丘之篇》曰（丘，殿本作"邱"，白鷺洲本作"立"）："襄，如充耳。"襄，音弋授反。【今注】襄然：喻出衆。王念孫《讀書雜志·漢書第十》即以爲是出衆之貌，故曰"襄然爲舉首"。《毛詩·大雅·生民篇》"實種實襃"，《毛傳》曰："襃，長也。"王念孫以爲義與"襄然爲舉首"之"襄"相近。王氏又認爲張晏訓襄爲進，近是；顏師古訓爲盛服貌，則與"爲舉首"三字義不相屬。且下句云"朕甚嘉之"，是嘉其賢良出衆，非嘉其盛服。李慈銘《越縵堂讀史札記·漢書五》以爲字當爲"襃"，即古衣袖字。襃從衣從采。采，古禾穗字，與"襃"字從保省者不同。王先謙《漢書補注》據《説文》"袖"下云："俗襃從由。"劉熙《釋名》："袖，由也，手所由出入也。"以爲"衣有領袖，皆舉之在上，故凡言首舉者稱領袖也。"

　　蓋聞五帝三王之道，[1]改制禮作樂，[2]而天下洽和，[3]百王同之。[4]當虞氏之樂莫盛於《韶》，[5]於周莫盛於《勺》。[6]聖王已没，鍾鼓筦絃之聲未衰，[7]而大道微缺，[8]陵夷至虖桀、紂之行，[9]王道大壞矣。夫五百年之間，守文之君，[10]當塗之士，[11]欲則先王之法以戴翼其世者甚衆，[12]然猶不能反，日以仆滅，[13]至後王而後止，[14]豈其所持操或誖繆而失其統與？[15]固天降命不可復反，必推之於大衰而後息與？[16]烏虖！[17]凡所爲屑屑，夙興夜寐，務法上古者，又將無補與？[18]三代受命，其符安在？災異之變，何緣而起？性命之情，或夭或壽，或仁或鄙，[19]習聞其號，未燭厥理。[20]伊欲風流而令行，刑輕而姦改，[21]百姓和樂，政事宣昭，[22]何脩何飾而膏露降，百穀登，[23]惪潤四海，[24]澤臻屮木，[25]三光全，[26]寒暑平，受天之祜，[27]享鬼神之靈，[28]惪澤洋溢，施虖方外，延及群生？[29]

[1]【今注】五帝：上古五位帝王，説法不一。一説爲黄帝軒轅氏、顓頊高陽氏、帝嚳高辛氏、唐堯、虞舜；或説太昊伏羲氏、炎帝神農氏、黄帝、少昊、顓頊；或説少昊、顓頊、高辛、唐堯、虞舜；或説伏羲、神農、黄帝、唐堯、虞舜等。　三王：指夏、商、周三代之君，或指夏禹、商湯、周文武王。

[2]【今注】改制禮作樂：《漢書考正》宋祁曰："古本無'禮'字。下云《韶》《勺》，甯有'禮'字？存之不成文。"是。白鷺洲本、大德本、殿本無"禮"字。

[3]【今注】洽和：和睦。

[4]【今注】百王：歷代帝王。

[5]【顏注】師古曰：《韶》，舜樂。【今注】韶：古樂曲名。傳説爲舜之樂曲。又作《簫韶》《大韶》《九招》《九辯》《九歌》等。《竹書紀年》："有虞氏舜作《大韶》之樂。"今人有韶樂源於嶺南説。參見宋會群、梁李婷《韶樂研究》（暨南大學出版社 2015

年版）。

[6]【顏注】張晏曰：《勺》，《周頌》篇也，言能成先祖之功以養天下也。師古曰：“勺”讀與“酌”同。【今注】勺：古樂舞名。即舞勺，古文舞一種。勺指龠，古代一種似笛而短的樂器。《周禮·樂師》注曰：“謂以年幼少時教之舞。”《禮記·內則》曰：“十三舞《勺》，成童舞《象》，二十舞《大夏》。”

[7]【顏注】師古曰：“筦”與“管”字同。

[8]【今注】微缺：衰敗殘缺。《史記》卷四《周本紀》：“昭王之時，王道微缺。”

[9]【顏注】師古曰：陵夷，言漸隤替也（白鷺洲本無“替”字）。解在《成紀》。【今注】陵夷：衰頹，衰落。由盛到衰。本書卷一〇《成紀》顏師古注曰：“陵，丘陵也。夷，平也。言其頹替若丘陵之漸平也。又曰陵遲亦言如丘陵之逶遲，稍卑下也。他皆類此。”　行：《漢書考正》宋祁曰：“‘行’字，古本作‘作’字，今浙本亦有‘作’字。又一本題云：‘又云桀、紂之行，語意常若不了。’”王念孫《讀書雜志·漢書第十》以爲當作“行作”。此句言桀、紂之行作，而王道大壞。脫去“作”字，則語意不完。《群書治要》及《文選》中劉歆《移讓太常博士書》李善注引此皆有“作”字。沈欽韓《漢書疏證》曰：“言周道陵夷，世主之行類桀、紂也。故下文云‘五百年之間’。”

[10]【今注】守文：本謂遵循文王法度，後泛指遵循先王法度。《史記》卷四九《外戚世家》：“自古受命帝王及繼體守文之君，非獨內德茂也，蓋亦有外戚之助也。”司馬貞《索隱》：“守文猶守法也，謂非受命創制之君，但守先帝法度爲之主耳。”

[11]【今注】當塗：當仕途，即掌權。塗，通“途”。

[12]【顏注】師古曰：翼，助也。【今注】戴翼：匡輔，匡濟。

[13]【顏注】師古曰：反，還也。還於正道也。仆，斃也，音“赴”。【今注】仆滅：毀滅，覆滅。

[14]【今注】後王：繼承前董王位的君主。王先謙《漢書補注》以爲指秦，此句謂"言亂極於秦而後息"。

[15]【顏注】師古曰：操，執也。詩，乖也。統，緒也。操，音千高反。"與"讀曰"歟"。後皆類此。【今注】持操：這裏指執持治國之術。

[16]【顏注】師古曰：息，止也。【今注】衰：錢大昭《漢書辨疑》據荀悅《漢紀》作"中"，疑是"衷"字之誤。王先謙《漢書補注》以爲"衰"訛爲"衷"，又轉寫改作"中"字。

[17]【顏注】師古曰："虖"讀曰"呼"。嗚呼，歎辭也。

[18]【顏注】師古曰：屑屑，動作之貌。補，益也。【今注】屑屑：王先謙《漢書補注》以爲瑣碎意。《説文》有"屑"字，云："動作切切也。"《荀子·儒效篇》注："屑然，雜碎衆多之貌。"《廣雅·釋訓》："屑屑，不安也。"言不得治道，雖瑣碎勤勞，日思法古，無補益也。本書卷九九《王莽傳上》"晨夜屑屑"，與此同意。案，本書《王莽傳上》"晨夜屑屑"，顏師古注云"屑屑猶切切，動作之意也"。揚雄《方言》卷一二："屑、往，勞也。"郭璞注："屑屑往來，皆勌勞也。""所爲屑屑"謂作爲勤勞，與"夙興夜寐"相合。顏注是。　將：王先謙《漢書補注》以爲，"將，殆也"。

[19]【顏注】師古曰：天壽，命也。仁鄙，性也。鄙，謂不通也。【今注】或仁或鄙：王先謙《漢書補注》以爲，仁，寬裕；鄙，狹陋也。

[20]【顏注】師古曰：燭，照也。【今注】厥：其。

[21]【顏注】師古曰：伊，惟也。【今注】風流：風行，流布。

[22]【今注】宣昭：宣揚，顯揚。

[23]【顏注】師古曰：登，成也。【今注】案，《漢書考正》宋祁曰："古本'飾'作'飭'。"

[24]【今注】悳：同"德"。

[25]【顏注】師古曰：臻，至也。"中"，古"屮"字也。

[26]【今注】三光全：王先謙《漢書補注》曰："無虧蝕流貫之變。"三光，日、月、星。

[27]【顏注】師古曰：祜，福也，音"怙"。

[28]【顏注】師古曰：爲鬼神所歆饗。

[29]【顏注】師古曰：施亦延也。洋，音"羊"。施，音弋豉反（弋，殿本作"之"）。【今注】方外：異域。　群生：一切生物。

　　子大夫明先聖之業，習俗化之變，[1]終始之序，[2]講聞高誼之日久矣，[3]其明以諭朕。[4]科別其條，[5]勿猥勿并，[6]取之於術，慎其所出。[7]迺其不正不直，不忠不極，枉于執事，書之不泄，興于朕躬，毋悼後害。[8]子大夫其盡心，靡有所隱，朕將親覽焉。

[1]【今注】俗化：習俗教化。

[2]【今注】終始之序：周而復始。這裏指"五德終始"之道，即王朝興廢之理。《史記》卷一〇《孝文本紀》："魯人公孫臣上書陳終始傳五德事，言方今土德時，土德應黃龍見，當改正朔服色制度。"司馬貞《索隱》："五行之德，帝王相承傳易，終而復始，故云'終始傳五德之事'。"

[3]【今注】講聞：講求聽聞。　高誼：高深義理。

[4]【顏注】師古曰：諭，謂曉告也。

[5]【今注】科別：區分，甄別。這裏指條分縷析。

[6]【顏注】師古曰：猥，積也。并，合也。欲其一二疏理而言之（二，殿本作"一"）。【今注】勿猥勿并：王先謙《漢書補注》引本書卷三六《劉歆傳》："猥以不誦絕之。"顏注："猥，苟

也。"吳恂《漢書注商》以爲"猥"猶煩瑣,"并"猶簡略。

[7]【今注】案,王先謙《漢書補注》曰:"非正道勿以上陳。時丞相衞綰奏'所舉賢良,治申、韓、蘇、張之言者皆罷',制詞特申戒之。"

[8]【顏注】師古曰:極,中也。公卿執事有不忠直而阿枉者,皆令言之。朕自發書,不有漏泄,勿懼有後害而不言也。【今注】枉:曲法而行。 執事:從事、主管的工作。 朕躬:天子自稱。 悼:懼怕。 後害:後患。

仲舒對曰:

陛下發德音,[1]下明詔,求天命與情性,皆非愚臣之所能及也。臣謹案《春秋》之中,視前世已行之事,以觀天人相與之際,[2]甚可畏也。國家將有失道之敗,而天迺先出災害以譴告之,[3]不知自省,又出怪異以警懼之,[4]尚不知變,而傷敗迺至。以此見天心之仁愛人君而欲止其亂也。自非大亡道之世者,[5]天盡欲扶持而全安之,事在彊勉而已矣。[6]彊勉學問,則聞見博而知益明,彊勉行道,則德日起而大有功,此皆可使還至而有效者也。[7]《詩》曰"夙夜匪解",[8]《書》云"茂哉茂哉",[9]皆彊勉之謂也。

[1]【今注】德音:本指合乎仁德的言語、教令。後用以指帝王的詔書。

[2]【今注】相與:相交。 際:會合之處。

[3]【顏注】師古曰:譴,責也。

[4]【顏注】師古曰:省,視也。【今注】省:王先謙《漢書

補注》引《爾雅·釋詁》：“省，察也。”

［5］【今注】亡：通“無”。

［6］【顏注】師古曰：彊，音其兩反。此下並同（並，白鷺洲本、殿本作“亦”）。【今注】彊勉：盡力而爲。

［7］【顏注】師古曰：“還”讀曰“旋”。旋，速也。【今注】案，大德本、白鷺洲本、殿本“而”下有“立”字。《漢書考正》宋祁曰：“越本無‘立’字。”

［8］【顏注】師古曰：《大雅·烝人》之詩也。夙，早也（殿本無“夙早也”三字）。“解”讀曰“懈”。懈，怠也。其下亦同。

［9］【顏注】師古曰：《虞書·咎繇謨》之辭也（咎，白鷺洲本作“皋”）。茂，勉也。【今注】茂：王先謙《漢書補注》以爲今《尚書》“茂”作“懋”。《説文》：“懋，勉也。茂，草豐盛。”經典多借“茂”爲“懋”字，詳見《經典釋文》。

　　道者，所繇適於治之路也，[1]仁義禮樂皆其具也。[2]故聖王已没，而子孫長久安寧數百歲，此皆禮樂教化之功也。王者未作樂之時，迺用先王之樂宜於世者，而以深入教化於民。教化之情不得，雅頌之樂不成，故王者功成作樂，樂其德也。樂者，所以變民風、化民俗也。其變民也易，其化人也著。[3]故聲發於和而本於情，接於肌膚，臧於骨髓。[4]故王道雖微缺，而筦絃之聲未衰也。夫虞氏之不爲政久矣，然而樂頌遺風猶有存者，是以孔子在齊而聞《韶》也。夫人君莫不欲安存而惡危亡，然而政亂國危者甚衆，所任者非其人，而所繇者非其道，[5]是以政日以仆滅也。夫周道衰於幽厲，[6]非道亡也，幽厲不繇也。至於宣王，思昔先王之德，興滯補弊，[7]明文武之功業，周道粲然復興，詩人美之而作，[8]上天祐之，爲生賢佐，後世稱誦，至今不絕。此夙夜不解，行善之所致也。孔子曰"人能弘道，非道弘人"也。[9]故治亂廢興在於己，非天降命不得可反，[10]其所操持誖謬失其統也。

[1]【顏注】師古曰："繇"讀與"由"同。由，從也。適，往也。

[2]【今注】具：方法，工具。

[3]【顏注】師古曰：著，明也。易，音弋豉反。著，音竹筯反。

[4]【今注】臧：通"藏"。

[5]【顏注】師古曰："繇"讀與"由"同。下亦類此。

[6]【今注】幽厲：西周時周幽王與周厲王。周幽王名宮湼（shēng），周宣王子。任善諛好利之臣虢石父爲卿，行苛政。納褒姒而寵，生子伯服。廢太子宜臼及申后，立伯服。時鎬京地震，三川竭，岐山崩，又命攻六濟之戎而敗。申后之父申侯與犬戎攻王，犬戎破鎬京，殺幽王，擄褒姒。西周滅亡。周厲王名胡，周夷王子。暴虐好利。用榮夷公爲卿士執政，暴虐侈傲，壟斷山林川澤收益。諸侯不朝，國人謗之。又令衛巫監視國人，殺議論朝政之人，國人莫敢言，道路以目。後國人暴動，厲王出奔於彘，朝政由召公、周公執掌，史稱"共和行政"。十四年後，死於彘。

[7]【今注】滯：王先謙《漢書補注》引《國語·晉語》韋昭注："滯，廢也。"

[8]【今注】案，吳恂《漢書注商》以爲"而作"下有闕文，疑是"《斯干》"。

[9]【顏注】師古曰：《論語》載孔子之言也。言明智之人則

能行道。内無其質，非道所化。【今注】案，孔子語見《論語·衛靈公》。王先謙《漢書補注》曰："言人能大其道，道不能大其人。引孔子之言，以明繇道在人，圖治自己也。顔説非。"

[10]【今注】不得可反：大德本作"不可得反"。《漢書考正》劉敞以爲，"當云'不可得反'"。

　　臣聞天之所大奉使之王者，[1]必有非人力所能致而自至者，此受命之符也。天下之人同心歸之，若歸父母，故天瑞應誠而至。《書》曰"白魚入于王舟，有火復于王屋，流爲烏"，[2]此蓋受命之符也。周公曰"復哉復哉"，[3]孔子曰"德不孤，必有鄰"，[4]皆積善纍德之效也。[5]及至後世，淫佚衰微，[6]不能統理群生，諸侯背畔，[7]殘賊良民以爭壤土，廢德教而任刑罰。刑罰不中，則生邪氣，[8]邪氣積於下，怨惡畜於上。[9]上下不和，則陰陽繆盭而妖孽生矣。[10]此災異所緣而起也。

[1]【今注】案，王先謙《漢書補注》曰：言奉以天下而使之王也。王，音于況反。

[2]【顔注】師古曰：《今文尚書·泰誓》之辭也。謂伐紂之時有此瑞也。復，歸也，音扶目反。【今注】案，白魚赤烏爲祥瑞之兆。《泰誓》文見於《史記》卷四《周本紀》："武王渡河，中流，白魚躍入王舟中，武王俯取以祭。既渡，有火自上復于下，至于王屋，流爲烏，其色赤，其聲魄云。"裴駰《集解》引鄭玄曰："《書説》云烏有孝名。武王卒父大業，故烏瑞臻。赤者，周之正色也。"《漢書考正》宋祁曰："古本'流'字上有'而'字，存而句緩而文。"王先謙《漢書補注》引王文彬，以爲"復"讀爲

"覆"，"言火下垂而屋在其覆中也"，顏注誤。

[3]【顏注】師古曰：周公視火鳥之瑞，乃曰"復哉復哉"。復，報也，言周有盛德，故天報以此瑞也。亦見今文《泰誓》也。【今注】復：《漢書考正》劉奉世以爲，"復"當爲"覆"，音近而誤。王先謙《漢書補注》引王文彬以爲劉奉世說是，顏師古說非。周公見火復之瑞，重言以嘆美之，與仲尼曰"水哉水哉"同爲亟稱之意。王先謙《漢書補注》引繆荃孫以爲，《尚書大傳》引作"茂哉茂哉"。"茂"與"復"聲相近。

[4]【顏注】師古曰：《論語》載孔子之言也。鄰，近（白鷺洲本、大德本、殿本"近"後有"也"字）。言脩德者不獨空爲之而已，必有近助也。【今注】德不孤必有鄰：見今本《論語·里仁》。

[5]【顏注】師古曰：絫，古"累"字。

[6]【顏注】師古曰："佚"與"逸"同。【今注】淫佚：恣縱逸樂。

[7]【今注】背畔："畔"通"叛"。背叛。

[8]【顏注】師古曰：中，音竹仲反。

[9]【顏注】師古曰："畜"讀曰"蓄"。蓄，聚也。

[10]【顏注】師古曰：鞪，古"庚"字。孽，災也。【今注】繆鞪：錯亂，違背。

　　臣聞命者天之令也，性者生之質也，情者人之欲也。或夭或壽，或仁或鄙，陶冶而成之，不能粹美，[1]有治亂之所生，[2]故不齊也。孔子曰："君子之德風，小人之德中，中上之風必偃。"[3]故堯、舜行德則民仁壽，桀、紂行暴則民鄙夭。[4]夫上之化下，下之從上，猶泥之在鈞，唯甄者之所爲；[5]猶金之在鎔，唯冶者之所鑄。[6]"綏之斯俫，動之斯和”，此之謂也。[7]

[1]【顏注】師古曰：陶以喻造瓦，冶以喻鑄金也。言天之生人有似於此也。粹，純也。

[2]【今注】有：楊樹達《漢書窺管》以爲當讀爲“又”。吳恂《漢書注商》以爲“有”是“由”字同聲之誤。

[3]【顏注】師古曰：《論語》載孔子之言也。言人之從化，若草遇風則偃仆也。【今注】案，孔子語見《論語·顏淵》。白鷺洲本、大德本、殿本“德風”“德中”下均有“也”字。《漢書考正》宋祁曰：“越本無兩‘也’字。”

[4]【今注】鄙夭：謂性情貪鄙，壽命不長。

[5]【顏注】師古曰：甄，作瓦之人也。鈞，造瓦之法其中旋轉者。甄，音吉延反。

[6]【顏注】師古曰：鎔，謂鑄器之模範也。鎔，音“容”。

[7]【顏注】師古曰：《論語》載子貢對陳子禽之言也。綏，安也。言治國家者，安之則竸來，動之則和悦耳。【今注】案，引文見《論語·子張》，今本作“綏之斯來，動之斯和”。

臣謹案《春秋》之文，求王道之端，得之於正。[1]正次王，王次春。[2]春者，天之所爲也，正者，王之所爲也。其意曰，上承天之所爲，而下以正其所爲，正王道之端云爾。然則王者欲有所爲，宜求其端於天。天道之大者在陰陽。陽爲德，陰爲刑；刑主殺而德主生。是故陽常居大夏，[3]而以生育養長爲事；陰常居大冬，而積於空虛不用之處。以此見天之任德不任刑也。天使陽出布施於上而主歲功，[4]使陰入伏於下而時出佐陽；陽不得陰之助，亦不能獨成歲。終陽以成歲爲名，[5]此天意也。王者承天意以從事，故任德教而不任刑。刑者不可任以治世，[6]猶陰之不可任以成歲也。爲政而任刑，不順於天，故先王莫之肯爲也。今廢先王德教之官，而獨任執法之吏治民，毋乃任刑之意與！[7]孔子曰："不教而誅謂之虐。"[8]虐政用於下，而欲德教之被四海，故難成也。

[1]【顏注】師古曰：謂正月也，音之盛反（盛，白鷺洲本、大德本、殿本作"成"）。

[2]【顏注】師古曰：解《春秋》書"春王正月"之一句也。【今注】正次王王次春：《公羊》家尤重《春秋》"元年，春王正月"一句。《公羊傳》云："元年者何？君之始年也。春者何？歲之始也。王者孰謂？謂文王也。曷爲先言王而後言正月？王正月也。何言乎王正月？大一統也。"此段釋"春王正月"，又可參董仲舒《春秋繁露·三代改制質文》："王者孰謂？謂文王也。曷爲先言王而後言正月？王正月也。何以謂之王正月？曰：王者必受命而後王，王者必改正朔，易服色，制禮樂，一統於天下，所以明易姓非繼人，通以己受之於天也。王者受命而王，制此月以應變，故作科以奉天地，故謂之王正月也。"《三代改制質文》論"三統"，此則答武帝問王者行政，故與此段論稍不同。

[3]【今注】大夏：夏季。王先謙《漢書補注》以爲"大，盛也"。其下"大冬"亦同。關於陰陽與冬夏之關係，董仲舒《春秋繁露·陰陽出入上下》論之較詳盡："天道大數，相反之物也，不得俱出，陰陽是也。春出陽而入陰，秋出陰而入陽，夏右陽而左陰，冬右陰而左陽。陰出則陽入，陽出則陰入，陰右則陽左，陰左則陽右。是故春俱南，秋俱北，而不同道；夏交於前，冬交於後，

而不同理。並行而不相亂，澆滑而各持分，此之謂天之意。"

[4]【今注】歲功：一年的時序。

[5]【顏注】蘇林曰：辛以陽名歲，尚德不尚刑也。師古曰：謂年首稱春也。即上所云"王次春"者是也（是，白鷺洲本誤作"長"）。【今注】案，王鳴盛《十七史商榷》卷二五引沈彤云："'終'上當有'陰'字。'陰終陽'，本《易傳》'地道無成而代有終'義。然終陽之事，即助其成功，故曰'以成歲爲佐'。'名'當作'佐'，形似而譌。"王先謙《漢書補注》以爲陽不得陰助，固不能獨成歲。然卒年首稱春者，是陽以成歲爲名。終者，究竟之辭。名，稱也。沈説"陰終陽"之義，本文文義可見，不必改。

[6]【今注】刑者：本書《禮樂志》作"刑罰"。楊樹達《漢書窺管》以爲作"刑罰"是，"者"字誤。

[7]【顏注】師古曰："與"讀曰"歟"。

[8]【顏注】師古曰：《論語》載孔子之言。【今注】案，孔子語見《論語·堯曰》，今本作"不教而殺謂之虐"。

　　臣謹案《春秋》謂一元之意，[1]一者萬物之所從始也，元者辭之所謂大也。[2]謂一爲元者，視大始而欲正本也。[3]《春秋》深探其本，而反自貴者始。[4]故爲人君者，正心以正朝廷，正朝廷以正百官，正百官以正萬民，正萬民以正四方。四方正，遠近莫敢不壹於正，而亡有邪氣奸其間者。[5]是以陰陽調而風雨時，[6]群生和而萬民殖，[7]五穀孰而中木茂，[8]天地之間，被潤澤而大豐美，四海之内，聞盛德而皆俽臣，[9]諸福之物，可致之祥，莫不畢至，而王道終矣。

[1]【顏注】師古曰：釋"公始即位，何不稱一年，而言元年"也。【今注】案，董仲舒《春秋繁露·玉英》載"一元"之說，可與此段互參："謂一元者，大始也。知元年志者，大人之所重，小人之所輕。是故治國之端在正名，名之正，興五世，五傳之外，美惡乃形，可謂得其真矣，非子路之所能見。惟聖人能屬萬物於一，而繫之元也，終不及本所從來而承之，不能遂其功。是以《春秋》變一謂之元，元猶原也，其義以隨天地終始也。故人唯有終始也，而生不必應四時之變，故元者爲萬物之本，而人之元在焉，安在乎？乃在乎天地之前，故人雖生天氣，及奉天氣者，不得與天元本、天元命而共違其所爲也。故春正月者，承天地之所爲也，繼天之所爲而終之也，其道相與共功持業，安容言乃天地之元？天地之元，奚爲於此？惡施於人？大其貫承意之理矣。是故《春秋》之道，以元之深，正天之端，以天之端，正王之政，以王之政，正諸侯之即位，以諸侯之即位，正竟內之治，五者俱正，而化大行。"又《春秋繁露·王道》："《春秋》何貴乎元而言之？元者，始也，言本正也；道，王道也；王者，人之始也。王正，則元氣和順，風雨時，景星見，黃龍下；王不正，則上變天，賊氣並見。"又《春秋繁露·重政》："惟聖人能屬萬物於一，而繫之元也，終不及本所從來而承之，不能遂其功，是以《春秋》變一謂之元，元猶原也，其義以隨天地終始也，故人唯有終始也，而生不必應四時之變，故元者，爲萬物之本，而人之元在焉，安在乎，乃在乎天地之前，故人雖生天氣及奉天氣者，不得與天元本、天元命，而共違其所爲也。故春正月者，承天地之所爲也，繼天之所爲而終之也，其道相與共功持業，安容言乃天地之元，天地之元，奚爲於此，惡施於人，大其貫承意之理矣。"

[2]【顏注】師古曰：《易》稱"元者善之長也"（稱，殿本作"辭"），故曰辭之所謂大也。【今注】案，《漢書考正》宋祁曰："'辭'，古本作'解'。"王念孫《讀書雜志·漢書第十》以爲

"大"當爲"本"。下文曰"謂一爲元者，視大始而欲正本也"；
"視大始"，是承上"始"字而言；"欲正本"，承上"本"字而言。
又曰"《春秋》深探其本，而反自貴者始"，仍承"始"字、"本"
字而言，則上文本作"辭之所謂本"明。"本"字上半與"大"相
似，又涉下"視大始"而誤。"元"字雖可訓爲"大"，而仲舒則
訓"元"爲"本"，以起下"欲正本"之語，非訓爲"大"。董仲
舒《春秋繁露·王道篇》"《春秋》何貴乎元而言之？元者，始也，
言本正也"，又《重政篇》"《春秋》變一謂之元，元猶原也，其義
以隨天地終始也，故元者爲萬物之本，而人之元在焉"，以上二條，
皆訓元爲本，又訓爲始。始亦本。《國語·晉語》韋昭注曰"始，
本根也"；《呂氏春秋·孝行篇》注曰"本，始也"，是其證。若訓
元爲大，則別生一義，非董氏學説正本之指。又荀悦《漢紀·孝武
紀》正作"元者，辭之所謂本也"，可爲證。

[3]【顏注】師古曰："視"讀曰"示"。

[4]【今注】反：同"返"。

[5]【顏注】師古曰：奸，犯也，音"干"。

[6]【今注】時：按時。

[7]【今注】殖：孳生。

[8]【今注】孰：通"熟"。

[9]【今注】倈：同"來"。

　　孔子曰："鳳鳥不至，河不出圖，吾已矣
夫！"[1]自悲可致此物，而身卑賤不得致也。[2]今
陛下貴爲天子，富有四海，居得致之位，操可致
之勢，[3]又有能致之資，[4]行高而恩厚，知明而意
美，愛民而好士，可謂誼主矣。[5]然而天地未應而
美祥莫至者，何也？凡以教化不立而萬民不正也。
夫萬民之從利也，如水之走下，[6]不以教化隄防

之，不能止也。是故教化立而姦邪皆止者，其隄防完也；[7]教化廢而姦邪並出，刑罰不能勝者，其隄防壞也。古之王者明於此，是故南面而治天下，莫不以教化爲大務。立大學以教於國，[8]設庠序以化於邑，[9]漸民以仁，摩民以誼，[10]節民以禮，故其刑罰甚輕而禁不犯者，教化行而習俗美也。

[1]【顏注】師古曰：《論語》載孔子之言（殿本無此注）。【今注】案，孔子語見《論語·子罕》。

[2]【顏注】師古曰：鳳鳥河圖，皆王者之瑞。仲尼自歎有德無位，故不至也。

[3]【顏注】師古曰：操，執持也，音千高反。

[4]【顏注】師古曰：資，材質也。

[5]【今注】誼主：知禮義的君主。

[6]【顏注】師古曰："走"音"奏"。

[7]【今注】完：完整。

[8]【今注】案，大學，殿本作"太學"。

[9]【顏注】師古曰：庠序，教學處也（白鷺洲本、大德本、殿本"處"前有"之"字），所以養老而行禮焉。《禮·學記》曰"古之教者，家有塾，黨有庠，術有序，國有學"也。

[10]【顏注】師古曰：漸，謂浸潤之（白鷺洲本、殿本"之"後有"也"字）；摩，謂砥礪之也。

聖王之繼亂世也，埽除其迹而悉去之，[1]復脩教化而崇起之。教化已明，習俗已成，子孫循之，[2]行五六百歲尚未敗也。至周之末世，大爲亡道，以失天下。秦繼其後，獨不能改，又益甚之，重禁文學，[3]不得挾書，[4]棄捐禮誼而惡聞之，[5]其心欲盡滅先聖之道，而顓爲自恣苟簡之治，[6]故立爲天子十四歲而國破亡矣。自古以倈，[7]未嘗有以亂濟亂，大敗天下之民如秦者也。[8]其遺毒餘烈，至今未滅，使習俗薄惡，人民嚚頑，抵冒殊扞，[9]孰爛如此之甚者也。[10]孔子曰："腐朽之木不可彫也，糞土之牆不可圬也。"[11]今漢繼秦之後，如朽木糞牆矣，雖欲善治之，亡可奈何。法出而姦生，令下而詐起，[12]如以湯止沸，抱薪救火，[13]愈其亡益也。[14]竊譬之琴瑟不調，甚者必解而更張之，[15]乃可鼓也；爲政而不行，甚者必變而更化之，[16]乃可理也。當更張而不更張，雖有良工不能善調也；當更化而不更化，雖有大賢不能善治也。故漢得天下以來，常欲治而至今不可善治者，[17]失之於當更化而不更化也。古人有言曰："臨淵羨魚，不如退而結網。"[18]今臨政而願治七十餘歲矣，[19]不如退而更化；更化則可善治，善治則災害日去，福祿日來。《詩》云："宜民宜人，受祿于天。"[20]爲政而宜於民者，固當受祿于天。夫仁、誼、禮、知、信，五常之道，王者所當脩飾也。[21]五者脩飾，故受天之祐，而享鬼神之靈，德施于方外，延及群生也。

[1]【顏注】師古曰：去亦除也，音丘呂反。【今注】埽：同"掃"。

[2]【顏注】師古曰：循，順也，順而行之。

[3]【今注】重禁：嚴厲禁止。　文學：經學。

[4]【今注】挾書：私藏書籍。秦及漢初有挾書律。秦始皇三十四年（前213），采納丞相李斯的建議，下令禁止儒生以古非今，頒布民間有私藏《詩》《書》和百家書籍者族誅的法令。

[5]【今注】捐：棄。

[6]【顏注】蘇林曰：苟爲簡易之治也。師古曰：此説非也。苟，謂苟於權利也。簡，謂簡於仁義也。簡易《乾》《坤》之德，豈秦所行乎？“顓”與“專”同。【今注】苟簡：草率而簡略。蘇、顏訓恐非。王先謙《漢書補注》曰：“苟簡，謂苟且簡略也。蘇但不當言簡易耳。顏訓非。《通鑑》改作‘苟且之治’。”

[7]【今注】案，俫，殿本作“來”。

[8]【顏注】師古曰：濟，益也。

[9]【顏注】文穎曰：扞，突也。師古曰：口不道忠信之言爲嚚。心不則德誼之經爲頑。抵，觸也。冒，犯也。殊，絶也。扞，距也。冒，讀如字，又音莫克反。

[10]【今注】案，本書《禮樂志》引此文無以上十字。楊樹達《漢書窺管》以爲“殊扞孰爛句與上文不相承，疑有訛奪”。

[11]【顏注】師古曰：《論語》載孔子之言也。圬，鏝也，所以泥飾牆也。言内質獎壞不可脩治也。圬，音一胡反。鏝，音莫干反。【今注】案，孔子語見《論語·公冶長》，今本作“朽木不可雕也，糞土之牆不可杇也”。

[12]【顏注】師古曰：下，音胡亞反。

[13]【今注】抱薪救火：楊樹達《漢書窺管》以爲“抱”字古有“抛”音。《史記·三代世表》褚先生補云：“抱之山中。”裴駰《集解》云：“抱，普茅反。”司馬貞《索隱》云：“抱，普交反。”“普茅”“普交”皆抛字之音。故“抱薪”猶言“抛薪”。“抱薪救火”即嚮火中抛加薪柴以求滅火。

[14]【今注】其：大德本、殿本作“甚”，是。《漢書考正》

宋祁曰:"'甚'與'其'小差則成誤矣。然'其'字施於此則未安也。"

[15]【今注】解而更張: 即將琴瑟之弦解開而重新張設,以達到調音的目的。

[16]【今注】更化: 改制,改革。"爲政而不行,甚者必變而更化之,乃可理也"句,又見於本書《禮樂志》。

[17]【今注】案,白鷺洲本、殿本"常欲"下有"善"字,是。《漢書考正》宋祁曰:"然'善治'要須複語,不容上言'治'而下言'善治'也。浙本亦同有'善'字。"吴恂《漢書注商》以爲"常欲"下不當有"善"字,欲治與善治當相對爲文。

[18]【顏注】師古曰: 言當自求之。

[19]【今注】案,殿本《漢書考正》齊召南據"今臨政而願治七十餘歲矣"一句推定董仲舒對策之年,以爲"仲舒對策之年,先儒疑而未定。《漢書·武紀》載於元光元年,與公孫弘並列,既失之太後。《通鑑》據《史記》'武帝即位,爲江都相'之文,載於建元元年,與嚴助並列,亦失之太前。若以仲舒此文推之,則在建元五年也。計漢元年至建元三年爲七十歲,而五年始置五經博士,即傳所謂'推明孔氏,抑黜百家,立學校之官'也。至元光元年,初令郡國舉孝廉各一人,即傳所謂'州郡舉茂才孝廉'也。若在建元元年,豈得云'七十餘歲'乎?"是以爲在武帝建元五年(前136)。王先謙《漢書補注》:"仲舒對策有'夜郎、康居,殊方萬里,說德歸誼'之語。《西南夷傳》,夜郎之通在建元六年大行王恢擊東粵後,次年即爲元光元年。是《漢書》載仲舒對策於元光元年,並不失之太後。齊說非也。建元五年,始置五經博士。元光元年,初令郡國舉孝廉各一人。其時武帝崇儒,已有此盛舉。傳所稱'立學校之官''州郡舉茂才孝廉'二事,文與《武紀》不盡符合,或因仲舒對策,推擴規模,抑或後世緣時事相當傳疑附會,班氏未審,因而歸美,未可知也。康居歸誼,於史無徵,蓋武帝初立,欲事滅胡,遣人往通西域,而康居或於其時一至中國,史官失

載。若張騫之道康居，又後十數歲矣。《武紀》載賢良一詔於元光元年五月，又云‘於是董仲舒、公孫弘等出焉’，特史家綜述此舉得人之盛，非謂董與公孫皆出是年。公孫元光五年復徵迺擢，見本傳。而詔書之在是歲，不可易也。至《通鑑》之誤，更不足辨。”是以爲在武帝元光元年（前134）。史念海、張大可等以爲《資治通鑑》是（詳見張大可《董仲舒天人三策應作于建元元年》，《蘭州大學學報》1987年第4期），施丁、于傳波等支持王先謙説（詳見于傳波《董仲舒對策年代考》，《學術研究》1979年第第6期）。余建平認爲，三策並不是創作於同一時期。第一、三對策應創作於武帝建元四年、五年之間，第二對策則要晚至建元六年（前135）至元光元年初。是班固《漢書》在三篇對策間加入“天子復册之”之文，造成三策具有時間遞進關係的假像（詳見余建平《“天人三策”文本順序考辨：兼論董仲舒賢良對策之年代》，《北京社會科學》2019年第6期）。

[20]【顏注】師古曰：《大雅·假樂》之詩也。

[21]【今注】案，飾，白鷺洲本、大德本、殿本作“餝”。

天子覽其對而異焉，乃復策之，[1]曰：

制曰，蓋聞虞、舜之時，游於巖廊之上，[2]垂拱無爲，[3]而天下太平。周文王至於日昃不暇食，[4]而宇内亦治。夫帝王之道，豈不同條共貫與？[5]何逸勞之殊也？蓋儉者不造玄黄旌旗之飾，[6]及至周室，設兩觀，乘大路，朱干玉戚，八佾陳於庭，[7]而頌聲興。夫帝王之道，豈異指哉？[8]或曰，良玉不瑑，[9]又云，非文亡以輔德，二端異焉。殷人執五刑以督姦，[10]傷肌膚以懲惡。[11]成康不式四十餘年，[12]天下不犯，囹圄空虛。[13]秦國用之，死者甚衆，刑者相望，耗矣哀哉！[14]

[1]【今注】案，策，白鷺洲本、大德本、殿本作"册"。《漢書考正》宋祁曰：景德本作"策"。

[2]【顏注】文穎曰：巖廊，殿下小屋也。晉灼曰：堂邊廡巖廊，謂嚴峻之廊也。師古曰：晉說是（白鷺洲本、大德本、殿本"是"後有"也"字）。【今注】巖廊：《漢書考正》宋祁曰："古本、浙本'廊'並作'郎'。余按，'廊'本作'郎'，後人加'广'，而俗人作'郎'則驚而不喜，更改爲'廊'。吁，可惜耶！"王先謙《漢書補注》以爲《說文》無"廊"字，古籍多借爲"郎"字。《逸周書·作雒解》"重亢重郎"，漢《韓勑後碑》"庫室中郎"，並以"郎"爲"廊"。《說文新附》以爲"廊，東西序"，是。不當釋作"屋廡"。詳本書卷五二《竇嬰傳》。巖郎，猶本書卷五七《司馬相如傳》所稱高廊矣。《竇嬰傳》："陳廊廡下。"顏師古注云："廊，堂下周屋也。廡，門屋也，音侮。"王先謙《漢書補注》以爲《說文》無"廊"字。本書通用"郎"，卷五六《董仲舒傳》"巖郎"是也。廡是廊下之屋，而廊是東西厢之上有周檐下無墻壁者，如古典園林中所謂游廊。

[3]【今注】垂拱：垂衣拱手。謂不親理事務。

[4]【顏注】師古曰："戾"亦"昊"字。

[5]【顏注】師古曰："與"讀曰"歟"。【今注】同條共貫：事理相通，脉絡連貫。

[6]【今注】玄黃：這裏指祭祀冕服。

[7]【顏注】師古曰：兩觀，謂闕也。大路，玉路之車也。干，盾也。戚，鉞也。朱丹其盾，玉爲戚把也。佾，列也，舞者之行列也。一列八人，天子八列，六十四人也（殿本此注位於"而頌聲興"後）。【今注】兩觀：宮門前兩邊的望樓。王先謙《漢

書補注》引《爾雅》：“觀謂之闕”，郭璞注：“宮門雙闕。”《釋名》：“觀，觀也，於上觀望也。闕，闕也，在門兩旁，中央闕然爲道也。”《毛詩·子衿》孔穎達《正義》引孫炎曰：“宮門雙闕，舊章懸焉。使民觀之，因謂之觀。”　大路：又作“大輅”“玉輅”，天子所乘之車。《公羊傳》昭公二十五年：“乘大路、朱干、玉戚以舞《大夏》，八佾以舞《大武》，此皆天子之禮也。”

[8]【顏注】師古曰：言意趣不同。

[9]【顏注】師古曰：璆，謂彫刻爲文也，音篆。下皆類此。

[10]【今注】五刑：五種刑罰。即墨、劓、剕、宮、大辟。

[11]【顏注】師古曰：督，視責也。懲，止也。

[12]【顏注】師古曰：式，用也。成、康之時，刑措不用。【今注】成康：周成王與周康王。周成王姬姓，名誦。其父周武王死時，成王年幼，由叔父周公旦攝政，平定武庚與管叔、蔡叔等叛亂。後年長親政，營建雒邑，東伐淮夷，繼續分封諸侯，周王朝疆域進一步擴大。命周公興禮樂，立制度，民乃和睦，政局安定，邊境息慎族來朝。周康王爲成王子，名釗。由召公、畢公輔佐即位，去奢崇儉，簡政安民，伐鬼方及東南夷族，開拓疆土。保持成王以來的安定局面，史稱“成康之治”。

[13]【今注】囹圄：監獄。

[14]【顏注】師古曰：耗，虛也。言用刑酷烈，誅殺甚衆，天下空虛也。耗，音呼到反。或曰，耗，不明也，言刑罰闇亂，音莫報反。

　　　　烏虖！[1]朕夙寤晨興，[2]惟前帝王之憲，[3]永思所以奉至尊，章洪業，[4]皆在力本任賢。[5]今朕親耕藉田以爲農先，[6]勸孝弟，崇有德，使者冠蓋相望，問勤勞，恤孤獨，盡思極神，功烈休德未始云獲也。[7]今陰陽錯繆，氛氣充塞，[8]群生寡遂，黎民未濟，[9] 廉恥貿亂，賢不肖渾殽，[10] 未得其真，故詳延特起之士，庶幾乎！[11] 今子大夫待詔百有餘人，[12] 或道世務而未濟，稽諸上古之不同，[13] 考之于今而難行，毋廼牽於文繫而不得騁歟？[14] 將所繇異術，所聞殊方與？[15] 各悉對，著于篇，[16] 毋諱有司。[17] 明其指略，[18] 切磋究之，以稱朕意。[19]

[1]【顏注】師古曰："虖"讀曰"呼"。

[2]【顏注】師古曰：夙，早也。寤，寐之覺也。興，起也。覺，音工孝反。

[3]【顏注】師古曰：憲，法也。

[4]【顏注】師古曰：永，深也。章，明也。洪，大也。

[5]【顏注】師古曰：力本，謂勤力行於本業也。本，謂農也。

[6]【今注】藉田：天子徵用民力耕種的田。每逢春耕前，天子躬耕藉田，以示對農業的重視。藉，通"籍"。白鷺洲本、殿本作"籍"。

[7]【今注】云：有。

[8]【顏注】師古曰：氛，惡氣也。充，滿也。

[9]【顏注】師古曰：遂，成也。【今注】未濟：未得到救助。

[10]【顏注】師古曰：貿，易也。渾殽，雜也。貿，音武又反。渾，音胡本反。【今注】廉恥：楊樹達《漢書窺管》以爲下文又云"廉恥殊路，賢不肖異處"，都是以"廉恥"與"賢不肖"爲對文。故"廉"當指廉士，"恥"謂可恥之人，與常言廉恥之意不同。

[11]【顏注】師古曰：詳，盡也，一曰審（白鷺洲本、大德

本、殿本“審”後有“也”字)。【今注】特起：特出，傑出。又白鷺洲本、大德本、殿本“庶幾乎”上有“意”字。《漢書考正》宋祁曰：“古、浙本有‘意’字，他本無。但云‘庶幾乎’，則促而不緩，必待‘意’字，句乃自安。”

〔12〕【今注】待詔：指應皇帝徵召隨時待命，以備諮詢顧問。漢朝皇帝徵召才術之士至京，都待詔公車，其中特別優秀的待詔金馬門，備顧問應對，或奉詔而行某事。後遂演變爲官名，凡具一技之長而備諮詢顧問者，如太史、治曆、音律、本草、相工等皆置。

〔13〕【今注】案，之，大德本、殿本作“而”。

〔14〕【顏注】師古曰：牽於文繫，謂懼於文吏之法。“與”讀曰“歟”。其下類此(類，白鷺洲本作“同”。殿本無“與讀曰歟其下類此”八字)。【今注】案，王先謙《漢書補注》曰：“官本‘歟’作‘與’，又無注文‘與’下八字，是也。”

〔15〕【顏注】師古曰：“繇”讀與“由”同。方，謂道也。

〔16〕【顏注】師古曰：悉，謂盡意而對(白鷺洲本、大德本、殿本“對”後有“也”字)。

〔17〕【顏注】師古曰：言不當忌畏有司而不極言。【今注】有司：政府官吏。古代設官分職，各有專司，故稱。

〔18〕【今注】指略：要旨。

〔19〕【顏注】師古曰：究，極也。磑，音千何反。

仲舒對曰：

臣聞堯受命，以天下爲憂，而未以位爲樂也，[1]故誅逐亂臣，務求賢聖，是以得舜、禹、稷、卨、咎繇，[2]衆聖輔德，賢能佐職，教化大行，天下和洽，萬民皆安仁樂誼，[3]各得其宜，動作應禮，從容中道。[4]故孔子曰“如有王者，必世而後仁”，此之謂也。[5]堯在位七十載，迺遜于位以禪虞舜。堯崩，天下不歸堯子丹朱而歸舜。舜知不可辟，[6]乃即天子之位，以禹爲相，因堯之輔佐，繼其統業，是以垂拱無爲而天下治。孔子曰"《韶》盡美矣，又盡善矣"，[7]此之謂也。至於殷紂，逆天暴物，[8]殺戮賢知，殘賊百姓。伯夷、太公皆當世賢者，[9]隱處而不爲臣。守職之人皆奔走逃亡，入于河海。[10]天下耗亂，萬民不安，[11]故天下去殷而從周。文王順天理物，師用賢聖，是以閎夭、大顛、散宜生等亦聚於朝廷。[12]愛施兆民，天下歸之，故太公起海濱而即三公也。[13]當此之時，紂尚在上，尊卑昏亂，百姓散亡，故文王悼痛而欲安之，是以日昃而不暇食也。孔子作《春秋》，先正王而繫萬事，見素王之文焉。[14]繇此觀之，[15]帝王之條貫同，然而勞逸異者，所遇之時異也。孔子曰"《武》盡美矣，未盡善也"，[16]此之謂也。

[1]【今注】案，《漢書考正》宋祁曰："古本'位'字上有'在'字。"王念孫《讀書雜志·漢書第十》曰："《治要》引此'未'下有'聞'字，語意較完。"

[2]【今注】稷：周代始祖。姓姬，名棄。相傳其母爲有邰氏女，因在野外踏巨人足迹受孕而生，以爲不祥，一度被棄，因名棄。好農耕，善於稼穡，堯、舜時曾任農官，教民耕種，號曰后稷。事迹見《史記》卷四《周本紀》。　卨(xiè)：商代始祖。名或作"契"。帝嚳之子。母簡狄，吞燕卵而生契。佐禹治水有功，舜乃命契爲司徒，掌教化。賜姓子，封於商。事迹見《史記》卷三

《殷本紀》。　咎繇：又作"皋陶"。舜時掌刑法之官。禹繼位，委之以政，被選爲繼承者。早死。

[3]【今注】誼：義。

[4]【顏注】師古曰：從，音于容反（于，白鷺洲本、大德本、殿本作"千"，是）。中，音竹仲反。【今注】從容：楊樹達《漢書窺管》引《廣雅·釋訓》，以爲即舉動之意。

[5]【顏注】師古曰：《論語》載孔子之言也。言如有受命王者，必三十年，仁政迺成。【今注】案，孔子語見《論語·子路》。

[6]【顏注】師古曰："辟"讀曰"避"。

[7]【顏注】師古曰：《論語》載孔子之言（殿本無"論語載孔子之言"七字）。《韶》，舜樂也。孔子嘉舜之德，故聽其樂，而云盡善盡美矣（而，白鷺洲本作"至"）。【今注】案，孔子語見《論語·八佾》。錢大昕《十駕齋養新錄》卷三以爲本傳引孔子曰"《韶》盡美矣，又盡善矣"，又引"《武》盡美矣，未盡善也"，上"矣"下"也"，語意不同，當是《論語》古本。景祐本是"矣"字，其他諸本《漢書》多改作"也"，《西漢策要》與景祐本同。王念孫《讀書雜志·漢書第十》以爲錢大昕說是。據顏注云"故聽其樂，而云盡善盡美矣"，則正文正是"矣"字。《群書治要》引作"《韶》盡善矣"，文雖從省，而亦是"矣"字。白鷺洲本、大德本、殿本作"也"。

[8]【今注】暴物：殘害萬物。

[9]【今注】伯夷：商朝末年孤竹國君長子。其父欲立次子叔齊，父死，叔齊不肯繼位，讓位於他，他不受。後與其弟叔齊奔周。周武王伐商，兄弟二人叩馬苦諫。商亡，兩人均逃隱於首陽山，恥食周粟，采薇爲生，後餓死。傳見《史記》卷六一。　太公：姜太公。傳見《史記》卷三二。

[10]【顏注】師古曰：謂若鼓方叔、播鼗武、少師陽之屬也。事在《禮樂志》。

[11]【顏注】師古曰：耗，不明也，音莫報反。

[12]【顏注】臣瓚曰：皆文王賢臣。【今注】案，閎夭，白鷺洲本、殿本作“閎天”。

[13]【顏注】師古曰：濱，涯也。即，就也。濱，音“賓”，又音“頻”。

[14]【顏注】師古曰：見，顯示也。【今注】素王：謂具有帝王之德而未居帝王之位者。王先謙《漢書補注》引王先慎以爲，《廣雅·釋詁》：“素，空也。”素王，謂空王，指在下者而言。《莊子·天道》云“以此處上，帝王天子之德也；以此處下，玄聖素王之道也”，上下對舉，語意明顯。《史記·殷本紀》載伊尹從湯言素王及九主之事，賈誼《過秦論》謂諸侯“非有素王之行”，是古以素王推尊在下有德者的通稱，不必非是孔子！董仲舒生當西漢，必不以素王爲孔子自稱。故《春秋繁露·玉杯》云“孔子立新王之道”，《三代改制》曰：“《春秋》作新王之事”，而不云孔子立素王之號，尤其確證。自緯書出，遂有孔子自號素王之説。

[15]【顏注】師古曰：“繇”讀與“由”同（殿本無此注）。

[16]【顏注】師古曰：亦《論語》載孔子之言也。《武》，周武王樂也。以其用兵伐紂，故有慙德，未盡善也。

　　臣聞制度文采玄黃之飾，所以明尊卑，異貴賤，而勸有德也。[1]故《春秋》受命所先制者，改正朔，易服色，所以應天也。[2]然則宮室旌旗之制，有法而然者也。故孔子曰：“奢則不遜，儉則固。”[3]儉非聖人之中制也。臣聞良玉不瑑，資質潤美，不待刻瑑，此亡異於達巷黨人不學而自知也。[4]然則常玉不瑑，不成文章，君子不學，不成其德。

[1]【今注】勸有德：錢大昭《漢書辨疑》曰：“閩本作‘觀德’二字。”

[2]【今注】案，董仲舒《春秋繁露・楚莊王》：“受命之君，天之所大顯也；事父者承意，事君者儀志，事天亦然；今天大顯已，物襲所代，而率與同，則不顯不明，非天志，故必徙居處，更稱號，改正朔，易服色者，無他焉，不敢不順天志，而明自顯也。”可與此段互參。又有《三代改制質文》，已見於上。又漢“改正朔，易服色”之議發端較早，本書卷四八《賈誼傳》載：“誼以爲漢興二十餘年，天下和洽，宜當改正朔，易服色制度，定官名，興禮樂。”《禮記・大傳》：“改正朔，易服色。”孔穎達疏：“改正朔者，正，謂年始；朔，謂月初，言王者得政示從我始，改故用新，隨寅丑子所損也。”

[3]【顏注】師古曰：《論語》載孔子之言。遜，順也。固，陋也。

[4]【顏注】孟康曰：人，項橐也。【今注】達巷黨人：指七歲而爲孔子師的項橐。《論語・子罕》：“達巷黨人曰：‘大哉孔子！博學而無所成名。’”朱熹《集注》：“達巷，黨名。其人姓名不傳。”達巷，傳説在今山東兗州市西北。黨人，孟康所謂“項橐”，相傳七歲爲孔子師。又沈欽韓《漢書疏證》以爲孟説本《戰國策・秦策》甘羅之言，師説相傳，以爲達巷黨人。《天中記》引《圖經》云：“橐，魯人，十歲而亡，時人尸而祝之，號小兒神。”又《一統志》：“達巷在兗州府滋陽縣西北五里。”

　　臣聞聖王之治天下也，少則習之學，長則材諸位，[1]爵祿以養其德，刑罰以威其惡，故民曉於禮誼而恥犯其上。武王行大誼，平殘賊，周公作禮樂以文之，至於成、康之隆，囹圄空虛四十餘年，此亦教化之漸，而仁誼之流，非獨傷肌膚之效也。至秦則不然，師申、商之法，行韓非之說，[2]憎帝王之道，[3]以貪狼爲俗，[4]非有文德以教訓於下也。[5]誅名而不察實，[6]爲善者不必免，而犯惡者未必刑也。是以百官皆飾虛辭而不顧實，[7]外有事君之禮，內有背上之心，造僞飾詐，趣利無恥。[8]又好用慘酷之吏，[9]賦斂亡度，竭民財力，百姓散亡，不得從耕織之業，群盜並起。是以刑者甚衆，死者相望，而姦不息，俗化使然也。故孔子曰“導之以政，齊之以刑，民免而無恥”，[10]此之謂也。

[1]【顏注】服虔曰：在位當知材知日有益於政也。應劭曰：隨其材之優劣而授之位也。師古曰：應說近之。謂授之位以試其材也。

[2]【顏注】師古曰：申，申不害也。商，商鞅也（殿本此注在“師申、商之法”後）。【今注】申：申不害。戰國時鄭國京（今河南滎陽市東南）人。本爲鄭低級官吏，以法家之術說韓昭侯，任爲韓相十五年。其學本於黃老而強調駕御臣下，尤重談“術”。主張因任授官，循名責實，君主應掌生殺獎懲之權，監督考核臣下，使其盡忠職守。任相期間內修政教，外應諸侯，國治兵強，諸侯不敢侵韓。著有《申子》一書，已佚。　商：公孫氏，名鞅。因是衞國公族的後代，亦稱衞鞅。在秦以戰功封於商，故稱商鞅、商君。少好刑名之學，初爲魏相公叔痤家臣。後入秦以富國強兵之道說秦孝公，任爲左庶長，實行變法。取消分封制和世襲制。令民爲什伍，有罪連坐；有軍功受爵，私鬥者判刑；耕織得粟帛多者免徭役；經商及怠而貧者，連其妻子没爲官奴婢；宗室無軍功者無爵位。旋升大良造。將國都由雍遷至咸陽，進一步變法。全國推行縣

制，凡三十一縣。開阡陌封疆，平賦稅。統一度量衡制，頒布標準器。變法十年，鄉邑大治，國勢日強。秦令率兵伐魏，逼魏割西河之地於秦。秦孝公死，爲公子虔等誣害，車裂而死。今傳世《商君書》題其名。傳見《史記》卷六八。　韓非：即韓非子，亦稱韓子。戰國時韓國人。韓諸公子之一，與李斯同師事荀子。喜刑名法術之學，主張不務德而務法，刑過不避大臣，賞善不遺匹夫。建議韓王修明法度，未被采用。著《孤憤》《五蠹》《内外儲》《説林》《説難》十餘萬言。其書傳至秦，爲秦王政所重。秦攻韓，迫非至秦，秦王悦之。因而被留於秦，後爲李斯、姚賈讒害，入獄自殺。學説兼采商鞅、申不害、慎到，主張法、術、勢兼用，中央集權，君主專政。重耕、戰、輕商、學，反對是古非今，獨尊法家，集先秦法家思想之大成。今傳《韓非子》一書。傳見《史記》卷六三。

[3]【今注】帝王之道：即三王五帝之道。

[4]【顏注】師古曰：狼性皆貪，故謂貪爲貪狼也。

[5]【今注】案，白鷺洲本、大德本、殿本“下”前有“天”字。《漢書考正》宋祁曰：“景德本無‘天’字，古本有。”楊樹達《漢書窺管》以爲有“天”字文雖可通，但下文云：“今吏既亡教訓於下”，則無“天”字者是。

[6]【顏注】師古曰：誅，責也。

[7]【今注】案，白鷺洲本、大德本、殿本“虚辭”前有“空言”二字。《漢書考正》宋祁曰：“景祐本無‘空言’二字，古本有。”

[8]【今注】趣：同“趨”。

[9]【顏注】師古曰：憯，痛也，音千感反。

[10]【顏注】師古曰：《論語》載孔子之言也。言以政法教導之，以刑戮整齊之，則人苟免而已，無恥愧也。【今注】案，孔子語見《論語·爲政》。

　　今陛下并有天下，海內莫不率服，廣覽兼聽，極群下之知，盡天下之美，至德昭然，施于方外。夜郎、康居，殊方萬里，說德歸誼，[1]此太平之致也。然而功不加於百姓者，殆王心未加焉。[2]曾子曰："尊其所聞，則高明矣；行其所知，則光大矣。高明光大，不在於它，在乎加之意而已。"[3]願陛下因用所聞，[4]設誠於內而致行之，則三王何異哉！陛下親耕藉田，以爲農先，夙寤晨興，憂勞萬民，思惟往古，而務以求賢，此亦堯、舜之用心也，然而未云獲者，士素不厲也。[5]夫不素養士而欲求賢，譬猶不琢玉而求文采也。[6]故養士之大者，莫大虖太學，[7]太學者，賢士之所關也，[8]教化之本原也。今以一郡一國之衆，對亡應書者，[9]是王道往往而絕也。臣願陛下興太學，置明師，以養天下之士，數考問以盡其材，[10]則英俊宜可得矣。今之郡守、縣令，民之師帥，所使承流而宣化也。故師帥不賢，則主德不宣，恩澤不流。今吏既亡教訓於下，或不承用主上之法，暴虐百姓，與姦爲市，[11]貧窮孤弱，冤苦失職，[12]甚不稱陛下之意。是以陰陽錯繆，氛氣充塞，群生寡遂，黎民未濟，皆長吏不明，使至於此也。

　　[1]【顏注】師古曰：夜郎，西南夷也。康居，西域國也。"說"讀曰"悅"。【今注】夜郎：先秦至西漢時西南夷國名、族名。主要分布在今貴州西部及北部，並包括雲南東北部、四川南部及廣西北部部分地區。《史記》卷一一六《西南夷列傳》稱："西南

夷君長以什數，夜郎最大。"又曰："夜郎者，臨牂柯江，江廣百餘步，足以行船。"西漢初與南越、巴蜀有貿易來往。武帝建元六年（前 135）以唐蒙爲中郎將，率軍至其地，於夜郎旁諸小邑建爲犍爲郡。武帝元鼎六年（前 111）又以其地置牂柯郡。　康居：漢西域國名。在今哈薩克斯坦巴爾喀什湖和鹹海之間。東界烏孫，西達奄蔡，南接大月氏，東南臨大宛。王都爲卑闐城，在今烏茲別克斯坦塔什干一帶。元帝永光元年（前 43），康居迎匈奴郅支單于居康居東部合力抗烏孫。元帝建昭三年（前 36），西域都護甘延壽、副校尉陳湯率軍入康居，誅滅郅支單于。

[2]【今注】殆：大概。

[3]【顏注】師古曰：曾子之書也。曾子，曾參。【今注】案，沈欽韓《漢書疏證》曰："語見《大戴禮·曾子疾病篇》。"《漢書考正》宋祁曰："浙本'尊'作'遵'。"　光大：楊樹達《漢書窺管》以爲"光"與"廣"古音同，"光大"即"廣大"。

[4]【今注】因：依順。

[5]【顏注】師古曰：屬，謂勸勉之也。一曰，砥礪其行也。

[6]【今注】案，琢，白鷺洲本、大德本、殿本作"琢"。

[7]【今注】太學：古代學校名稱。亦作"大學"。虞時的庠、夏朝的序、殷代的瞽宗、西周的辟雍，均爲古代大學。亦稱國學、國子學。

[8]【顏注】師古曰：關，由也。

[9]【顏注】師古曰：書，謂舉賢良文學之詔書也。【今注】書：王先謙《漢書補注》曰："既以對言，則所謂亡應書者，皆是不應經義也。此仲舒泛論平日郡國之衆。顏説非。"

[10]【今注】數：多次，屢次。

[11]【顏注】師古曰：言小吏有爲姦欺者，守令不舉，乃反與之交易求利也。

[12]【今注】冤苦：楊樹達《漢書窺管》以爲"冤"當讀爲

"怨"。桓寬《鹽鐵論·毀學篇》云："是以終日言無口過，終身行無冤尤。"本是用《孝經》之文，以"冤尤"爲"怨尤"，是古"冤""怨"字通之證。

　　夫長吏多出於郎中、中郎，[1]吏二千石子弟選郎吏，又以富訾，未必賢也。[2]且古所謂功者，以任官稱職爲差，[3]非謂積日絫久也。[4]故小材雖絫日，不離於小官，賢材雖未久，不害爲輔佐。[5]是以有司竭力盡知，[6]務治其業而以赴功。今則不然，累日以取貴，[7]積久以致官，是以廉恥貿亂，賢不肖渾殽，未得其真。臣愚以爲使諸列侯、郡守、二千石各擇其吏民之賢者，歲貢各二人以給宿衞，[8]且以觀大臣之能。所貢賢者有賞，所貢不肖者有罰。夫如是，諸侯、吏二千石皆盡心於求賢，天下之士可得而官使也。[9]徧得天下之賢人，則三王之盛易爲，而堯、舜之名可及也。毋以日月爲功，實試賢能爲上，量材而授官，錄德而定位，[10]則廉恥殊路，賢不肖異處矣。陛下加惠，寬臣之罪，令勿牽制於文，使得切磋究之，臣敢不盡愚。

　　[1]【今注】郎中：秦置，漢因之。屬郎中令，有車、户、騎三將，内充侍衞，外從作戰。三將秩比千石，郎中比三百石。　中郎：秦漢皆置。掌守衞宮殿門户，出充車騎。屬郎中令。秩比六百石。

　　[2]【顔注】師古曰："訾"與"資"同。【今注】案，王鳴

盛《十七史商榷》卷二五以爲以上一句"中郎"句絶，"郎吏"句
絶。因其上文專言郡守縣令之重，長吏即守令，郎吏即郎中、中
郎。據其義，當是説長吏多出於郎中、中郎，選郎吏多出於二千石
子弟，又以富訾。是選郎大約出"任子""算訾"兩種途徑尤多，
未必選賢。又引王應麟《玉海》卷一二三論此事云："郎選其塗非
一，有以父兄任子弟爲郎者，如張安世、爰盎、楊惲、霍光是也；
有以富訾爲郎者，《張釋之傳》如淳注引《漢儀注》謂訾五百萬得
爲常侍郎，如釋之及司馬相如是也；有以獻策上書爲郎者，婁敬、
主父偃是也；有以孝著爲郎者，馮唐是也。"王鳴盛以爲本書卷
五〇《馮唐傳》但言"以孝著"，非因孝行得爲郎官。王應麟説獨
此條不正確。漢有以舉孝廉爲郎者，如王吉、京房、孟喜是也；有
以射策甲科爲郎者，本書卷八八《儒林傳》云"歲課甲科爲郎
中"，如馬宫、翟方進、何武、召信臣是也；有以六郡良家子爲郎
者，如馮奉世。大約漢之郎選，皆是此六種途徑。王氏所舉任子、
富訾兩條，即董仲舒所非議者。至於算訾爲郎，始於漢初，事見本
書卷五《景紀》，並非入粟拜爵，而今人往往誤解。王鳴盛又以爲
後世薦舉人，有身家殷實一條，乃其遺制耳。本書《食貨志》云
"入財者得補郎，郎選衰矣"，"郎選"二字與此同，但入財補郎是
漢武帝晚年事，董仲舒對策當武帝即位初，當時尚無此制度。王先
謙《漢書補注》引本書《百官公卿表》："縣令、長，掌治其縣。萬
户以上爲令，秩千石至六百石。減萬户爲長，秩五百石至三百石。
是爲長吏。"又云："郎掌守門户，出充車騎，有議郎、中郎、侍
郎、郎中，皆無員，多至千人。議郎、中郎秩比六百石，侍郎比四
百石，郎中比三百石。中郎有五官、左、右三將，秩皆比二千石。
郎中有車、户、騎三將，秩皆比千石。"又云："郡守，掌治其郡，
秩二千石。"以爲董仲舒言其時令、長多出於郎，而選郎非任子即
算訾，故未必賢。大抵漢世郎秩有等差，而皆可出補長吏。本書卷
八四《翟方進傳》載方進由郎遷議郎，是郎秩遞遷之證。本書卷
九〇《酷吏傳》載義縱以中郎補上黨郡中令；本書卷八六《何武

傳》載武以射策甲科爲郎，遷鄂令；本書卷七二《王吉傳》載吉以郡吏舉孝廉爲郎，補若盧右丞，遷雲陽令；本書卷八八《儒林傳》載費直治《易》爲郎，至單父令；本書卷八九《循吏傳》載召信臣以明經甲科爲郎，補穀陽長，是長吏多出於郎中、中郎之證。然本書卷六六《楊惲傳》，有載薦郎高弟有行能者，至郡守九卿，是特薦超擢，不同例補。《王吉傳》載吉言"俗吏得任子弟，率多驕驁，不通古今，至於積功治人，亡益於民。宜明選求賢，除任子之令"，張晏注曰："子弟以父兄任爲郎。"是吏二千石子弟選郎，復出爲長吏之證。"積功"與下文"所謂功者，非積日絫久"義同。吉言亦與仲舒同義。言郎中、中郎，以該侍郎、議郎。言吏二千石子弟，以該朝臣之子弟。言二千石必加吏者，以別於朝臣二千石。又以富訾即算貲之謂。王鳴盛説郎吏即郎中、中郎，不當。詳上下文義，"郎"下不得有"吏"字，疑爲衍文。吳恂《漢書注商》以爲句讀當爲"夫長吏多出於郎中，中郎吏二千石子弟，選郎吏又以富訾"。可備一説。

　　[3]【顏注】師古曰：差，次也。

　　[4]【今注】案，白鷺洲本、大德本、殿本"非"後有"所"字。

　　[5]【顏注】師古曰：害猶妨也。

　　[6]【今注】案，王先謙《漢書補注》引《資治通鑑》胡三省注："'知'讀曰'智'。"

　　[7]【今注】案，王先謙《漢書補注》："殿本'累'作'絫'。"

　　[8]【今注】宿衞：在宮禁中值宿，担任警衞。這裏指擔任郎官。

　　[9]【顏注】師古曰：授之以官，以使其材也。【今注】官使：吳恂《漢書注商》以爲"官"是任義，"官使"即任使。

　　[10]【顏注】師古曰：録，謂存視也。

於是天子復册之。[1]制曰：

蓋聞"善言天者必有徵於人，[2]善言古者必有驗於今"。[3]故朕垂問虖天人之應，上嘉唐、虞，下悼桀、紂，寖微寖滅、寖明寖昌之道，[4]虛心以改。今子大夫明於陰陽所以造化，習於先聖之道業，[5]然而文采未極，[6]豈惑虖當世之務哉？條貫靡竟，統紀未終，意朕之不明與？聽若眩與？[7]夫三王之教，所祖不同，而皆有失，[8]或謂久而不易者道也，意豈異哉？今子大夫既已著大道之極，陳治亂之端矣，其悉之究之，孰之復之。[9]《詩》不云虖："嗟爾君子，毋常安息，神之聽之，介爾景福。"[10]朕將親覽焉，子大夫其茂明之。[11]

[1]【今注】案，《漢書考正》宋祁曰："浙本'之'字下有'曰'字。二'曰'雖相重，史體則然。"

[2]【顏注】師古曰：徵，證也。

[3]【今注】案，沈欽韓《漢書疏證》以爲語本《荀子·性惡》。驗，《荀子》作"節"。

[4]【顏注】師古曰：寖，古"浸"字。浸（白鷺洲本、殿本作"寖"），漸也。

[5]【今注】道：《漢書考正》宋祁曰："浙本'道'作'遺'，文典可從。作'道'，傳寫誤耳。"

[6]【今注】文采未極：謂文章並未詳盡。文采，指文辭。

[7]【顏注】師古曰：眩，惑也，音郡縣之縣。"與"讀皆曰"歟"（讀皆，白鷺洲本、殿本作"皆讀"）。

[8]【顏注】師古曰：祖，始也。

[9]【顏注】師古曰：悉，盡也。究，竟也。復，反復重言

之也。復，音扶目反。

[10]【顏注】師古曰：《小雅·大明》之詩也（大，大德本作“小”）。安息，安處也。介，助也。景，大也。言人君不當苟自安處而已，若能靖恭其位，直道而行，則神聽而知之，助以大福也。

[11]【顏注】師古曰：茂，勉也。

仲舒復對曰：

臣聞《論語》曰：“有始有卒者，其唯聖人虖！”[1]今陛下幸加惠，留聽於承學之臣，[2]復下明册，以切其意，而究盡聖德，非愚臣之所能具也。前所上對，條貫靡竟，統紀不終，辭不別白，指不分明，此臣淺陋之罪也。册曰：“善言天者必有徵於人，善言古者必有驗於今。”臣聞天者群物之祖也，[3]故徧覆包函而無所殊，[4]建日月風雨以和之，經陰陽寒暑以成之。故聖人法天而立道，亦溥愛而亡私，[5]布德施仁以厚之，設誼立禮以導之。春者，天之所以生也；仁者，君之所以愛也；夏者，天之所以長也；德者，君之所以養也；霜者，天之所以殺也；刑者，君之所以罰也。繇此言之，[6]天人之徵，古今之道也。孔子作《春秋》，上揆之天道，[7]下質諸人情，參之於古，考之於今。故《春秋》之所譏，災害之所加也，《春秋》之所惡，怪異之所施也。書邦家之過，兼災異之變，以此見人之所爲，其美惡之極，[8]乃與天地流通，而往來相應，此亦言天之一端也。[9]古者修教訓之官，務以德善化民，民已大化之後，天下常亡一人之獄矣。今世廢而不脩，亡以化民，民以故棄行誼而死財利，[10]是以犯法而罪多，一歲之獄，以萬千數。以此見古之不可不用也，[11]故《春秋》變古則譏之。天令之謂命，命非聖人不行，質樸之謂性，性非教化不成，人欲之謂情，情非度制不節。[12]是故王者上謹於承天意，以順命也。下務明教化民，以成性也。正法度之宜，別上下之序，以防欲也。脩此三者，而大本舉矣。人受命於天，固超然異於群生，入有父子兄弟之親，出有君臣上下之誼，會聚相遇，則有耆老長幼之施，[13]粲然有文以相接，[14]驩然有恩以相愛，[15]此人之所以貴也。生五穀以食之，桑麻以衣之，[16]六畜以養之，服牛乘馬，圈豹檻虎，[17]是其得天之靈，貴於物也。故孔子曰："天地之性人爲貴。"[18]明於天性，知自貴於物；知自貴於物，然後知仁誼；知仁誼，然後重禮節；重禮節，然後安處善；[19]安處善，然後樂循理；[20]樂循理，然後謂之君子。故孔子曰"不知命，亡以爲君子"，[21]此之謂也。

[1]【顏注】師古曰：《論語》載孔子之言（孔子，白鷺洲本、殿本作"子夏"）。卒，終也，言終始如一者，惟聖人能之（白鷺洲本、殿本無"人"字）。【今注】案，《論語》載子夏語，見今本《論語·子張》。

[2]【顏注】師古曰：言轉承師說而學之（學，白鷺洲本作

"孝"），蓋謙辭也。

[3]【今注】案，白鷺洲本無"臣"字。

[4]【顏注】師古曰："函"與"含"同。殊，異也。

[5]【顏注】師古曰：溥，徧也，音"普"。

[6]【顏注】師古曰："繇"讀與"由"同。下皆類此。

[7]【今注】撲：揣測。

[8]【今注】案，極，白鷺洲本作"機"。

[9]【今注】案，吳恂《漢書注商》以爲"天"下脱一"人"字。此答上武帝"天人相應"之問。

[10]【今注】案，行，白鷺洲本作"仁"。

[11]【顏注】師古曰：古，謂古法也。

[12]【今注】度制：制度。

[13]【顏注】師古曰：施，設也，陳設其序。

[14]【顏注】師古曰：粲，明貌。

[15]【今注】驩：同"歡"。

[16]【顏注】師古曰："食"讀曰"飤"。衣，音於既反（音，白鷺洲本誤作"青"）。

[17]【今注】檻：關野獸的柵欄。這裏指用柵欄關。

[18]【顏注】師古曰：《孝經》載孔子之言也。性，生也。

[19]【顏注】師古曰：處於善道以爲安。

[20]【顏注】師古曰：循，順也。

[21]【顏注】師古曰：《論語》載孔子之言也。【今注】案，孔子語見《論語·堯曰》。

　　册曰："上嘉唐、虞，下悼桀、紂，寖微寖滅、寖明寖昌之道，虛心以改。"臣聞衆少成多，積小致鉅，[1]故聖人莫不以晻致明，以微致顯。[2]是以堯發於諸侯，[3]舜興虖深山，[4]非一日而顯也，蓋有漸以致之矣。言出於己，不可塞也；行發於身，不可掩也。言行，治之大者，君子之所以動天地也。故盡小者大，慎微者著。[5]《詩》云："惟此文王，小心翼翼。"[6]故堯兢兢日行其道，而舜業業日致其孝，[7]善積而名顯，德章而身尊，此其寖明寖昌之道也。積善在身，猶長日加益，而人不知也；[8]積惡在身，猶火銷膏，[9]而人不見也。非明虖情性，察虖流俗者，孰能知之？此唐、虞之所以得令名，而桀、紂之可爲悼懼者也。夫善惡之相從，如景鄉之應形聲也。[10]故桀、紂暴謾，[11]讒賊並進，賢知隱伏，惡日顯，國日亂，晏然自以如日在天，[12]終陵夷而大壞。夫暴逆不仁者，非一日而亡也，亦以漸至，故桀、紂雖亡道，然猶享國十餘年，此其寖微寖滅之道也。

[1]【顏注】師古曰：鉅，大也。

[2]【顏注】師古曰："庵"與"暗"同。

[3]【顏注】師古曰：謂從唐侯升天子之位。【今注】堯發於諸侯：帝堯初封陶侯，後封爲唐侯，號爲陶唐氏。

[4]【顏注】孟康曰：舜耕於歷山。【今注】舜興虖深山：《史記》卷一《五帝本紀》載"自從窮蟬以至帝舜，皆微爲庶人"，又"舜，冀州之人也。舜耕歷山，漁雷澤，陶河濱，作什器於壽丘，就時於負夏"。

[5]【顏注】師古曰：能盡衆小，則致高大；能慎至微，則著明也。

[6]【顏注】師古曰：《大雅·大明》之詩也。翼翼，恭肅貌。

　　[7]【顏注】師古曰：兢兢，戒愼也。業業，危懼也。【今注】案，日，大德本誤作"自"。

　　[8]【顏注】師古曰：長言身形之脩短，自幼及壯也。【今注】長日加益：王先謙《漢書補注》曰："言如短景，日漸加長也。"

　　[9]【今注】案，大德本、殿本"火"後有"之"字。

　　[10]【顏注】師古曰："鄉"讀曰"響"。

　　[11]【顏注】師古曰："謾"與"慢"同。

　　[12]【顏注】師古曰：晏然，自安意也。如日在天，言終不墜亡也。

　　　册曰："三王之教所祖不同，而皆有失，或謂久而不易者道也，意豈異哉？"臣聞夫樂而不亂、復而不厭者謂之道。[1]道者，萬世亡弊；弊者，道之失也。[2]先王之道必有偏而不起之處，故政有眊而不行，[3]舉其偏者以補其弊而已矣。三王之道所祖不同，非其相反，將以捄溢扶衰，所遭之變然也。[4]故孔子曰："亡爲而治者，其舜虖！"[5]改正朔，易服色，以順天命而已。其餘盡循堯道，何更爲哉！故王者有改制之名，亡變道之實。然夏上忠，殷上敬，周上文者，所繼之捄，當用此也。[6]孔子曰："殷因於夏禮，所損益可知也；周因於殷禮，所損益可知也；其或繼周者，雖百世可知也。"[7]此言百王之用，以此三者矣。夏因於虞，而獨不言所損益者，其道如一而所上同也。道之大原出于天，天不變，道亦不變，是以禹繼舜，舜繼堯，三聖相受而守一道，亡救弊之政也，^[8]故不言其所損益也。繇是觀之，繼治世者其道同，繼亂世者其道變。今漢繼大亂之後，若宜少損周之文致，^[9]用夏之忠者。^[10]

[1]【顏注】師古曰：復，謂反復行之也，音扶目反。【今注】案，《荀子·樂論》云：“故人不能不樂，樂則不能無形，形而不爲道，則不能無亂。先王惡其亂也，故制《雅》《頌》之聲以道之。”《左傳》襄公二十九年（前544）記述季札觀周樂所言：“直而不倨，曲而不屈，邇而不偪，遠而不攜，遷而不淫，復而不厭，哀而不愁……五聲和，八風平；節有度，守有序。盛德之所同也！”

[2]【顏注】師古曰：言有弊非道，由失道故有弊。

[3]【顏注】師古曰：眊，不明也，音莫報反。

[4]【顏注】師古曰：捄，古“救”字。【今注】溢：指過分之事。

[5]【顏注】師古曰：《論語》載孔子之言。【今注】案，孔子語見《論語·衞靈公》，今本作“無爲而治者，其舜也與”。

[6]【顏注】師古曰：繼，謂所受先代之次也。救，謂救其弊也。【今注】案，《史記》卷八《高祖本紀》太史公曰：“夏之政忠。忠之敝，小人以野，故殷人承之以敬。敬之敝，小人以鬼，故周人承之以文。文之敝，小人以僿，故救僿莫若以忠。三王之道若循環，終而復始。周秦之閒，可謂文敝矣。秦政不改，反酷刑法，豈不繆乎？故漢興，承敝易變，使人不倦，得天統矣。”

[7]【顏注】師古曰：《論語》載孔子之言。謂忠敬與文因循爲教，立政垂則，不遠此也。【今注】案，孔子語見今本《論語·爲政》。

[8]【顏注】師古曰：言政和平，不須救弊也。

[9]【顏注】師古曰：致，至極也。【今注】文致：《漢書考正》劉敞曰：“‘致’字屬下句。”何焯《義門讀書記》卷一七以

爲，“致”字屬下句讀，劉敞之説似宜從之。

[10]【今注】案，夏忠，殷敬，周文，以忠解文之弊。忠，《史記·高祖本紀》裴駰《集解》引鄭玄曰：“忠，質厚也。”

　　陛下有明悊嘉道，愍世俗之靡薄，悼王道之不昭，[1]故舉賢良方正之士，論誼考問，[2]將欲興仁誼之休德，明帝王之法制，[3]建太平之道也。臣愚不肖，述所聞，誦所學，道師之言，廑能勿失耳。[4]若迺論政事之得失，察天下之息耗，[5]此大臣輔佐之職，三公九卿之任，非臣仲舒所能及也。然而臣竊有怪者：夫古之天下亦今之天下，今之天下亦古之天下，共是天下，古亦大治，[6]上下和睦，習俗美盛，不令而行，不禁而止，吏亡姦邪，民亡盜賊，囹圄空虛，德潤草木，澤被四海，鳳皇來集，[7]麒麟來游。以古準今，壹何不相逮之遠也？[8]安所繆盭而陵夷若是？[9]意者有所失於古之道與？有所詭於天之理與？[10]試迹之古，返之於天，黨可得見乎？[11]

　　[1]【顏注】師古曰：靡，散也。薄，輕也。昭，明也。【今注】愍：同“憫”。

　　[2]【今注】論誼考問：王先謙《漢書補注》以爲“誼”字不可通，《群書治要》引作“論議考問”，是。

　　[3]【顏注】師古曰：休，美也。

　　[4]【顏注】師古曰：“廑”與“僅”同（同，白鷺洲本誤作“曰”）。僅，少也。【今注】案，耳，殿本作“爾”。

　　[5]【顏注】師古曰：息，生也。耗，虛也。耗，音呼到反。

[6]【今注】亦：錢大昭《漢書辨疑》曰：閩本作"以"。王先謙《漢書補注》以爲閩本是，《群書治要》作"古以大治"。

[7]【今注】案，皇，殿本作"凰"。

[8]【今注】壹：副詞。表示强調。

[9]【顏注】師古曰：安，焉也。

[10]【顏注】師古曰："與"讀皆曰"歟"（白鷺洲本、殿本無"皆"字）。詭，違也。

[11]【顏注】師古曰：反，謂還歸之也。黨，音他朗反。【今注】黨：錢大昭《漢書辨疑》以爲"黨"，"儻"假借字。本書卷四五《伍被傳》"黨可以徼幸"同。

夫天亦有所分予，予之齒者去其角，[1]傅其翼者兩其足，[2]是所受大者不得取小也。古之所予禄者，不食於力，不動於末，[3]是亦受大者不得取小，與天同意者也。夫已受大，又取小，天不能足，而況人虖！此民之所以囂囂苦不足也。[4]身寵而載高位，家溫而食厚禄，[5]因乘富貴之資力，以與民争利於下，民安能如之哉！[6]是故衆其奴婢，多其牛羊，廣其田宅，博其産業，畜其積委，[7]務此而亡已，[8]以迫蹵民，[9]民日削月朘，[10]寖以大窮。富者奢侈羡溢，貧者窮急愁苦。[11]窮急愁苦而上不救，則民不樂生。民不樂生，[12]尚不避死，安能避罪！此刑罰之所以蕃，而姦邪不可勝者也。[13]故受禄之家，食禄而已，不與民争業，然後利可均布，而民可家足。此上天之理，而亦太古之道，天子之所宜法以爲制，大夫之所當循以爲行也。故公儀子相魯，[14]之其家見織帛，怒而出其妻，食於舍而茹葵，慍而拔其葵，[15]曰：“吾已食禄，又奪園夫紅女利虖！”[16]古之賢人君子在列位者皆如是。是故下高其行，而從其教，民化其廉，而不貪鄙。及至周室之衰，其卿大夫緩於誼而急於利，亡推讓之風，而有爭田之訟。[17]故詩人疾而刺之曰：“節彼南山，惟石巌巌，赫赫師尹，民具爾瞻。”[18]爾好誼，則民鄉仁而俗善；[19]爾好利，則民好邪而俗敗。

[1]【顔注】師古曰：謂牛無上齒則有角，其餘無角者則有上齒。【今注】案，《漢書考正》宋祁曰：“‘齒’字上，古本、浙本同有‘上’字；據注，亦當有。祇云‘予之齒者’，是通上下，殊非義理也。”吴仁傑《兩漢刊誤補遺》卷六以爲，顔注本出《淮南子》所云“戴角者無上齒”。並非通論。按，《毛詩・行露》云：“誰謂雀無角，何以穿我屋”，是古謂咮爲角。獸有齒而鳥有咮，鳥有翼而獸四足，故曰“予之齒者去其角，傅之翼者兩其足”，互文以見鳥與獸不相兼。《大戴禮記》中亦言“戴角者無上齒”，又云“有角者無前齒，有羽者無後齒”，又與顔注小異。《太玄・掜》云“噴以牙者童其角”。言如平九日無餘分也，蓋祖述仲舒之意。王念孫《讀書雜志・漢書第十》以爲《群書治要》引作“予上齒者去其角”。《春秋繁露・度制》亦云“有角不得有上齒”，然而無“之”字，與下句相對，句法較爲整齊。沈欽韓《漢書疏證》曰：“有角者無上齒”，亦見《吕氏春秋・博志》。王先謙《漢書補注》曰：“牛善觸，以角爲用，而無上齒。若羊、鹿之屬，雖有角，又有上齒，然角不爲力用，非牛之比。斯言亦就物理參悟，無取拘牽。古義相承，由來已久，吴氏妄説耳。”

[2]【顏注】師古曰："傅"讀曰"附"。附，箸也（箸，白鷺洲本、大德本、殿本作"著"，同）。言鳥不四足。

[3]【顏注】師古曰：末，謂工商之業也。【今注】動：楊樹達《漢書窺管》疑爲"勤"字形近之誤。

[4]【顏注】師古曰："嚻"讀與"嚘"同，音"敖"。嚘嚘，衆怨愁聲也。

[5]【顏注】師古曰：載亦乘也（殿本此注在"身寵而載高位"後）。

[6]【今注】如：王念孫《讀書雜志‧漢書第十》以爲"如"猶"當"。

[7]【顏注】師古曰："畜"讀曰"蓄"。【今注】積委：指積貯的財物。

[8]【今注】已：王先謙《漢書補注》曰："已，止也。"

[9]【顏注】師古曰：蹵，音子育反。【今注】蹵：同"蹴"。踩踏。

[10]【顏注】孟康曰：朘，音"擅"，謂轉寋跛也（寋，殿本作"蹇"）。蘇林曰：朘，音鐫石。俗語謂縮朒爲朘縮。師古曰：孟說是也。擅，音"宣"。跛，音子六反。【今注】朘（juān）：縮，減少。王先謙《漢書補注》："《集韻》：'朘，縮也。'孟說'爲轉寋跛'，謂若行步之安舒者，轉而寋跛。寋，跛也。'跛'同'蹩'。寋跛即蹩縮意也。《玉篇》：'縮朒，不寬伸之貌。'是蘇、孟義同。顏是孟而置蘇，所未解也。"

[11]【顏注】師古曰：羡，饒也，讀與"衍"同，音弋戰反。

[12]【今注】民不樂生：錢大昭《漢書辨疑》曰："閩本四字不重。"

[13]【顏注】師古曰：蕃，多也，音扶元反。

[14]【顏注】師古曰：公儀休。【今注】公儀子：公儀休，春秋時魯國人。任博士，後爲魯相。爲人清廉，奉法循理，無所變

更。命令官吏不得與民爭利。嗜魚，有人送魚，他不受。見自己家中織布很好，爲了不與民爭利，燔其機，出其婦。傳見《史記》卷一一九。

[15]【顏注】師古曰：食菜曰茹，音“汝”。【今注】葵：古代重要蔬菜。爲“七菹”之一，用於祭祀。《爾雅翼》稱之爲“百菜之首”。又名冬寒菜。

[16]【顏注】師古曰：“紅”讀曰“工”。【今注】紅女：工女。古指從事紡織縫紉等工作的婦女。

[17]【今注】案，楊樹達《漢書窺管》引《左傳》成公十一年傳曰：“晉郤至與周爭鄇田，王命劉康公、單襄公訟諸晉。”以爲爭田者實周王，此言卿大夫，蓋恐直斥漢武帝，故曲言之。

[18]【顏注】師古曰：《小雅·節南山》之詩也。節，高峻貌。巖巖，積石貌。赫赫，顯盛也。師尹，周太師尹氏也（氏，白鷺洲本誤作“民”）。言三公之位，人所瞻仰，若山之高也。節，音才結反。

[19]【顏注】師古曰：爾，汝也。“鄉”讀曰“嚮”。

　　由是觀之，天子大夫者，下民之所視效，遠方之所四面而內望也。[1]近者視而放之，遠者望而效之，[2]豈可以居賢人之位而爲庶人行哉！夫皇皇求財利常恐乏匱者，庶人之意也；[3]皇皇求仁義常恐不能化民者，大夫之意也。《易》曰：“負且乘，致寇至。”[4]乘車者君子之位也，負擔者小人之事也，此言居君子之位而爲庶人之行者，其患禍必至也。若居君子之位，當君子之行，則舍公儀休之相魯，亡可爲者矣。[5]《春秋》大一統者，天地之常經，古今之通誼也。[6]今師異道，人異論，百家殊方，指意不同，是以上亡以持一統。法制數變，下不知所守。臣愚以爲諸不在六藝之科、孔子之術者，皆絕其道，勿使並進。邪辟之説滅息，[7]然後統紀可一，而法度可明，民知所從矣。

[1]【今注】四面：四嚮。王先謙《漢書補注》曰：“面，向也。”

[2]【顏注】師古曰：放，依也，音甫往反（殿本此注在“近者視而放之”後）。

[3]【顏注】師古曰：皇皇，急速之貌也。

[4]【顏注】師古曰：此《易·解卦》六三爻辭也。【今注】負且乘致寇至：負，指背負。乘，指乘坐。意思是，肩上扛着東西，又坐在車上，會招來强盜。後成語“負乘致寇”轉指居非其位，才不稱職。

[5]【顏注】師古曰：舍，廢也。言爲君子之行者，當如公儀休。若廢其所行，則無可爲也。【今注】舍：王先謙《漢書補注》引《資治通鑑》胡三省注：“‘舍’讀曰‘捨’。言爲君子者當如公儀休；若廢而不遵，則無可爲者矣。”

[6]【顏注】師古曰：一統者，萬物之統皆歸於一也。《春秋公羊傳》隱公元年：“春王正月。何言乎王正月？大一統也。”此言諸侯皆繫統天子，不得自專也。【今注】案，《公羊傳》解經，始於“元年春王正月”，終於“西狩獲麟”。始元終麟，是公羊學家解經的要點。就兩漢經學的政治實踐來看，五經之中，《春秋》最顯；《春秋》之中，《公羊》最顯；《公羊》之中，“大一統”之義最顯。“《春秋》大一統”理論雖然是在《公羊傳》中首次發明，但其思想的形成或早於《公羊傳》的成書。孟子有天下“定於一”的思想，荀子也多言及“一天下”。但不同的是，先秦天下一統祇是思想家理想之“微言”，至漢代則轉變成了公羊經學政治之“大

義"。

　　[7]【顏注】師古曰："辟"讀曰"僻"。

　　對既畢，天子以仲舒爲江都相，[1]事易王。[2]易王，帝兄，素驕，好勇。仲舒以禮誼匡正，王敬重焉。久之，王問仲舒曰："粤王句踐與大夫泄庸、種、蠡謀伐吳，[3]遂滅之。孔子稱殷有三仁，[4]寡人亦以爲粤有三仁。[5]桓公決疑於管仲，[6]寡人決疑於君。"仲舒對曰："臣愚不足以奉大對。[7]聞昔者魯君問柳下惠：[8]'吾欲伐齊，何如？'柳下惠曰：'不可。'歸而有憂色，曰：'吾聞伐國不問仁人，此言何爲至於我哉！'徒見問耳，且猶羞之，[9]況設詐以伐吳虖？繇此言之，粤本無一仁。[10]夫仁人者，正其誼不謀其利，明其道不計其功，[11]是以仲尼之門，五尺之童羞稱五伯，[12]爲其先詐力而後仁誼也。苟爲詐而已，故不足稱於大君子之門也。[13]五伯比於他諸侯爲賢，其比三王，猶武夫之與美玉也。"[14]王曰："善。"

　　[1]【今注】江都：王國名。西漢景帝時置，治廣陵縣（今江蘇揚州市西北）。　相：諸侯王國相。掌輔導、匡正、監督諸侯王，遇有不濁事有舉奏、諫諍之責。秩二千石。

　　[2]【今注】易王：劉非。傳見本書卷五三。

　　[3]【顏注】師古曰：種，大夫種也。蠡，范蠡也。種，音之勇反。"蠡"音"禮"。【今注】粤王句踐：世家見《史記》卷四一。　泄庸：《漢書考證》齊召南以爲"即《國語》所謂舌庸者，與苦成、文種、范蠡、皋如並爲大夫，稱五大夫。"吳、晉之會黃池也，舌庸與蠡率師沿海泝淮，以絕吳路。"泄"與"舌"音

相近。錢大昭《漢書辨疑》曰："《漢紀》及《人表》並作'后庸'。" 種：文種。春秋時楚國郢人，字少禽，一作"子禽"。事越王句踐爲大夫。越被吳擊敗，困守會稽，種獻計賄賂吳太宰嚭，得免亡國。句踐回國後，授以國政，上下圖强，終於滅吳。後句踐聽信讒言，賜劍令自殺。 蠡：范蠡。字少伯，楚國宛（今河南南陽市）人。與宛令文種爲友，隨種入越事越王允常。後被越王句踐任以國政。吳王夫差破越，句踐被圍於會稽，他獻計買通吳太宰伯嚭向吳求和。後幫助句踐勵精圖治，攻滅吳國，擢上將軍。蠡以大名之下難以久居，且句踐爲人可與共患而難與處安。棄官浮海至齊，變姓易名，自稱夷子皮，耕於海邊，致産數十萬。旋遷於陶，以經商致富，稱陶朱公。事見《史記》卷四一。

　　[4]【今注】殷有三仁：《論語·微子》："微子去之，箕子爲之奴，比干諫而死。孔子曰：'殷有三仁焉。'" 微子，姓子，名啓。商紂王同母庶兄。封於微，子爲封爵。紂王當政，沉湎於酒色，荒淫暴虐，微子數諫不聽，自度紂終不可諫遂出走。周武王伐紂滅商，面縛銜璧請降。周復其爵位。周公旦誅滅武庚後，封微子於商丘，國號宋。爲宋國始祖。箕子，商人，名胥餘。紂之諸父，一說紂之庶兄。封子爵，國於箕。紂暴虐，箕子諫而不聽。後見比干被殺，箕子懼，披髮佯狂爲奴，爲紂所囚。周武王滅商，釋箕子。相傳武王訪箕子，所對答之論見《尚書·洪範》。比干，商人。紂之叔父，一説爲紂庶兄。直言諫紂，被剖心而死。

　　[5]【顔注】師古曰：泄庸一也，大夫種二也，范蠡三也。【今注】案，今本《春秋繁露·對膠西王越大夫不得爲仁》云："今以越王之賢與蠡、種之能，此三人者，寡人亦以爲越有三仁。"是以句踐、蠡、種爲三仁，與此文異。又《春秋繁露》以爲是膠西王問，與本書本傳以爲江都王者不同，楊樹達《漢書窺管》以爲《春秋繁露》得其實。

　　[6]【今注】桓公：齊桓公。事見《史記》卷三二《齊太公世家》。 管仲：傳見《史記》卷六二。

　　［7］【顏注】師古曰：大對，謂對大問也。

　　［8］【顏注】師古曰：魯大夫展禽也。柳下，所食菜邑之名（菜，白鷺洲本、殿本作"采"，是）。惠，諡也。【今注】魯君：魯僖公。春秋時魯國國君，名申。莊公子，閔公庶兄。閔公被殺，季友奉之入魯，立爲僖公。以汶陽、費二邑封季友，相魯，爲公族季孫氏。以慶父後爲魯公族孟孫氏。在位三十三年。事見《史記》卷三三《魯周公世家》。　　柳下惠：展氏，名獲，字禽。春秋時魯國人。食邑柳下，諡惠，故稱。爲士師，掌刑獄，三次被黜，人勸其離去。禽以爲直道而事人，何往而不被黜；枉道而事人，何必去父母之邦。

　　［9］【顏注】師古曰：徒，但也。【今注】案，耳，殿本作"爾"。

　　［10］【今注】案，楊樹達《漢書窺管》以爲"粤本無一仁"，語意末了，當據今本《春秋繁露》補"而安得三仁"五字。此誤由句末並有仁字，傳寫混脱。

　　［11］【今注】案，"正誼明道"是董仲舒所提倡的義利觀。結合其《春秋繁露》有關義、利的論述，"正誼明道"或主要有以下義項：一，以考慮長遠之大功大利爲其道義使命；二，以遏制"上下交爭利"來"限利、均利"爲其道義責任；三，以"以仁愛人，以義正我"爲其道義自律。"正誼明道"學説對後世影響很大，《近思録》卷一四載程顥認爲"此董子所以度越諸子"。

　　［12］【顏注】師古曰："伯"讀曰"霸"。次下亦同。【今注】五伯：五霸。春秋時稱霸的五個諸侯。有三種説法：一齊桓公、晉文公、楚莊王、宋襄公、秦穆公；二齊桓公、晉文公、秦穆公、楚莊王、吳王闔閭；三齊桓公、晉文公、楚莊王、吳王闔閭、越王句踐。

　　［13］【顏注】張晏曰：仲尼之門，故稱大也。

　　［14］【顏注】應劭曰：武夫，石而似玉者也（殿本無"也"

字）。

　　仲舒治國，以《春秋》災異之變，[1]推陰陽所以錯行，故求雨，閉諸陽，縱諸陰，其止雨反是。[2]行之一國，未嘗不得所欲。中廢爲中大夫。[3]先是遼東高廟、長陵高園殿災，[4]仲舒居家推說其意，中稾未上，[5]主父偃候仲舒，[6]私見，嫉之，竊其書而奏焉。[7]上召視諸儒，[8]仲舒弟子吕步舒不知其師書，[9]以爲大愚。於是下仲舒吏，當死，詔赦之。仲舒遂不敢復言災異。

　　[1]【今注】案，《春秋》災異論是董仲舒學説的重要内容。漢代經師對《春秋》經的歷次災異"賦義"，層累叠加，構建了《春秋》災異説。西漢初年，以災異附會人事便較爲流行。陸賈《新語·術事》説："故性藏於人，則氣達於天，纖微浩大，下學上達，事以類相從，聲以音相應。"陸賈借災異變化，推衍人事善惡，或許啓發了董仲舒以天道言政的思路。《春秋》經文載災異，雖多達一百二十二次，然祇是對自然現象的歷史記錄。完整意義的《春秋》災異説，應濫觴於《公羊傳》對《春秋》文本的災異傳經與解讀。

　　[2]【顔注】師古曰：謂若閉南門，禁舉火，及開北門，水灑人之類是也。

　　[3]【今注】中大夫：秦、漢時置。掌論議，侍從皇帝左右。屬郎中令，無定員。秩比二千石。

　　[4]【今注】遼東：郡名。治襄平縣（今遼寧遼陽市）。　高廟：漢代祭祀開國皇帝漢高祖劉邦的宗廟。都城及各郡國皆立。
長陵：西漢高祖劉邦的陵墓。在今陝西咸陽市東北。

[5]【顏注】師古曰：所作起草爲槀也。【今注】中槀：草稿。沈欽韓《漢書疏證》曰："張懷瓘《書斷》引如淳注與師古語同，又引姚察曰：'草猶麁也。麁書爲本曰槀。'《史記·屈原傳》：'屈平屬草槀未定。'"王先謙《漢書補注》引《史記》卷一二一《儒林傳》："中廢爲中大夫，居舍，著《災異之記》。是時遼東高廟災"，以爲是災在董仲舒爲中大夫後。此云"先是"，則災在爲中大夫前。按本書卷六《武紀》，高廟、高園火在漢武帝建元六年（前135），時董仲舒尚未對策。班固知《史記》誤，故易"是時"爲"先是"。

[6]【今注】主父偃：傳見本書卷六四上。

[7]【今注】案，錢大昕《廿二史考異·漢書三》以爲主父偃武帝元光元年（前134）西入關，而高廟、高園殿災在武帝建元六年。時間似乎不合。王先謙《漢書補注》曰："災在建元六年，仲舒草槀未上，其後偃竊奏之，非一時事也。錢氏獻疑未當。"

[8]【顏注】師古曰："視"讀曰"示"。【今注】上召視諸儒：王先謙《漢書補注》引《史記·儒林傳》作"天子召諸生示其書，有刺譏"。

[9]【今注】呂步舒：西漢溫（今河南溫縣）人。董仲舒弟子。官丞相長史，曾持節決淮南獄。

仲舒爲人廉直。是時方外攘四夷，[1]公孫弘治《春秋》不如仲舒，[2]而弘希世用事，[3]位至公卿。仲舒以弘爲從諛，[4]弘嫉之。膠西王亦上兄也，[5]尤縱恣，數害吏二千石。弘乃言於上曰："獨董仲舒可使相膠西王。"膠西王聞仲舒，[6]大善待之，[7]仲舒恐久獲辠，[8]病免。凡相兩國，輒事驕王，正身以率下，數上疏諫爭，教令國中，[9]所居而治。[10]

［1］【顏注】師古曰：攘，卻也。

［2］【今注】公孫弘：傳見本書卷五八。

［3］【顏注】師古曰：希，觀相也。【今注】希世：迎合世俗。楊樹達《漢書窺管》以爲“希”無觀相之義，爲“睎”之借字。《説文》四篇上《目部》云：“睎，望也。從目，希聲。”

［4］【今注】從諛：慫惠，奉承。從，通“慫”。

［5］【今注】膠西王：劉端。傳見本書卷五三。膠西國，西漢文帝時置，治高密縣（今山東高密市西南）。

［6］【顏注】師古曰：素聞其賢也。

［7］【今注】案，大德本“大”後有“儒”字。《漢書考正》宋祁曰：“古本‘大’字下有‘儒’字。且謂依古本存‘儒’字，則顏不當於‘仲舒’下作注。此蓋顏注時已失‘儒’字矣。”王先謙《漢書補注》引《史記·儒林傳》作“膠西王素聞董仲舒有行，亦善待之”。

［8］【今注】辠：同“罪”。

［9］【今注】教令：教化，命令。

［10］【今注】而：通“能”。

　　及去位歸居，終不問家産業，[1]以脩學著書爲事。仲舒在家，朝廷如有大議，[2]使使者及廷尉張湯就其家而問之，[3]其對皆有明灋。[4]自武帝初立，魏其、武安侯爲相，[5]而隆儒矣。及仲舒對册，推明孔氏，抑黜百家。立學校之官，[6]州郡舉茂材孝廉，皆自仲舒發之。年老，以壽終於家。[7]家徙茂陵，[8]子及孫皆以學至大官。仲舒所著，皆明經術之意，及上疏條教，凡百二十三篇。而説《春秋》事得失，《聞舉》《玉杯》《蕃露》《清明》《竹林》之屬，[9]復數十篇，十餘萬言，皆傳於後世。掇其切當世施朝廷者著于篇。[10]

[1]【今注】不問家産業：沈欽韓《漢書疏證》引王符《潛夫論·讚學》補證："董仲舒終身不問家事，景君明經年不出戶庭。"王先謙《漢書補注》以爲《史記》卷一二一《儒林傳》作"居家至卒，終不治産業"，與《潛夫論》同，語意更完足。

[2]【今注】案，《漢書考正》宋祁曰："古本無'如'字。"

[3]【今注】張湯：傳見本書卷五九。

[4]【今注】明灢：指符合經義的可適用的辦法。《漢書考證》齊召南以爲本書《藝文志》載有《公羊董仲舒治獄》十六篇。又王充《論衡》"仲舒表《春秋》之義，稽合於律，無乖異者"，應劭曰，朝廷遣廷尉張湯問得失，於是作《春秋決獄》二百三十二事，動以經對，即其事。恐非。今本《春秋繁露》有《郊事對》一篇，專載張湯問董仲舒。楊樹達《漢書窺管》以爲即其事，又"仲舒請令關中民種宿麥及限民名田，見《食貨志》，又論匈奴事見《匈奴傳贊》"。

[5]【今注】魏其武安侯：竇嬰、田蚡。二人傳見本書卷五二。

[6]【顏注】師古曰：校，音下教反。

[7]【今注】以壽終於家：楊樹達《漢書窺管》考董仲舒卒年云，本書《食貨志上》載："仲舒死後，功費愈甚，天下虛耗，人復相食。"本書卷六《武紀》載關東郡國饑，人相食，事在武帝元鼎三年（前114）。又《食貨志下》云："作柏梁臺，高數十丈，宮室之修，繇此日麗。是時山東被河災，及歲不登數年，人或相食。"所叙與上篇爲同時事。築柏梁臺、關東水災，據《武紀》皆在元鼎二年。則董仲舒之卒，當在元鼎二年之前，不及至元封、太初之時。蘇厚庵《董子年表》云："《止雨篇》有二十一年之文，知董生元狩四年尚存。"楊樹達以爲是，但董之卒當在元狩五、六年及元

鼎元年、三年間。又本書卷七五《夏侯始昌傳》云：“自董仲舒、韓嬰死後，武帝得始昌，甚重之。始昌先言柏梁臺災日，至期日，果災。”據本書《五行志上》及《武紀》，柏梁臺之災在太初元年（前104）十一月乙酉，此十一月，實爲太初元年之第二月。計董生死而武帝始得夏侯始昌，始昌先言柏梁臺當災，而後柏梁臺災，其間時間間隔當不短。是又可證董生不得卒於太初元年。

[8]【今注】茂陵：漢武帝陵墓，在今陝西興平市東北。因置邑，宣帝時改縣。董仲舒墓在今陝西西安市下馬陵。王先謙《漢書補注》引王先慎以爲，董仲舒死，葬長安。其引宋敏求《長安志》證云：“蝦蟆陵在萬年縣南六里。韋述《西京記》，本仲舒墓。李肇《國史補》曰，昔漢武帝幸芙蓉園，即秦之宜春苑也，每至此墓下馬，時人謂之下馬陵。歲月深遠，誤傳爲蝦蟆耳。”又引《陝西通志》證：“《馬谿田集》云，墓在長安故城二十里。武帝幸芙蓉園，過此下馬，一時文士罔不下馬，故名。按，在西安府城內。《長安縣志》，在城內臙脂坡下。”

[9]【顏注】師古曰：皆其所著書名也。杯，音布回反。蕃，音扶元反。【今注】聞舉玉杯蕃露清明竹林：皆董仲舒所著書或篇名，《玉杯》《竹林》見後人所編《春秋繁露》中。《漢書考證》齊召南曰：“《玉杯》以下，並是書名。而今所傳十七卷，《玉杯》第二，《竹林》第三，凡八十二篇，總名《蕃露》，此先儒所以疑其書或後人採綴以成也。蕃露之義，崔豹曰：‘古之冕旒，似露而垂’。”王先謙《漢書補注》以爲《聞舉》，亦書名。又《西京雜記》載：“董仲舒夢蛟龍入懷，乃作《春秋繁露》詞。”案，《西京雜記》或云葛洪撰，大抵爲六朝時書，則《春秋繁露》當編成於先唐。所載篇目非皆董仲舒所作，有其後學，即兩漢《公羊》家所爲。

[10]【顏注】師古曰：掇，采拾也，音丁活反。

　　贊曰：劉向稱：“董仲舒有王佐之材，[1]雖伊、呂亡以加，[2]筦、晏之屬，伯者之佐，殆不及也。”[3]至向子歆以爲：“伊、呂聖人之耦，[4]王者不得則不興。故顏淵死，[5]孔子曰：‘噫！天喪余。’[6]唯此一人爲能當之，自宰我、子贛、子游、子夏不與焉。[7]仲舒遭漢承秦滅學之後，六經離析，下帷發憤，潛心大業，令後學者有所統壹，爲群儒首，然考其師友淵原所漸，猶未及虖游、夏，[8]而曰筦、晏弗及，伊、呂不加，過矣。”至向曾孫龔，[9]篤論君子也，以歆之言爲然。

　　[1]【今注】劉向：傳見本書卷三六。

　　[2]【顏注】師古曰：伊，伊尹。呂，呂望也。【今注】伊：伊尹，名阿衡，一說名摯。相傳爲奴隸，有莘氏女嫁商湯，他作爲陪嫁媵臣事湯。後被任以國政，助湯攻滅夏桀，建立商朝。湯卒，立子外丙、中壬，後又佐湯孫太甲即位。太甲淫暴，他放逐太甲，後太甲悔改，接回復位。沃丁時病卒。一說太甲潛歸，殺伊尹。

　　[3]【顏注】師古曰：筦，筦仲也。晏，晏嬰也。伯者，齊桓、晉文之屬也。“伯”讀曰“霸”。【今注】筦：同“管”。晏：晏嬰。春秋時齊國人，字平仲。歷事齊靈公、莊公、景公三世，爲卿。長於辭令，關心民事，節儉力行，盡忠直諫，名顯諸侯。勸齊景公輕賦役，省刑罰，聽臣下之言。嘗奉景公命使晉聯姻，與晉大夫叔向議及齊國政。曾斷定齊國將爲田氏所取代。後人集其行事言論爲《晏子春秋》。傳見《史記》卷六二。

　　[4]【顏注】師古曰：耦，對也。【今注】歆：劉歆。事見本書卷三六《劉向傳》、卷九九《王莽傳》。案，白鷺洲本、大德本、殿本“伊呂”下有“乃”字。

　　[5]【今注】顏淵：顏回。傳見《史記》卷六七。

　　[6]【顏注】師古曰：事見《論語》。噫，歎聲也。言失其輔佐也。噫，音於其反。

　　[7]【顏注】師古曰："與"讀曰"豫"。【今注】自：雖。宰我子贛子游子夏：四人事見《史記》卷六七《仲尼弟子列傳》。子贛，即子貢。

　　[8]【顏注】師古曰：漸，浸閏也（閏，白鷺洲本、大德本、殿本作"潤"，是）。游，子游。夏，子夏也。【今注】案，原，殿本作"源"。

　　[9]【今注】龔：劉龔。東漢京兆長安（今陝西西安市西北）人，字孟公。劉歆侄，一說爲侄孫。《後漢書》卷三〇上《蘇竟傳》，"延岑護軍鄧仲況擁兵據南陽陰縣爲寇，而劉歆兄子龔爲其謀主，竟時在南陽，與龔書曉之"，"於是仲況與龔遂降。龔字孟公，善論議，扶風馬援、班彪並器重之"。李賢注云"《前書》及《三輔決録》並云，向曾孫"，又引《三輔決録注》曰"唯有孟公論可觀者"，"班叔皮與京兆丞郭季通書：'劉孟公臧器於身，用心篤固，實瑚璉之器，宗廟之寶也。'"何焯《義門讀書記》卷一七以爲，"劉歆末路猓猖，班氏恐人以言廢，故復以龔所論定者佐之"。

漢書　卷五七上

司馬相如傳第二十七上^[1]

[1]【顏注】師古曰：近代之讀相如賦者多矣，皆改易文字，競爲音說，致失本真，徐廣、鄒誕生、諸詮之、陳武之屬是也（陳直《漢書新證》認爲，陳武爲西晉時人）。今依班書舊文爲正，於彼數家，並無取焉。自喻巴蜀之後分爲下卷。

　　司馬相如字長卿，蜀郡成都人也。^[1]少時好讀書，學擊劍，^[2]名犬子。^[3]相如既學，^[4]慕藺相如爲人也，^[5]更名相如。^[6]以訾爲郎，事孝景帝，爲武騎常侍，非其好也。^[7]會景帝不好辭賦，是時梁孝王來朝，^[8]從游說之士齊人鄒陽、淮陰枚乘、吳嚴忌夫子之徒，^[9]相如見而說之，^[10]因病免，客游梁，^[11]得與諸侯游士居，數歲，乃著《子虛之賦》。^[12]

[1]【今注】蜀郡：治成都（今四川成都市）。

[2]【顏注】師古曰：擊劍者，以劍遥擊而中之，非斬刺也。

[3]【顏注】師古曰：父母愛之，不欲稱斥，故爲此名也。【今注】犬子：司馬相如的初名。因其父母愛之，故命名。陳直《漢書新證》認爲，漢人以"犬""狗"爲名者屢見。

[4]【今注】相如既學：《史記》卷一一七《司馬相如列傳》

司馬貞《索隱》引秦宓説，文翁遣相如受七經。

　　[5]【今注】案，白鷺洲本、大德本、殿本“爲”前有“之”字。

　　[6]【顔注】師古曰：藺相如，六國時趙人也，義而有勇，故追慕之。

　　[7]【顔注】師古曰：訾讀與貲同。貲，財也。以家財多得拜爲郎也。武騎常侍秩六百石。【今注】以訾爲郎：士人以訾算技能效力於官，及格者酬以職，謂之訾郎。訾，計算。（參見侯文華《漢代“以貲爲郎”辨正》，《孔子研究》2014 年第 3 期）郎，官名。九卿之一郎中令（光禄勳）的屬官。掌守皇宮門户，充當皇帝的侍從車騎。　　武騎常侍：郎官的加官。掌侍從，格猛獸。秩八百石。

　　[8]【今注】梁孝王：劉武。漢文帝次子。景帝劉啓的弟弟。梁孝王來朝在漢景帝七年（前 150）。

　　[9]【顔注】師古曰：嚴忌本姓莊，當時尊尚，號曰夫子。史家避漢明帝諱，故遂爲嚴耳。【今注】齊：郡名。治臨淄（今山東淄博市東北）。　　鄒陽：傳見本書卷五一。　　淮陰：縣名。治所在今江蘇淮安市淮陰區西南。　　枚乘：傳見本書卷五一。　　吳：縣名。治所在今江蘇蘇州市。　　嚴忌：漢代辭賦家。本書《藝文志》有辭賦二十四篇。案，三人原爲吳王濞門客，後歸梁孝王。

　　[10]【顔注】師古曰：説讀曰悦。

　　[11]【今注】客游梁：《史記·司馬相如列傳》云，梁孝王令司馬相如與諸生同舍。

　　[12]【今注】子虚之賦：此文當是爲勸諫梁孝王游獵而作。顧炎武《日知録》卷二七認爲，《子虚賦》是司馬相如游梁時作，後更爲楚稱，齊難，而歸之天子，其文本已非當日原貌。此文已佚，《文選》所收《子虚賦》，實爲《天子游獵之賦》。劉歆《西京雜記》卷二載，司馬相如爲《上林》《子虚》賦，意思蕭散，不復

與外事相關，控引天地，錯綜古今，忽然如睡，煥然而興，幾百日而後成。

會梁孝王薨，相如歸，而家貧無以自業。素與臨邛令王吉相善，[1]吉曰："長卿久宦游，不遂而困，[2]來過我。"於是相如往舍都亭。[3]臨邛令繆爲恭敬，[4]日往朝相如。相如初尚見之，後稱病，使從者謝吉，吉愈益謹肅。

[1]【今注】臨邛：縣名。治所在今四川邛崍市。　令：縣令。縣中最高行政長官。漢代萬戶以上縣，長官稱縣令，萬戶以下稱縣長。

[2]【顏注】師古曰：遂，達也。

[3]【顏注】師古曰：臨邛所治都之亭。【今注】往舍都亭：前往臨邛縣城門內的都亭居住。舍，居住。都亭，秦漢時城市內的亭舍，有樓，可供居住、駐軍。亭，漢代地方行政每十里設一亭，有亭長，掌治安及民事。

[4]【顏注】師古曰：繆，詐也。

臨邛多富人，卓王孫僮客八百人，[1]程鄭亦數百人，[2]乃相謂曰："令有貴客，爲具召之。[3]并召令。"令既至，卓氏客以百數，[4]至日中請司馬長卿，長卿謝病不能臨。臨邛令不敢嘗食，身自迎相如，相如爲不得已而强往，[5]一坐盡傾。[6]酒酣，臨邛令前奏琴曰："竊聞長卿好之，願以自娛。"[7]相如辭謝，爲鼓一再行。[8]是時，卓王孫有女文君新寡，好音，故相如繆與令相重而以琴心挑之。[9]相如時從車騎，雍容間雅，[10]

甚都。[11]及飲，卓氏弄琴，文君竊從户窺，[12]心説而好之，[13]恐不得當也。[14]既罷，相如乃令侍人重賜文君侍者通殷勤。文君夜亡奔相如，[15]相如與馳歸成都。家徒四壁立。[16]卓王孫大怒曰：“女不材，我不忍殺，一錢不分也！”人或謂王孫，王孫終不聽。文君久之不樂，謂長卿曰：“弟俱如臨邛，[17]從昆弟假貸，猶足以爲生，[18]何至自苦如此！”相如與俱之臨邛，盡賣車騎，買酒舍，乃令文君當盧。[19]相如身自著犢鼻褌，[20]與庸保雜作，[21]滌器於市中。[22]卓王孫恥之，爲杜門不出。[23]昆弟諸公更謂王孫曰：[24]“有一男兩女，所不足者非財也。[25]今文君既失身於司馬長卿，長卿故倦游，[26]雖貧，其人材足依也。且又令客，奈何相辱如此！”[27]卓王孫不得已，[28]分與文君僮百人，錢百萬，及其嫁時衣被財物。文君乃與相如歸成都，買田宅，爲富人。

[1]【顔注】師古曰：僮謂奴。【今注】卓王孫：姓卓名王孫。原世居趙國，秦滅趙後，被虜，遷蜀郡，以冶鐵致富。《華陽國志》卷三載，漢文帝以鐵銅賜侍郎鄧通，鄧通假民卓王孫，歲取千匹，故王孫貨累巨萬億。《史記》卷一二九《貨殖列傳》載臨邛卓氏，即鐵山鼓鑄，運籌策，傾滇蜀之民，富至僮千人，田池射獵之樂，擬於人君。

[2]【顔注】師古曰：程鄭，亦人姓名。言其家富亞王孫也。【今注】程鄭：秦滅六國時，由山東遷居臨邛，亦由冶鐵致富。

[3]【顔注】師古曰：具謂酒食之具。召，請也。

[4]【今注】以百數：以百爲單位計算。指門客有數百人。

［5］【顏注】師古曰：示衆人以此意也。【今注】爲不得已：假裝不得已。爲，通“僞”。

［6］【顏注】師古曰：皆傾慕其風采也。

［7］【顏注】師古曰：奏，進也。

［8］【顏注】師古曰：行謂曲引也。古樂府長歌行短歌行，此其義也。

［9］【顏注】師古曰：寄心於琴聲以挑動之也。挑徒了反（白鷺洲本、大德本、殿本“徒”前有“音”字）。【今注】相重：相引重。互相標榜、推崇。　以琴心挑之：以琴聲向司馬相如表達情意。《樂府詩集》載其詩曰：“鳳兮鳳兮歸故鄉，遊遨四海求其皇，有一艷女在此堂，室邇人遐毒我腸，何由交接爲鴛鴦。”又曰：“鳳兮鳳兮從皇栖，得託子尾永爲妃。交情通體必和諧，中夜相從別有誰。”

［10］【顏注】師古曰：閒讀曰閑。

［11］【顏注】張揖曰：甚得都士之節也。韋昭曰：都邑之容也。師古曰：都，閑美之稱也。張説近之。《詩·鄭風·有女同車》之篇曰“洵美且都”，《山有扶蘇》之篇又云“不見子都”，則知都者，美也。韋言都邑，失之遠矣。

［12］【今注】竊從户窺：偷偷地從門縫中往外看。古代單扇門稱爲户，雙扇門稱爲門。

［13］【顏注】師古曰：説讀曰悦。悦其人而好其音也。

［14］【顏注】師古曰：當謂對偶之。

［15］【今注】奔：女子不按禮教規定，與男子私自結合。

［16］【顏注】師古曰：徒，空也。但有四壁，更無資産。

［17］【顏注】文穎曰：弟，且也。張揖曰：如，往也。師古曰：弟，但也，發聲之急耳。酈食其曰“弟言之”，此類甚多，義非且也。

［18］【顏注】師古曰：貰音吐得反。【今注】假貰（dài）：

向他人借財物。假，借。貸，同"貸"。乞求。

[19]【顏注】郭璞曰：盧，酒盧。師古曰：賣酒之處累土爲盧以居酒瓮，四邊隆起，其一面高，形如鍛盧，故名盧耳。而俗之學者，皆謂當盧爲對溫酒火盧，失其義矣。【今注】盧：四圍以泥土築成，中置酒甖熱酒。又作"壚"，《史記》卷一一七《司馬相如列傳》作"爐"。

[20]【顏注】師古曰：即今之帬也，形似犢鼻，故以名云。帬音之容反。【今注】犢鼻褌：如今之圍裙，可以遮蔽身前，又有帶子繫於身後。因其形如犢鼻，故名。

[21]【顏注】師古曰：庸即謂賃作者。保謂庸之可信任者也。【今注】庸保：被他人雇傭而做雜役的人。庸、保的區別應該在於，一個是短期，另一個是長期。即"保"具有長期雇傭的性質，而能够被雇主認可，被長期雇傭者，必是可靠之人。

[22]【顏注】師古曰：滌，洒也。器，食器也。食已則洒之，賤人之役也。洒音先禮反。

[23]【顏注】師古曰：杜，塞也。

[24]【顏注】師古曰：更，互也，音工衡反。【今注】昆弟諸公：臨邛的同輩人以及年長者。

[25]【顏注】師古曰：言不患少財也。

[26]【顏注】文穎曰：倦，疲也。言疲厭游學，博物多能也。【今注】倦游：何焯《義門讀書記》卷四認爲，此言司馬相如所游歷之多。王先謙《漢書補注》則謂，司馬相如游宦病免而歸，指其曾爲官。

[27]【顏注】師古曰：言縣令之客，不可以辱也。

[28]【顏注】師古曰：已，止也。

居久之，蜀人楊得意爲狗監，[1]侍上。[2]上讀《子虛賦》而善之，曰："朕獨不得與此人同時哉！"[3]得意曰："臣邑人司馬相如自言爲此賦。"[4]上驚，乃召問相如。相如曰："有是。然此乃諸侯之事，未足觀，請爲天子游獵之賦。"[5]上令尚書給筆札，[6]相如以"子虛"，虛言也，爲楚稱；[7]"烏有先生"者，烏有此事也，[8]爲齊難；[9]"亡是公"者，亡是人也，[10]欲明天子之義。[11]故虛藉此三人爲辭，[12]以推天子、諸侯之苑囿。其卒章歸之於節儉，[13]因以風諫。[14]其辭曰：

[1]【顏注】師古曰：主天子田獵犬也。【今注】狗監：官名。多以宦者担任。陳直《漢書新證》認爲，狗監當爲上林令屬官。

[2]【今注】侍上：侍奉皇上。上指漢武帝，名徹。公元前141年至前87年在位。

[3]【今注】朕獨不得與此人同時哉：漢武帝起初以爲《子虛賦》爲古人所作，故有此説。

[4]【今注】邑人：同鄉。楊得意與司馬相如均爲蜀郡人。自言：自己説。前文稱楊得意"侍上"，又稱司馬相如"自言爲此賦"，或此賦爲司馬相如託楊得意獻於武帝。

[5]【今注】案，據高步瀛《兩漢文舉要》認爲，自"乃著《子虛之賦》"至"請爲天子游獵之賦"，皆虛言假設之詞。瀧川資言《史記會注考證》云，子虛、上林，原是一時之作。合則爲一，分則爲二。而"楚使子虛使于齊"，"獨不聞天子之上林乎"，爲賦名得名緣由。相如使鄉人奏其上篇，以求召見。

[6]【顏注】師古曰：札，木簡之薄小者也。時未多用紙，故給札以書。札音壯黠反。【今注】尚書：官名。戰國掌文書者稱主書。秦代尚書爲少府屬官，掌主發文書。漢武帝時爲削弱相權，置尚書五人，分曹治事。掌文書章奏，侍從皇帝，參預機密。用宦

者担任，又稱中書。

[7]【顔注】師古曰：稱説楚之美也。【今注】爲楚稱：夸張楚國的富饒强大以及楚國貴族狩獵的場景。

[8]【顔注】師古曰：烏，於何也。

[9]【顔注】師古曰：難詰楚事也。【今注】爲齊難：爲齊國責難楚國的使者"子虚"，以誇張齊國的富饒强盛與齊國貴族田獵的排場。

[10]【顔注】師古曰：亡讀曰無。下皆類此。

[11]【今注】欲明天子之義：想要闡明天子至高無上的權力和地位。

[12]【顔注】師古曰：藉，假也。

[13]【顔注】師古曰：卒，終也。謂終篇之言，若隤牆填塹之比者。

[14]【顔注】師古曰：風讀曰諷。【今注】案，蔡琪本、大德本、殿本此下有"奏之天子，天子大説"八字，及"師古曰：説讀曰悦"七字。王念孫《讀書雜志·漢書第十》認爲，此二句及其注文皆後人所加，景祐本所無也。賦奏在下文，則此不得先言奏。且下"其辭曰"三字，乃總承上文言之，忽插此二句，則語意中斷。後人以下文云"相如既奏《大人賦》，天子大説"，遂增此二句，而不自知其謬。《史記》卷一一七《司馬相如列傳》有此二句，亦後人所加。

楚使子虚使於齊，齊王悉發車騎與使者出田。[1]田罷，子虚過姹烏有先生，[2]亡是公存焉。[3]坐定，烏有先生問曰："今日田樂乎？"子虚曰："樂。""獲多乎？"曰："少。""然則何樂？"對曰："僕樂王之欲夸僕以車騎之衆，而僕對以雲夢之事也。"[4]曰："可得聞乎？"

　　[1]【顏注】師古曰：田，獵也。【今注】悉發車騎：《史記》卷一一七《司馬相如列傳》作“悉發境內之士，備車騎之眾”。

　　[2]【顏注】師古曰：姹，誇誕之也，音丑亞反，字本作“詫”也（本，白鷺洲本、大德本同，殿本作“今”）【今注】案，“姹”當作“吒”。同“詫”。使驚訝。

　　[3]【今注】亡是公存焉：《漢書考正》宋祁曰“存”疑作“在”。《史記·司馬相如列傳》作“在”。

　　[4]【顏注】張揖曰：楚藪也。在南郡華容縣。師古曰：夢讀如本字，又音莫風反，字或作“薈”，其音同耳。【今注】夸僕：向我夸耀。僕，用於自稱的謙詞。　雲夢之事：楚王在雲夢游獵的事。雲夢，古澤藪名。在今湖北江陵縣以東江、漢之間監利市、潛江市等一帶。約在今湖北武漢市以西，湖南益陽市湘陰縣以北，湖北江陵縣、安陸市以東以南地區。古楚國郢都遠郊。

　　　　子虛曰：“可。王駕車千乘，[1]選徒萬騎，[2]田于海濱，[3]列卒滿澤，罘罔彌山。[4]掩菟轔鹿，射麋格麟，[5]鶩於鹽浦，割鮮染輪。[6]射中獲多，矜而自功，[7]顧謂僕曰：‘楚亦有平原廣澤遊獵之地饒樂若此者乎？楚王之獵孰與寡人？’[8]僕下車對曰：‘臣，楚國之鄙人也，[9]幸得宿衛十有餘年，時從出遊，遊於後園，[10]覽於有無，[11]然猶未能徧覩也。又烏足以言外澤乎？’[12]齊王曰：‘雖然，略以子之所聞見言之。’

　　[1]【今注】乘：古代一車四馬為乘。古代諸侯地方百里，有兵車千乘。千乘代指諸侯。

　　[2]【今注】選徒：選車卒。

〔3〕【顏注】師古曰：濱，涯也，音賓，又音頻。

〔4〕【顏注】師古曰：罘，覆車也，即今幡車罔也。王國《兔爰》之詩曰“雉離于罘”，罦亦罘字耳。彌，竟也。罘音浮。【今注】罘罔：泛指捕鳥獸的網罟。罘，兔罟。捕兔的網。罔，捕魚的網。

〔5〕【顏注】師古曰：轔謂車踐轢之也，音吝。格字或作脚，言持引其脚也。【今注】轔：車輪。指因馬車追逐而被碾軋。　格麟：捕捉大母鹿。格，《史記》卷一一七《司馬相如列傳》作“脚”。搤其脚而獲之。王先謙《漢書補注》認爲，捕鹿或持其角，或搤其脚，而猛獸則須格擊，明此“格”字爲“脚”之變文而誤。

〔6〕【顏注】張揖曰：海水之涯多出鹽也。李奇曰：鮮，生也。染，擩也。切生肉，擩車輪，鹽而食之也。師古曰：鶩謂亂馳也。擩，挹也。鶩音務。擩音如閱反。挹音一頓反。【今注】鶩於鹽浦：奔跑於海邊的鹽灘。鶩，奔馳。齊國海邊多鹽灘。　割鮮染輪：新捕殺的野獸太多，鮮血浸漬了兩輪。鮮，新殺的鳥獸。

〔7〕【顏注】師古曰：自矜其能以爲功也。

〔8〕【顏注】師古曰：與猶如也。【今注】寡人：古代帝王貴族自謙寡德之詞。據《老子》云，侯王自稱孤、寡、不穀。唐以後爲帝王專用。

〔9〕【今注】鄙人：粗鄙、卑賤的鄉野之人。爲對自己的謙詞。

〔10〕【今注】後園：與“外澤”相對。

〔11〕【今注】覽於有無：游覽楚王後園時，有的看見了，有的沒看到，並非很仔細地看。极言楚王後園之大。

〔12〕【今注】案，白鷺洲本、大德本、殿本“言”後有“其”字。

“僕對曰：‘唯唯。[1]臣聞楚有七澤，[2]嘗見其一，未覩其餘也。臣之所見，蓋特其小小者耳，[3]名曰雲夢。雲夢者，方九百里，其中有山焉。其山則盤紆岪鬱；[4]岑崟參差，日月蔽虧；[5]交錯糾紛，上干青雲；[6]罷池陂陁，下屬江河。[7]其土則丹青赭堊，雌黃白坿，錫碧金銀，[8]眾色炫燿，照爛龍鱗。[9]其石則赤玉玫瑰，琳瑉昆吾，[10]瑊玏玄厲，[11]礝石武夫。[12]其東則有蕙圃，衡蘭芷若，[13]穹窮昌蒲，江離蘪蕪，[14]諸柘巴且。[15]其南則有平原廣澤，登降陁靡，[16]案衍壇曼，[17]緣以大江，限以巫山。[18]其高燥則生葳菥苞荔，[19]薛莎青薠。[20]其埤溼則生藏莨蒹葭，[21]東薔彫胡，[22]蓮藕觚盧，[23]奄閭軒于。[24]眾物居之，不可勝圖。[25]其西則有涌泉清池，激水推移，[26]外發夫容蓤華，內隱鉅石白沙。[27]其中則有神龜蛟鼉，毒冒鼈黿。[28]其北則有陰林巨樹，楩柟豫章，[29]桂椒木蘭，檗離朱楊，[30]樝梨楟栗，橘柚芬芳。[31]其上則有宛雛孔鸞，騰遠射干。[32]其下則有白虎玄豹，蟃蜒貙犴。[33]

[1]【顏注】師古曰：唯唯，恭應之辭也，音弋癸反。

[2]【今注】七澤：楚國地處長江中下游，兩岸大小湖澤甚多。七澤極言其多，並非實數。

[3]【今注】案，耳，白鷺洲本、大德本同，殿本作“爾”。

[4]【顏注】郭璞曰：詰屈竦起也。岪音佛。【今注】盤紆岪（fú）鬱：山勢迂回曲折的樣子。岪，盤曲貌。案，白鷺洲本、大德本、殿本“盤紆岪鬱”後有“隆崇律崒”。隆崇律崒，山勢高大

險峻。隆，山形中央高大。崇，山大而高。律，《史記》卷一一七《司馬相如列傳》作"嵂"，同"硉"，山崖。崒，山巔。《漢書考正》宋祁以越本、景祐本無"隆崇律崒"四字，王念孫《讀書雜志・漢書第十》以爲或後人所加。

〔5〕【顏注】張揖曰：高山壅蔽，日月虧缺半見也。師古曰：岑音仕林反。崟音吟。【今注】岑崟參差日月蔽虧：山峰高險而參差不齊，使日月之光或蔽或虧。岑崟，山峰高峻的樣子。蔽，全部遮蔽，虧，一部分被遮蔽。

〔6〕【顏注】郭璞曰：言相摎結而峻絶。【今注】交錯糾紛：交錯雜亂，比喻群山延綿重疊。　上干青雲：山勢高峻，上可觸及天空而入雲霄。青雲，青色的雲。代指天空。

〔7〕【顏注】郭璞曰：言旁積也。屬，連也。罷音疲。陂音婆。陁音馳。文穎曰：南方無河也。冀州凡水大小皆謂之河（皆，白鷺洲本、大德本同，殿本作"俱"），詩賦通方言耳。晉灼曰：文章假借協陁之韻也。師古曰：文、晉之説皆非也。下屬江河者，總言山之廣大，所連者遠耳，於文無妨。陂音普河反。屬音之欲反。【今注】罷池陂陁下屬江河：山勢傾斜而下，占地極廣，山脚與江河相連。陂陁，傾斜而下的山坡。

〔8〕【顏注】張揖曰：丹，丹沙也。青，青雘也。赭，赤赭也。堊，白堊也。蘇林曰：白坿，白石英也。師古曰：丹沙，今之朱砂也（砂，白鷺洲本、大德本同，殿本作"沙"）。青雘，今之空青也。赭，今之赤土也。堊，今之白土也。錫（白鷺洲本、大德本同，殿本作"銀"），青金也。碧謂玉之青白色者也。堊音惡。坿音附。雘音一郭反。【今注】丹青赭堊：四種可作染料的土。丹，朱砂，可以染紅色。青，石青，可作青色顏料。赭，一種紅褐色的土。堊，白色的土。也泛指有色而可作爲涂飾的土。　雌黃：礦物名。又名石黃。可用作黃色染料。　白坿：白石英。錫：青金。　碧：青白色的玉石。

[9]【顏注】師古曰：言采色相耀，若龍鱗之間雜也。炫音州縣之縣。

[10]【顏注】張揖曰：琳，珠也（珠，白鷺洲本、大德本、殿本作"玉"）。珉，石之次玉者也。昆吾，山名也，出善金。《尸子》曰"昆吾之金"。晉灼曰：玫瑰，火齊珠也。師古曰：火齊珠，今南方之出火珠也。玫音枚。瑰音回，又音瓌。琳音林。珉音旻。【今注】赤玉：赤色的玉。一名赤瑾。 玫瑰：一種紫色的玉石。或說是石珠。球狀的鋰雲母。 琳：青碧色的玉。 昆吾：本爲山名。因其山出美玉，故代指此山所産之石。又說此山出可以冶善金的礦石。《史記·司馬相如列傳》作"琨珸"。

[11]【顏注】張揖曰：瑊玏，石之次玉者。玄厲，黑石可用磨也。如淳曰：瑊音緘。玏音勒。

[12]【顏注】張揖曰：皆石之次玉者。礝石，白者如冰，半有赤色。武夫，赤地白采，蔥蘢白黑不分。郭璞曰：礝音而兗反。

[13]【顏注】張揖曰：蕙圃，蕙草之圃也。衡，杜衡也，其狀若葵，其臭如蘪蕪。芷，白芷。若，杜若也。師古曰：蘭即今澤蘭也。今流俗書本"芷若"下有"射干"字，妄增之也。【今注】衡：草名。又名杜蘅。葉呈心臟形，冬至春天開暗紫色小花，根莖可入藥。又名"馬蹄香"。 蘭：澤蘭，草名。澤蘭葉尖，微有毛，不光潤，方莖紫節。 芷：白芷，草名。根粗大。莖生茸毛，呈紫色。葉卵圓形或三角形。花白色。 若：杜若，草名。葉廣披針形，味辛香。夏日開白花。果實藍黑色。案，"衡蘭芷若"，《史記·司馬相如列傳》作"衡蘭，芷若射干"。蘭，通"欄"，衡欄爲以香草爲飾之欄，與蕙圃爲對文。則"其東"與下文"其南"各五句相對成文。

[14]【顏注】張揖曰：江離，香草也。蘪蕪薪芷也，似蛇牀而香。師古曰：蘪蕪即穹窮苗也。郭璞曰：江離似水薺，而《藥對》曰蘪蕪一名江離。張勃又云江離出臨海縣海水中，正青（正，

白鷺洲本同，大德本、殿本作"色"），似亂髮。郭義恭云江離赤葉。諸說不同，未知孰是。今無識之者，然非蘪蕪也，藥對誤耳。【今注】穹藭：草名。即川芎。根狀莖黃褐色，可入藥。羽狀複葉。花白色。　昌蒲：草名。生於水邊，根莖淡紅色，葉子呈劍形，夏天開花，淡黃色。因産地及形狀不同，分別有泥菖蒲、石菖蒲、水菖蒲等。　江離：紅藻的一種。藻體深褐色或暗紅色，細圓柱狀，有不規則的分枝。可製瓊脂。　蘪蕪：草名。葉爲羽狀複葉，夏天開白色小花。王先謙認爲，江離、蘪蕪、穹藭三者雖出自同一種香草，但明確爲三物，即其苗曰江離，根曰芎藭，葉名蘪蕪，又名蘄茝。

[15]【顏注】張揖曰：諸柘，甘柘也。尊苴，蘘荷也。文穎曰：巴且草一名巴蕉。師古曰：文說巴且是也。且音子余反。尊音普各反。尊且自蘘荷耳（且，白鷺洲本、大德本、殿本作"苴"），非巴且也。【今注】諸柘：甘蔗。《史記·司馬相如列傳》作"諸蔗"。　巴且：水草名。尊苴。即蘘荷。《史記·司馬相如列傳》作"猼且"。

[16]【顏注】師古曰：登，上也。降，下也。陁靡，旁衺也。陁音弋爾反。【今注】登降陁靡：高低連綿的斜坡。陁靡，地勢斜長、延綿不斷的樣子。

[17]【顏注】師古曰：寬廣之貌也。衍音弋戰反。壇音徒旦反（殿本無"衍音弋戰反壇音徒旦反"一句）。曼音莫幹反。【今注】案衍壇曼：地勢低下平坦的樣子。案衍，地勢低窪。壇曼，地勢平坦寬廣。

[18]【顏注】張揖曰：巫山在南郡巫縣也。【今注】大江：長江。　巫山：山名。譚其驤《雲夢與雲夢澤》以爲指廣義的巫山，即鄂西山地邊緣（《復旦學報》1980年第1期）。

[19]【顏注】張揖曰：葴，馬藍也。析似燕麥。苞，蘺也。荔，馬荔。蘇林曰：析音斯。師古曰：蘺即今所用作席者也。馬

茘，今之馬藺也。葴音之林反。苞音包。茘音隸。藨音皮表反。【今注】葴：草名。一般指板藍。　析：《史記·司馬相如列傳》作“蘄”。　苞：草名。即苞茅，可以編席織鞋。　茘：草名。即馬茘，又稱馬蓮、馬蘭花。似蒲而小，根可作刷，其草堅韌可編作繩。

[20]【顔注】張揖曰：薜，賴蒿也。莎，鎬侯也。青薠似莎而大，生江湖，鴈所食。師古曰：莎即今青莎草。薠音煩。【今注】薜（bò）：即山蘄，又稱山麻。生高燥處。或説是賴蒿，即艾草。　莎：莎草，其根稱香附子，供藥用。　青薠：形似莎草而高大，實生於高燥之地。顔注所謂“生江湖，鴈所食”者，當是白薠。

[21]【顔注】郭璞曰：藏莨，草，中牛馬芻。蒹，荻也，似雚而細小。葭，蘆也。師古曰：埤音婢，謂下地也。莨音郎。蒹葭音兼豭。荻音敵。【今注】埤溼：地勢低窪潮濕之處。　藏：《史記·司馬相如列傳》引蕭該《漢書音義》認爲，藏似亂而葉大。亂即蘆荻。　莨：草名。即狼尾草。蒹葭即蘆葦。蒹，未曾秀穗的蘆荻。葭，初生的蘆葦。

[22]【顔注】張揖曰：東蘠，實可食。彫胡，菰米也。師古曰：東蘠似蓬，其實如葵子也。【今注】東蘠：似蓬草，實如葵子，可食。《史記·司馬相如列傳》“蘠”作“薔”。　彫胡：即菰米。俗稱茭白。

[23]【顔注】張揖曰：蓮，荷之實也，其根藕。張晏曰：觚盧，扈魯也。郭璞曰：菰，蔣也。蘆，葦也。師古曰：書不爲菰蘆字，郭璞非也（璞，白鷺洲本、大德本、殿本作“説”），但不知觚盧於今是何草耳。【今注】觚盧：又名菰蘆，指菰茭和蘆筍，嫩時可食。

[24]【顔注】張揖曰：奄閭，蒿也，子可治疾。軒于，蕕草也，生水中，揚州有之。師古曰：奄音淹。蕕音猶。【今注】奄

閭：草名。狀如艾蒿。其子實可製藥。　軒于：猶草。莖似蕙而臭。

[25]【顏注】師古曰：勝，舉也。不可盡舉而圖寫之，言其多也。

[26]【顏注】郭璞曰：波抑揚也。

[27]【顏注】應劭曰：夫容，蓮華也。蔆，芰也。師古曰：鉅，大也。【今注】外發：在水池的表面生長。　夫容：荷花。通"芙蓉"。　蔆華：即菱花。其果實爲菱角。

[28]【顏注】張揖曰：蛟狀魚身而蛇尾，皮有珠。鼉似蜥蜴而大，身有甲，皮可作鼓。毒冒似龞蝹，甲有文。蝳似鼊而大。師古曰：張說蛟者，乃是鮫魚，非蛟龍之蛟也。蛟解在《武紀》。鼉音徒何反。又音大河反。毒音代。冒音妹。他皆倣此。【今注】蛟：古人認爲龍屬。當是今鱷魚一類的動物。　鼉：揚子鱷。俗名"猪波龍"。　毒冒：玳瑁。出南海。甲殼有花紋。　蝳：龜屬，似鱉而大，頭有疙瘩，故俗稱癩頭蝳。

[29]【顏注】服虔曰：陰林，山北之林也。豫章，大木也，生七年乃可知。師古曰：陰林，言其樹木衆而且大，常多陰也。楩音便，又音步田反，即今黄楩木也。柟音南，今所謂楠木。【今注】陰林：樹木高大茂密，濃蔭蔽日，故稱。　楩：黄楩木。柟：楠木。　豫章：樟木。又據張守節《史記正義》，豫即枕木。章即今之樟木。二木生至七年，枕、樟乃可分別。

[30]【顏注】師古曰：桂即藥之所用其皮者也。椒即所食椒樹也。木蘭皮似椒而香，可作面膏藥。檗，黄檗也。離，山梨也。朱楊，赤莖柳也，生水邊。【今注】桂：木桂。　椒：花椒。　木蘭：紫玉蘭。一名杜蘭。

[31]【顏注】張揖曰：櫨似梨而甘。梬，梬棗也。師古曰：櫨即今所謂櫨子也。梬棗即今之梬棗也。柚即橙也，似橘而大，味酢皮厚。櫨音側加反。梬音弋整反。柚音弋救反。橙音丈莖反。

芬芳，言橘柚之氣也。【今注】樝（zhā）：山楂。“樝”爲“楂”樝的本字。　梬：棗名。古稱羊棗，今稱黑棗。

［32］【顔注】張揖曰：宛雛似鳳。孔，孔雀；鸞，鸞鳥也。射干似狐，能緣木。服虔曰：騰遠，獸名也。師古曰：鸞鳥形如翟而五采文，見《山海經》（殿本無“見山海經”一句）。宛音於元反。射音弋舍反。【今注】騰遠：善於攀援跳躍的猿類。王先謙《漢書補注》引梁章鉅認爲，當作“騰猿”。　射干：似狐而小能爬樹的動物。案，《史記·司馬相如列傳》“宛雛”前有“赤猿蠷蝚”四字。

［33］【顔注】郭璞曰：蟃蜒，大獸似狸，長百尋。貙似狸而大。豻，胡地野犬也，似狐而小。蟃音萬。蜒音延。豻音岸。師古曰：蜒又音弋戰反。貙音丑于反（丑，白鷺洲本、殿本同，大德本作“田”）。豻合韻音五安反（五，大德本同，白鷺洲本、殿本作“互”）。【今注】白虎玄豹蟃蜒貙豻：貙（chū）豻（àn），貙虎之大者。與白虎、玄豹、蟃蜒均爲大獸。案，《史記·司馬相如列傳》此後有“兕象野犀，窮奇獌狿”八字。

“於是乎乃使剸諸之倫，手格此獸。[1]楚王乃駕馴駮之駟，[2]乘彫玉之輿，[3]靡魚須之橈旃，[4]曳明月之珠旗，[5]建干將之雄戟，[6]左烏號之雕弓，[7]右夏服之勁箭；[8]陽子驂乘，孅阿爲御；[9]案節未舒，即陵狡獸，[10]蹵蛩蛩，轔距虚，[11]軼野馬，轊騊駼；[12]乘遺風，射游騏，[13]儵胂倩浰，[14]雷動猋至，[15]星流電擊，弓不虚發，中必決眦，[16]洞胷達掖，絶乎心繫，[17]獲若雨獸，揜中蔽地。[18]於是楚王乃弭節徘徊，翱翔容與，[19]覽乎陰林，觀壯士之暴怒，[20]與猛獸之恐懼，徼

孔受詘,^[21]殫覩衆物之變態。^[22]

[1]【顏注】師古曰：剸諸，吳人，刺吳王僚者也。方言勇士，故舉以爲類。剸與專同。【今注】剸諸：春秋時刺客，將劍藏在魚腹内，爲吳公子光刺死吳王僚。一作"專諸"。傳見《史記》卷八六。

[2]【顏注】張揖曰：馴，擾也。駁如馬，白身黑尾，一角鋸牙，食虎豹，擾而駕之，以當駟馬也。師古曰：馴音旬。【今注】馴駁：馴養以駕車的駁。 駟：四馬拉的車。

[3]【顏注】師古曰：以玉飾輿而彫鏤之。

[4]【顏注】張揖曰：以魚須爲旃柄，驅馳逐獸（驅，大德本同，白鷺洲本、殿本作"驅"），正橈靡也。郭璞曰：通帛爲旃。師古曰：大魚之須出東海，見《尚書大傳》（殿本無"見《尚書大傳》"一句）。橈旃即曲旃也。橈音女教反。【今注】靡：同"麾"。 魚須：鯊魚的須。 橈旃：曲柄的旗幟。揮動用魚須做旒穗的曲柄旌旗。

[5]【顏注】張揖曰：以明月珠綴飾旗也。

[6]【顏注】張揖曰：干將，韓王劍師也。雄戟，胡中有鉅者，干將所造。【今注】建：高舉。 干將：吳國善冶劍者，與妻莫邪冶二利劍，雄名干將，雌名莫邪。後世以干將、莫邪代稱利劍。王念孫《讀書雜志·漢書第十》認爲，干將爲利刃貌。戟之有刃而大者稱爲干將，無刃而大者謂之鏌鋣。 雄戟：三刃戟。

[7]【顏注】應劭曰：楚有柘桑，烏接其上（接，大德本同，白鷺洲本、殿本作"棲"），支下著地，不得飛，欲噎號呼，故曰烏號。張揖曰：黃帝乘龍上天，小臣不得上，挽持龍頓，頓拔，噎黃帝弓，臣下抱弓而號，故名弓烏號。郭璞曰：雕，畫也。師古曰：烏號，應、張二説皆有據也。【今注】烏號：古代以桑柘爲材料的良弓。傳説此弓爲黃帝所用。

[8]【顏注】伏儼曰：服，盛箭器也。夏后氏之良弓名煩弱，其矢亦良，即煩弱箭服也，故曰夏服。師古曰：箭服，即今之步义也（殿本無“即今之步义也”一句）。

[9]【顏注】張揖曰：陽子，伯樂也，秦繆公臣，姓孫，名陽。郭璞曰：孅阿，古之善御者。孅音纖也。【今注】案，一説陽子爲仙人名，即陽陵子，孅阿爲月神駕車的御者（參見裴駰《史記集解》引《漢書音義》）。　驂乘：古代乘車時，尊者居左，御者居中，右邊一人於車上防傾側，兼保護尊者，稱爲驂乘。

[10]【顏注】師古曰：案節（白鷺洲本、大德本、殿本“案節”後有“猶弭節也”四字）。未舒，言未盡意驅馳，已凌狡獸，狡捷之獸也。【今注】案節：馬行走較緩且有節奏。此句指馬未盡情馳騁就能踐踏矯捷的野獸。

[11]【顏注】張揖曰：蛩蛩，青獸，狀如馬。距虛似蠃而小。郭璞曰：距虛即蛩蛩，變文互言耳。師古曰：據《爾雅》文，郭説是也。蹵音子六反。【今注】蹵：踩踏。　轔：車輪輾過。蛩蛩：《山海經·海外北經》云，北海有素獸，狀如馬。郭璞注：蛩蛩巨虛，一走百里。

[12]【顏注】張揖曰：軼，過也。野馬似馬而小。北海内有獸，狀如馬，名駏驉。郭璞曰：轊，車軸頭也。師古曰：轊謂軸頭衝而殺之也。軼音逸。轊音衛。駏音逃。驉音塗。【今注】轊：踐踏。通“蹢”。

[13]【顏注】張揖曰：遺風，千里馬也。《爾雅》曰騜如馬一角，不角者曰騏。師古曰：騜音携。騏音其。【今注】遺風：馬行迅疾，每在風前，故遺風於後。　騏：有青黑色紋理的馬。

[14]【顏注】張揖曰：皆疾貌也。師古曰：倏音式六反。胂音式刃反。倩音千見反。洌音練。【今注】倏（shū）胂（shèn）倩洌：動作迅速。形容車騎迅猛。

[15]【顏注】師古曰：焱，疾風也。若雷之動，如焱之至，

言其威且疾也。焱音必遙反。

[16]【顔注】師古曰：眦即決獸之目眦，言射審也。眦即眥字。【今注】眦：上下眼瞼的連接處，即眼角。

[17]【顔注】張揖曰：自左射之，貫胷通右髃，中心絶系也。師古曰：髃謂肩前骨也，音五口反。繋讀曰系也。【今注】心繋：連着心臟的血脈筋絡。沈欽韓《漢書疏證》説，古人射獵，以從左前胸射入而從右肩下穿出（達掖）爲上殺，鳥獸以一箭穿胸（絶乎心繋）而死者肉最佳美。

[18]【顔注】師古曰：言獲殺之多，如天雨獸也。雨音于具反。中，古草字也。【今注】獲若雨獸揜中蔽地：所獲鳥獸很多，如天上降雨，掩蔽草地。揜，通“掩”。掩蓋。

[19]【顔注】郭璞曰：弭猶低也。節，所杖信節也。翱翔容與，言自得也。師古曰：弭節者，示安徐也。【今注】弭節徘徊翱翔容與：車馬行走緩慢，從容自得。

[20]【今注】暴怒：比喻士氣振奮。

[21]【顔注】蘇林曰：剻音倦剻之剻。詘音鞠強之鞠。郭璞曰：詘，詘折也。剻，疲極。詘音屈。師古曰：蘇音是也。剻音與劇同（剻，白鷺洲本、大德本同，殿本作“剭”）。詘音其勿反。徼，工堯反。徼，要也。詘，盡也。言獸有倦極者要而取之，力盡者受而有之。【今注】徼：遮擋、攔截。案，剻，白鷺洲本、大德本同，殿本作“剭”。

[22]【顔注】郭璞曰：殫，盡也。變態，姿則也。師古曰：殫音單。【今注】案，此句指看盡被攔截的各種野獸的姿態。

　　“於是鄭女曼姬，[1]被阿錫，揄紵縞，[2]雜纖羅，垂霧縠，[3]襞積褰縐，鬱橈谿谷；[4]紛紛裶裶，揚衪戌削，[5]蜚襳垂髾；[6]扶輿猗靡，[7]翕呷萃蔡，[8]下摩蘭蕙，上拂羽蓋；[9]錯翡翠之葳蕤，[10]

繆繞玉綏;^[11]眇眇忽忽，若神之髣髴。^[12]

[1]【顏注】文穎曰：鄭國出好女。曼者，言其色理曼澤也。如淳曰：鄭女，夏姬也。曼姬，楚武王夫人鄧曼也。師古曰：文說是也。【今注】鄭女：美女的代稱。王先謙《漢書補注》認爲，鄭國多美女，故以鄭女爲當時美女的代稱。　曼姬：一般泛指美姬。曼，美。

[2]【顏注】張揖曰：阿，細繒也。錫，細布也。揄，引也。師古曰：紵，纖紵也。縞，鮮支也，今之所謂素者也。揄音踰，又音投也。【今注】阿錫：泛指所穿的衣服。　揄：曳。　紵：苧麻布所製的夏季裙裳。　縞：素絹。

[3]【顏注】張揖曰：縠繝如霧，垂以爲裳也（殿本無此注）。師古曰：纖，細也。霧縠者，言其輕靡如霧，非謂繝文。【今注】雜纖羅垂霧縠：穿着細薄透氣的絲織品。雜，五彩相合。霧縠，薄紗。以紗爲頭巾，垂於身後。

[4]【顏注】張揖曰：襞積猶簡齰也。襄，縮也。緆，裁也。其緆中文理蒂鬱，有似於谿谷也。師古曰：張說非也。襞積即今之帬褶，古所謂皮弁素積者，即謂此積也。言襞積文理，隨身所著，或襄緆委屈如谿谷也（谿，白鷺洲本同，大德本、殿本作“谿”）。襞音壁。緆音側救反。【今注】襞積：衣裙上的褶子。襄緆：指衣裙折叠成縐紋。　鬱橈谿谷：如同谿谷一般幽深曲折。

[5]【顏注】張揖曰：紛音芬。袘，衣袖也。戌，鮮也。削，衣刻除貌也。師古曰：揚，舉也。袘，曳也。或舉或曳，則戌削然見其降殺之美也。裶音霏。袘音弋示反。戌讀如本字。【今注】袘：衣裙下端的邊緣。　戌削：指衣裙裁剪合身。

[6]【顏注】張揖曰：襳，離袿也。髾，髻後垂也。師古曰：張說非也。襳，袿衣之長帶也。髾謂燕尾之屬。皆衣上假飾，非髻垂也（非髻垂，白鷺洲本、大德本同，殿本無此三字）。蜚，古

飛字也。襳音纎。髾音所交反。【今注】蜚襳：飄動的襳帶。蜚，通“飛”。王先謙《漢書補注》引郭嵩燾說，襳帶是古代婦女上衣的正幅，其下垂者上寬下窄如刀圭形，以爲裝飾。　髾：王先謙《漢書補注》引郭嵩燾認爲，所謂燕尾指綴雙帶於上衣之前，飾其下爲垂絲，交股歧分，如同燕尾。

[7]【顏注】張揖曰：扶持楚王車輿相隨也。師古曰：張說非也。此自言鄭女曼姬爲侍從者所扶輿而猗靡耳，非謂扶持楚王車輿也。猗音於綺反。今人猶呼相撫掩容養爲猗靡。【今注】扶輿：同“扶搖”。盤旋而上。指長裙因轉動而掀起的樣子。　猗靡：同“綺靡”。美好、艷麗。

[8]【顏注】張揖曰：翕呷，衣張起也。萃蔡，衣聲也。師古曰：呷音火甲反。萃音翠，又音千賄反。【今注】翕呷萃蔡：均爲象聲詞。形容鄭女曼姬步行時衣裙擺動摩擦的聲音。

[9]【顏注】師古曰：下摩蘭蕙，謂垂髾也。上拂羽蓋，謂飛襳也。【今注】蘭蕙：指沿途路邊的香草。　羽蓋：羽毛綴飾的車蓋。

[10]【顏注】師古曰：錯，雜也。葳蕤，羽飾貌。【今注】翡翠：赤羽雀爲翡，青羽雀爲翠。其羽毛顏色鮮麗，常取以爲頭飾。　葳蕤：羽毛裝飾華麗鮮艷的樣子。

[11]【顏注】張揖曰：楚王車之綏以玉飾之也。郭璞曰：綏，登車所執也。師古曰：二說皆非也。以玉飾綏，亦謂鄭女曼姬之容服也（白鷺洲本、大德本同，殿本“謂”前無“亦”字）。綏即今之所謂采緄垂鑷者也。繆繞，相纏結也。繆音蓼。緄音隕。【今注】繆繞：回環旋轉。同“繚繞”。　玉綏：沈欽韓《漢書疏證》以爲此處“綏”當同“緌”，即帽帶，指古代冠帶結在下巴下面的下垂部分。

[12]【顏注】郭璞曰：言其容飾奇艷，非世所見。《戰國策》曰：“鄭之美女粉白黛黑而立於衢，不知者謂之神也。”【今注】眇

眇忽忽若神之髣髴：遙遠隱約，如同神境一般。眇眇，《史記》卷一一七《司馬相如列傳》作"縹乎"。髣髴，看得不真切。案，眇眇，白鷺洲本、大德本同，殿本作"眹眹"。

　　"於是乃群相與獠於蕙圃，[1]媻姍勃窣，上金隄，[2]揜翡翠，射鵔鸃，[3]微矰出，纖繳施，[4]弋白鵠，連駕鵝，[5]雙鶬下，玄鶴加。[6]怠而後游於清池，[7]浮文鷁，[8]揚旌枻，[9]張翠帷，建羽蓋。[10]罔毒冒，釣紫貝，[11]摐金鼓，[12]吹鳴籟，[13]榜人歌，[14]聲流喝，[15]水蟲駭，波鴻沸，[16]涌泉起，奔揚會，[17]礧石相擊，琅琅礚礚，[18]若雷霆之聲，聞乎數百里外。

　　[1]【顏注】文穎曰：宵獵爲獠。師古曰：獠音力笑反。【今注】獠：夜間打獵。泛指與上文所言鄭女曼姬共同畋獵。

　　[2]【顏注】師古曰：媻姍勃窣，謂行於叢薄之間也。金隄，言水之隄塘堅如金也。媻音盤。姍音先安反。窣音先忽反。隄音丁兮反。【今注】媻姍：雙膝着地匍匐前行。　勃窣：傴僂搖擺而跋行。　金隄：原指黃河堤防。泛指修築堅固的江河堤塘。

　　[3]【顏注】師古曰：鳥赤羽者曰翡，青羽者曰翠。鵔鸃，鷩鳥也，似山雞而小冠，背毛黃，腹下赤，項綠色，其尾毛紅赤，光采鮮明，今俗呼爲山雞，其實非也。鵔音峻。鸃音儀。【今注】鵔鸃：錦雞。

　　[4]【顏注】師古曰：矰，短矢也。繳，生絲鏤也（鏤，白鷺洲本、大德本、殿本作"縷"）。以繳係矰仰射高鳥，謂之弋射。矰音增。繳音灼。【今注】微矰出纖繳施：以繫絲繩的短箭射飛鳥。繳，繫在箭尾的絲繩，隨箭射出後，便於尋找獵物或回收箭

枝。施，發射。

　　[5]【顏注】師古曰：鵠，水鳥也，其鳴聲鵠鵠云。駕鵝，
野鵝也。連謂重累獲之也。鵠音胡沃反。駕音加。【今注】弋白鵠
連駕鵝：白鵠，天鵝。連，即黏鳥。以黏膠代替箭頭，射中飛鳥而
生擒之。駕鵝，野鵝。

　　[6]【顏注】師古曰：鶬鴰也。今關西呼爲鴰鹿，山東通謂
之鶬，鄙俗名爲錯落。錯者，亦言鶬聲之急耳。又謂鴰捋。捋音
來奪反。鴰鹿、鴰捋，皆象其鳴聲也。玄鶴，黑鶴也。《相鶴經》
云鶴壽滿二百六十歲則色純黑。言弋射之妙，既中白鵠而連駕鵝，
又下雙鶬而加玄鶴也。鶬音倉。【今注】雙鶬：水鳥名。似鶴，蒼
青色。又名鶬雞、麋鴰。

　　[7]【顏注】郭璞曰：怠，倦也。

　　[8]【顏注】張揖曰：鷁，水鳥也，畫其象於船首。《淮南》
曰（白鷺洲本、大德本、殿本“南”後有“子”）：“龍舟鷁首，
天子之乘也。”師古曰：鷁音五歷反。【今注】浮文鷁：古代以鷁
鳥作爲紋飾繪於船首，以厭水神。浮，泛舟。

　　[9]【顏注】張揖曰：揚，舉也。析羽爲旌，建於船上（船，
大德本、殿本同，白鷺洲本作“船”，下同不注）。枻，栧也。師
古曰：枻音曳。栧音大可反。【今注】揚旌枻：《史記》卷一一七
《司馬相如列傳》作“揚桂枻”。王念孫《讀書雜志・漢書第十》
以爲，桂枻指以桂爲舟楫，當從。

　　[10]【顏注】郭璞曰：施之船上也。師古曰：翠帷，帷翠色
也。羽蓋，以雜羽飾蓋。【今注】翠帷：以翠色鳥羽裝飾船上的帷
幕。　羽蓋：船上飾以鳥羽的傘蓋。

　　[11]【顏注】郭璞曰：紫貝，紫質黑文也。師古曰：貝，水
中介蟲，古以爲貨也。

　　[12]【顏注】師古曰：摐，撞也。金鼓謂鉦也。摐音窻。
【今注】金鼓：古代行軍用以控制步伐的樂器。

　　[13]【顏注】張揖曰：籟，簫也。【今注】籟：排簫。編管樂器。

　　[14]【顏注】張揖曰：榜，舩也。《月令》云"命榜人"，榜人，舩長也，主倡聲而歌者也。師古曰：榜音謗，又方孟反。

　　[15]【顏注】郭璞曰：言悲嘶也。師古曰：喝音一介反。嘶音蘇奚反。【今注】聲流喝：聲音嘶啞悲咽。

　　[16]【顏注】郭璞曰：魚鼈躍，濤浪作也。師古曰：沸音普蓋反。【今注】波鴻沸：波濤洶涌翻滾。

　　[17]【顏注】郭璞曰：暴溢激相鼓薄也。師古曰：溢音普頓反。【今注】涌泉：向上直噴的泉水。　奔揚會：涌出的泉水與翻滾的波濤相激而成漩渦。會，水逆流。

　　[18]【顏注】師古曰：礧石，轉石也。礧音盧對反。礚音口蓋反。【今注】礧石相擊琅琅礚礚：流水擊石，眾石相擊發出的聲音。礧石，眾多的石頭。

　　　　"將息獠者，擊靈鼓，起烽燧，[1]車案行，騎就隊，[2]纚乎淫淫，般乎裔裔。[3]於是楚王乃登陽雲之臺，[4]泊乎無爲，澹乎自持，[5]勺藥之和具而後御之。[6]不若大王終日馳騁，曾不下輿，胼割輪焠，自以爲娛。[7]臣竊觀之，齊殆不如。[8]於是王無以應僕也。"

　　[1]【顏注】師古曰：靈鼓，六面擊之，所以警衆也。【今注】將息獠者擊靈鼓起烽燧：將罷獵時，擊六面鼓，使獵物受驚而進入陷阱，以便捕獲。靈鼓，六面鼓。烽燧，火炬。案，燧，白鷺洲本同，大德本、殿本作"爟"。

　　[2]【顏注】師古曰：案，依也。行，列也。隊，部也。行

音胡郎反。隊音大內反（大，白鷺洲本、大德本同，殿本作
"矣"）。【今注】車案行騎就隊：罷獵返回時，車騎按行列排隊，
秩序井然。

　　[3]【顏注】郭璞曰：皆群行貌也。師古曰：纚音屣。般音
盤。【今注】纚乎淫淫般乎裔裔：車騎隊伍絡繹不絕以次漸進。纚，
連續不斷。般，排列。

　　[4]【顏注】孟康曰：雲夢中高唐之臺，宋玉所賦者，言其
高出雲之陽也。

　　[5]【顏注】師古曰：泊、澹，皆安靜意也。泊音步各反。
澹音徒濫反。【今注】泊乎無爲澹乎自持：保持澹泊寧靜的心情，
不爲聲色利祿所動。

　　[6]【顏注】伏儼曰：勺藥以蘭桂調食。文穎曰：五味之和
也。晉灼曰：《南都賦》曰"歸雁鳴鵱，香稻鮮魚，以爲勺藥，
酸恬滋味，百種千名"。文說是也。師古曰：諸家之說皆未當也。
勺藥，藥草名，其根主和五藏，又辟毒氣，故合之於蘭桂五味以
助諸食，因呼五味之和爲勺藥耳。讀賦之士不得其意，妄爲音訓，
以誤後學。今人食馬肝馬腸者，猶合勺藥而羹之，豈非古之遺法
乎？鵱音竹滑反。【今注】勺藥之和具而後御之：所捕的獵物，必
待調和五味後，進呈楚王。勺藥，調和五味。王念孫《讀書雜志·
漢書第十》認爲，勺藥爲適歷之聲轉。義爲均調。具，準備、
置辦。

　　[7]【顏注】師古曰：胏字與臠同。焠音千內反。焠亦搵染
之義耳。言臠割其肉，搵車輪鹽而食之。此蓋以譏上割鮮染輪之
言也。【今注】胏割：把肉割成小塊。　輪焠：把肉放在輪間炙而
食之。焠，燒灼。

　　[8]【顏注】師古曰：殆，近也。【今注】齊殆不如：齊王在
輪間炙肉而食，不如楚王罷獵後而登陽雲之臺，調和五味而後進
食，顯得更雍容澹泊。

　　烏有先生曰："是何言之過也！足下不遠千里，來況齊國，[1]王悉境内之士，備車騎之眾，[2]與使者出田，乃欲戮力致獲，以娛左右也，[3]何名爲夸哉！問楚地之有無者，願聞大國之風烈，先生之餘論也。[4]今足下不稱楚王之德厚，而盛推雲夢以爲驕，奢言淫樂而顯侈靡，竊爲足下不取也。必若所言，固非楚國之美也。有而言之，是章君之惡也；無而言之，是害足下之信也。[5]章君惡，傷私義，[5]二者無一可，而先生行之，必且輕於齊而累於楚矣。[6]且齊東陼鉅海，南有琅邪，[7]觀乎成山，[8]射乎之罘，[9]浮勃澥，[10]游孟諸，[11]邪與肅慎爲鄰，[12]右以湯谷爲界。[13]秋田乎青丘，[14]仿偟乎海外，[15]吞若雲夢者八九，其於匈中曾不蔕芥。[16]若乃俶儻瑰瑋，異方殊類，[17]珍怪鳥獸，萬端鱗崒，[18]充牣其中者，不可勝記，禹不能名，卨不能計。[19]然在諸侯之位，不敢言游戲之樂，苑囿之大；先生又見客，[20]是以王辭不復，[21]何爲無以應哉！"

　　[1]【顏注】師古曰：言有惠賜而來也。　【今注】況：通"貺"。原意爲賜贈，此處指賜教。

　　[2]【顏注】師古曰：悉，盡也。

　　[3]【顏注】師古曰：謙不斥言使者，故指云其左右也。【今注】案，"與使者出田"至"以娛左右"：與使者一同出獵，合力捕獲獵物，戮力致獲，以取悦使者。左右，敬稱。因不願直稱對方，故稱左右。

　　[4]【顏注】張晏曰：願聞先賢之遺談美論也。師古曰：此說非也。先生即謂子虛耳。下又言先生行之，豈先賢也？【今注】風烈：風采與德業。　餘論：識見廣博之論。

　　[5]【今注】案，王先謙《漢書補注》認爲，"有而言之，是章君之惡也"十字當衍。

　　[5]【顏注】師古曰：非楚國之美，是章君惡；害足下之信，是傷私義也。

　　[6]【顏注】師古曰：言楚使者失辭，自爲累重，而於齊無所負擔，故云輕也。累音力瑞反。

　　[7]【顏注】蘇林曰：小洲曰陼（洲，殿本同，白鷺洲本、大德本作"州"）。張揖曰：琅邪，臺名也，在勃海間。師古曰：東陼鉅海，東有大海之渚（渚，白鷺洲本、大德本、殿本作"陼"）。字與渚同也。【今注】東陼鉅海：東以大海爲邊界。陼，通"渚"。水邊。　琅邪：琅琊山。在今山東青島市黃島區南。

　　[8]【顏注】張揖曰：觀，闕也。成山在東萊不夜縣，於其上築宮闕。師古曰：觀音工喚反。【今注】成山：在今山東榮成市東。一作"成山頭"。

　　[9]【顏注】晉灼曰：之罘山在東萊腄縣，射獵其上也。師古曰：腄音直瑞反，又音誰。【今注】之罘：山名。在今山東烟臺市北，三面環海。

　　[10]【顏注】師古曰：勃澥，海別枝也。澥音蟹。【今注】勃澥：渤海。在今山東半島與遼東半島之間，與黃海相通而不屬於黃海。故稱海之別。

　　[11]【顏注】文穎曰：宋之大澤也，故屬齊。【今注】孟諸：澤名。約在今河南商丘市東北。

　　[12]【顏注】郭璞曰：肅慎，國名，在海外也。師古曰：邪讀爲左（左，大德本同，白鷺洲本、殿本作"斜"），謂東北接也。【今注】邪：通"斜"。　肅慎：古國名。在今東北地區。因

山東半島與遼東半島隔海相望，故稱斜與之爲鄰。

　　[13]【顏注】師古曰：湯谷，日所出也。許慎云熱如湯也。
【今注】湯谷：同“暘谷”。爲日出之處。古代天子坐北面南，以
左爲東，以右爲西。但齊爲諸侯國，北面以事天子，故以右爲東。

　　[14]【顏注】服虔曰：青丘國在海東三百里。【今注】青丘：
海島名。指齊國威加海外，非楚國可比。

　　[15]【顏注】師古曰：仿音旁。

　　[16]【顏注】張揖曰：蔕芥，刺鯁也。師古曰：蔕音丑介
反。【今注】蔕芥：果蔕草芥。泛指細小的梗塞之物。比喻齊國即
使吞併雲夢十之八九，胸中也不會有細微的梗塞。極言齊國版圖的
廣大。

　　[17]【顏注】師古曰：儵儻猶非常也。儵音吐歷反。

　　[18]【顏注】師古曰：崒與萃同。萃，集也。如鱗之集，言
其多也。

　　[19]【顏注】張揖曰：禹爲堯司空，辨九州名山，別草木。
高爲堯司徒，敷五教，率萬事。師古曰：言其所有衆多，雖禹、
高之賢聖，不能名而數之也。

　　[20]【顏注】師古曰：見猶至也。言至此國爲客也。若今人
自稱云見顧見眷耳。

　　[21]【顏注】師古曰：復，反也，謂不反報也。

　　亡是公听然而笑曰：[1]“楚則失矣，而齊亦未
爲得也。夫使諸侯納貢者，非爲財幣，所以述職
也；[2]封彊畫界者，非爲守禦，所以禁淫也。[3]今
齊列爲東蕃，[4]而外私肅慎，[5]捐國隃限，越海而
田，[6]其於義固未可也。且二君之論，不務明君臣
之義，正諸侯之禮，徒事爭於游戲之樂，苑囿之

大，欲以奢侈相勝，荒淫相越，此不可以揚名發譽，而適足以尊君自損也。[7]

[1]【顏注】師古曰：听，笑貌也。音齗，又音牛隱反。

[2]【顏注】郭璞曰：諸侯朝於天子曰述職。師古曰：述，循也，謂順行也。

[3]【顏注】郭璞曰：天下有道，守在四夷。立境界者，欲以禁絕淫放耳。師古曰：彊讀曰疆。【今注】封彊畫界者非爲守禦所以禁淫：天子爲諸侯劃定疆界，不僅要求他們守禦領地，還在於限制其過分的欲求。淫，沒有節制的欲求。

[4]【今注】東蕃：周初封建諸侯，以藩屏周。齊爲周朝東方的藩國。

[5]【顏注】郭璞曰：私與通也。

[6]【顏注】師古曰：捐，棄也，謂田於青丘也。【今注】捐國隃限越海而田：放棄自己的領地而越界前往其他諸侯國，渡海前往青丘田獵。

[7]【顏注】師古曰：尃，古貶字。【今注】案，此數句指子虛與烏有二人的辯論，不致力於闡明君臣大義，端正諸侯禮節，反而祇是爭辯游戲的樂趣、苑囿的廣大，以奢侈荒淫相爭勝，這樣不但不能宣揚好國君的名聲，反而貶低國君之德，損壞爲臣之禮。

　　“且夫齊楚之事又烏足道乎！[1]君未覩夫巨麗也，[2]獨不聞天子之上林乎？[3]左蒼梧，右西極，[4]丹水更其南，[5]紫淵徑其北。[6]終始霸產，出入涇渭，[7]酆鎬潦潏，紆餘委蛇，經營其內。[8]蕩蕩乎八川分流，相背異態，[9]東西南北，馳鶩往來，[10]出乎椒丘之闕，[11]行乎州淤之浦，[12]徑乎桂林之中，[13]過乎泱莽之壄，[14]汩乎混流，順阿而下，[15]赴隘陜之口，[16]觸穹石，激堆埼，[17]沸乎暴怒，[18]洶涌彭湃，[19]滭弗宓汩，[20]偪側泌瀄，[21]橫流逆折，[22]轉騰潎洌，[23]滂濞沆溉，[24]穹隆雲橈，[25]宛潬膠盭，[26]踰波趨浥，㳠㳠下瀨，[27]批巖衝擁，奔揚滯沛，[28]臨坻注壑，瀺灂霣隊，[29]沈沈隱隱，[30]砰磅訇礚，[31]潏潏淈淈，湁潗鼎沸，[32]馳波跳沫，汩急漂疾，[33]悠遠長懷，寂漻無聲，[34]肆乎永歸。然後灝溔潢漾，[35]安翔徐佪，[36]翯乎滈滈，[37]東注大湖，[38]衍溢陂池。[39]於是蛟龍赤螭，[40]䱻䲛漸離，[41]鰅鰫鰬魠，[42]禺禺魼鰨，[43]捷鰭掉尾，振鱗奮翼，[44]潛處乎深巖。[45]魚鱉讙聲，萬物眾夥。[46]明月珠子，的皪江靡，[47]蜀石黃碝，水玉磊砢，[48]磷磷爛爛，采色澔汗，[49]叢積乎其中。[50]鴻鸕鵁鸕，駕鵝屬玉，[51]交精旋目，[52]煩鶩庸渠，[53]箴疵鵁盧，[54]群浮乎其上。汎淫氾濫，隨風澹淡，[55]與波搖蕩，奄薄水陼，[56]唼喋菁藻，[57]咀嚼菱藕。[57]

[1]【顏注】師古曰：烏，於何也。道，言也。【今注】案，以下爲《上林賦》。

[2]【顏注】師古曰：巨，大也。麗，美也。【今注】巨麗：極其美好。

[3]【今注】上林：漢代苑囿名。即上林苑。故址在今陝西西安市鄠邑區、周至縣界。苑內有離宮、別館，供皇帝游獵。

[4]【顏注】文穎曰：蒼梧郡屬交州，在長安東南，故言左。

《爾雅》曰西至于豳國爲西極，在長安西，故言右也。【今注】蒼梧：九疑山。在今湖南寧遠縣南。傳說舜死後葬此。　西極：周文王所居之邠。高步瀛引吳汝倫説，蒼梧、西極爲上林苑中假山、溝渠。以象徵蒼梧山、邠水。

[5]【顏注】應劭曰：丹水出上洛冢領山，東南至析縣入鈞水。師古曰：更，歷也，音工衡反。【今注】丹水：發源於今陝西商洛市商州區西北冢嶺山，東南流入河南，從湖北入漢水。

[6]【顏注】文穎曰：西河穀羅縣有紫澤，在縣西北，於長安爲在北也。

[7]【顏注】師古曰：霸水出藍田谷，西北而入渭。産水亦出藍田谷，北至霸陵入霸。二水終始盡於苑中，不復出也。涇水出安定涇陽開頭山，東至陽陵入渭。渭水出隴西首陽縣鳥鼠同穴山，東北至華陰入河。從苑外來，又出苑去也。開音牽，又音口見反。【今注】霸：灞水。源出今陝西藍田縣灞源鎮，流經西安市東北，過灞橋向西北合滻水，注入渭水。　産：滻水。源出今陝西藍田縣秦嶺山中，流經西安市東北，合灞水注入渭水。　涇：涇水。源出今甘肅平涼市，東南流經陝西涇陽縣東南入渭水。　渭：渭水。源出今甘肅渭源縣鳥鼠山，向東穿過陝西關中平原，在潼關注入黃河。

[8]【顏注】應劭曰：潦，流也。潏，涌出聲也。張揖曰：豐水出鄠南山豐谷，北入渭。鎬在昆明池北。潦，行潦也。又有潏水，出南山。晉灼曰：下言八川，計從丹水以下至潏，除潦爲行潦，凡九川。從霸産以下，爲數凡七川。潏音決。潏，水涌出聲也。除潦潏下爲水，餘適八，下言經營其内，於數則計其外者矣。師古曰：應、晉二説皆非也。張言潦爲行潦，又失之。潦音牢，亦水名也（白鷺洲本、大德本同，殿本無“亦”字），出鄠縣西南山潦谷，而北流入于渭。上言左蒼梧，右西極，丹水更其南，紫泉徑其北。皆謂苑外耳。丹水、紫泉非八川數也。霸、産、

涇、渭、豐、鎬、潦、潏，是爲八川。言經營其內，信則然矣。潏，晉音是也（殿本無"潏，晉音是也"一句）。《地里志》鄠縣有潏水，北過上林苑入渭，而今之鄠縣則無此水。許慎云"潏水在京兆杜陵"，此即今所謂沈水，從皇子陂西北流經昆明池入渭者也。蓋爲字或作水旁穴，與沈字相似，俗人因名沈水乎？將鄠縣潏水今則改名，人不識也？但八川之義，實在於斯耳。【今注】鄷：鄷水。源出秦嶺豐峪，經今陝西西安市西，至咸陽市東南，流入渭水。又作"灃水"。　鎬：鎬水。源出秦嶺北麓石砭峪，流經鎬池遺址，向北注入渭河。又作"滈水"。　潦：潦水。源出今陝西西安市鄠邑區南牛首山澇谷，經今咸陽市西南注入渭河。又作"澇水"。　潏：潏水。源出秦嶺，自今陝西西安市南注入灃水。紆餘委蛇：綿延曲折。

[9]【顏注】郭璞曰：變態不同也。【今注】蕩蕩乎八川分流相背異態：上文所說的滻、灞、渭、涇、灃、潦（澇）、潏、滈長安八水，寬廣遼闊。相背異態，東滻灞、北涇渭、西灃澇、南潏滈，兩兩相對，形態各異。

[10]【顏注】郭璞曰：言更相錯涉也。師古曰：來音盧代反。

[11]【顏注】服虔曰：丘名也，兩山俱起，象雙闕者。【今注】椒丘：高大的土山。也作"椒阿"。椒，山巔。　闕：古代都城的城門或宮門以及祠廟、陵墓前兩個高大方形臺，中間有闕口，上有樓觀，又稱爲門闕。形容兩山相對，如同高闕。

[12]【顏注】師古曰：水中可居者曰州。淤，漫也。浦，水涯也。淤音於庶反。【今注】案，此二句指上文所說八水流經州淤和高山之間。

[13]【顏注】如淳曰：桂樹之林也。

[14]【顏注】張揖曰：《山海經》所謂"大荒之野"也。師古曰：凡言此者，著水流之長遠也。泱音烏朗反。【今注】泱莽：廣大無邊。

[15]【顏注】師古曰：汩，疾貌也。混流，豐流也。曲陵曰阿。汩音于筆反。混音下本反。【今注】汩（gǔ）乎混流順阿而下：水勢迅疾猛烈，順着山坡而下。阿，大的土山。

[16]【顏注】師古曰：兩岸間相迫近者也。隘音於懈反。陜音狹。【今注】隘陜：山勢陡峭，河流狹窄。

[17]【顏注】張揖曰：穹石，大石也。埼，曲岸頭也。師古曰：堆，高阜也，音丁回反。埼音巨依反。【今注】觸穹石激堆埼：水流湍急，衝擊着岸邊的大石和彎曲的河岸。

[18]【顏注】郭璞曰：沸，水聲也，音拂。【今注】沸乎暴怒：水流聲音很大，如同發怒一般。

[19]【顏注】師古曰：洶涌，跳起也。彭湃，相戾也。洶音許勇反。湃音普拜反。

[20]【顏注】蘇林曰：潷音畢。宓音密。師古曰：潷弗，盛貌也。宓汩，去疾也。汩音于筆反。【今注】潷（bì）弗宓（yù）汩：因河道狹窄，水流迅疾。潷弗，水流噴涌的樣子。弗，通"沸"。宓汩，水流迅疾的樣子。

[21]【顏注】郭璞曰：泌㴆音筆櫛。師古曰：偪側，相逼也。泌㴆相楔也。偪字與逼同。楔音先結反。【今注】偪側泌㴆：水流湍急，衝擊河岸。偪側，迫近。偪，通"逼"。泌㴆，水流急速衝擊發出的聲音。

[22]【今注】橫流：水流速度太快，以至向兩側溢出河岸。
逆折：水流回旋，形成漩渦。

[23]【顏注】孟康曰：轉騰，相過也。潎洌，相撇也。師古曰：撇音匹列反。洌音列。撇又音普結反。【今注】轉騰：波浪回轉飛騰。　潎洌：波濤洶涌，互相撞擊發出的聲音。

[24]【顏注】郭璞曰：滂音旁。濞匹秘反。溉音胡慨反。皆水流聲貌。師古曰：沆音胡朗反。【今注】滂濞沆溉：波濤起伏不平。滂濞，通"澎湃"。

［25］【顏注】師古曰：橈，曲也。言水急旋回，如雲之屈曲也。橈音女教反。【今注】穹隆雲橈：水勢起伏旋轉，如雲朵屈曲的樣子。穹隆，中間隆起、四周下垂的樣子。橈，《史記》卷一一七《司馬相如列傳》作“撓”。

［26］【顏注】郭璞曰：憤薄相繆也。師古曰：宛音婉。潭音善。螯，古戾字。【今注】宛潭膠螯：水勢婉埏曲折。宛潭，通“蜿蜒”。膠螯，彎曲環繞。宛潭，《史記‧司馬相如列傳》作“蜿壇”。

［27］【顏注】郭璞曰：踰，躍也。洿，宨陷也。涖涖，聲也。師古曰：洿音於俠反。涖音利。瀨，疾流也。【今注】踰波：後浪追趕越過前浪。　趨洿：水往低處流。　涖涖：流水的聲音。瀨：在沙石間形成的急流。

［28］【顏注】師古曰：批，反擊也。擁，曲隈也。言水觸批巖崖而衝隈曲，則奔楊而滯沛然也。批音步結反。滯音丑制反。沛音普蓋反。【今注】批巖：擊打河邊兩岸的石崖。　衝擁：衝擊兩岸的堤防。　奔揚滯沛：水勢奔騰飛揚。滯沛，水流衝破阻礙沛然直下的樣子。

［29］【顏注】師古曰：坻謂水中隆高處也。《秦風‧終南之詩》曰“宛，在水中坻”。坻音遲，瀺音士咸反。澬音才弱反，又音仕角反。霣即隕字。隊音直類反。【今注】案，此二句指水流入平坦地區，水勢漸緩，或流向岸邊的沙灘，或注入溝池，發出細小的聲音。坻，水中的小塊沙灘或陸地。壑，河溝。瀺澬，較小的水聲。霣隊，墜落。霣，同“隕”。隊，同“墜”。

［30］【今注】沈沈隱隱：水深不可測。

［31］【顏注】師古曰：砰音普冰反。磅音普萌反。訇音呼宏反。磕音口蓋反。皆水流鼓怒之聲也。【今注】砰（pēng）磅（bàng）訇（hōng）磕（kē）：水流激蕩發出的聲音。

［32］【顏注】郭璞曰：皆水微轉細涌貌也。漚音骨。滑音勑

立反。師古曰：潏音決。潗音子入反。言水之流如囊鼎沸也。【今注】潏（yù）潏涹（gǔ）涹：水流緩慢的樣子。 湆（chì）潗（jí）鼎沸：水流細微涌動的樣子。

[33]【顏注】晉灼曰：瀄音華給反。郭璞曰：瀄音許立反。師古曰：言水波急馳而白沫跳起，汩瀄然也。汩音于筆反。瀄，晉、郭二音皆通。漂匹姚反（殿本同，白鷺洲本、大德本"匹"前有"音"字；姚，大德本同，殿本作"遙"，白鷺洲本作"妙"）。【今注】案，此二句指水流從平坦處入湖，水位驟降，激起波濤，涌起白沫，流勢加快。馳波跳沫，水流落差過大，激起泡沫。汩瀄漂疾，水勢迅疾猛烈。漂，同"剽"。

[34]【顏注】郭璞曰：懷亦歸，變文耳。漻音聊。師古曰：言長流安靜。【今注】悠遠長懷寂漻無聲：指八川之水遠遠流去，長歸湖中，一去不返。懷，同"歸"。寂漻，同"寂寥"。寂靜無聲。

[35]【顏注】郭璞曰：皆水無涯際貌。師古曰：灝音浩。溔音弋少反。潢音胡廣反。漾音弋丈反。肆，放也。言水放流而長歸也。【今注】肆乎永歸：水流安靜地歸入湖中。 灝（hào）溔（yǎo）潢漾：湖水無邊無際的樣子。

[36]【顏注】郭璞曰：言運轉也。【今注】安翔徐佪：原指鳥緩慢盤旋飛行。此處指水流緩慢回旋。

[37]【顏注】郭璞曰：水白光貌也。師古曰：翯音胡角反。滈音鎬。【今注】翯乎滈滈：水面反射太陽光而發出白光。翯，鳥羽毛白而有光澤。

[38]【顏注】郭璞曰：大湖在吳縣，《尚書》所謂震澤也。【今注】大湖：泛指關中的大湖。

[39]【顏注】郭璞曰：言溢溢而出也。陂池，江旁小水。【今注】衍溢陂池：水流入大湖，又溢出流入其他池塘中。陂，池塘。

［40］【顔注】文穎曰：龍子爲螭。張揖曰：赤螭，雌龍也。如淳曰：螭，山神也，獸形。師古曰：許慎云“离，山神也”，字則單作，螭形若龍，字乃從虫。此作螭，别是一物，既非山神，又非雌龍、龍子，三家之説皆失之。虫音許尾反。【今注】蛟龍：龍屬，有鱗，千年而爲龍。　螭：龍之子，無角。

［41］【顔注】李奇曰：周洛曰鮪，蜀曰䱭䲛，出鞏山穴中，三月遡河上，能度龍門之限，則得爲龍矣。漸離，未聞。師古曰：䱭音工鄧反。䲛音莫鄧反。【今注】䱭（gèng）䲛（mèng）：鮪魚。《史記·司馬相如列傳》張守節《正義》引李奇説，周洛曰鮪，蜀曰䱭䲛。指鱘魚。　漸離：《史記·司馬相如列傳》作“螹離”。

［42］【顔注】如淳曰：鰅音顒。鰬音乾。魠音託。郭璞曰：鰫音常容反（殿本無“鰫音常容反”一句）。鰅魚有文采。鰫似鰱而黑。鰬似鱓。魠，鰄也，一名黄頰。師古曰：鰅，如音是也。鰫、鰬、魠，郭説是也。鱓音善。鰄音咸。【今注】鰅：一种外表有斑紋的魚。　鰫：鰫，花鰱魚。俗稱胖頭魚。　鰬（qián）：鮎魚。　魠：口大的魚。

［43］【顔注】如淳曰：鱋音去魚反。晉灼曰：鰨音奴榻反。郭璞曰：禺禺魚皮有毛，黄地黑文。鱋，比目魚也，狀似牛脾，細鱗紫色，兩相合乃得行。鰨，鯢魚也，似鮎，有四足，聲如嬰兒。師古曰：禺音隅，又音顒。鯢音五奚反。鮎音乃兼反。【今注】禺禺：《文選》司馬相如《上林賦》：“禺禺鱋魶。”郭璞注：“禺禺，魚。皮有毛，黄地黑文，禺，音顒。”　鱋：比目魚。　鰨：大鯢，有四足，叫聲如嬰兒。俗稱“娃娃魚”。《史記·司馬相如列傳》作“鱋魶”。

［44］【顔注】師古曰：揵，舉也。鰭，魚背上鬣也。掉，揺也。揵音鉅言反。掉音徒釣反。【今注】揵鰭掉尾：揚起背鰭，揺擺魚尾。　振鱗奮翼：張開鱗甲，擺動魚鰭。翼，魚腮旁邊的

兩鰭。

　　〔45〕【顏注】郭璞曰：隱岸底也。【今注】深巖：水底的巖穴。

　　〔46〕【顏注】師古曰：讙，譁也。夥，多也。讙音許元反。夥音下果反。【今注】衆夥：衆多。

　　〔47〕【顏注】應劭曰：明月珠子生於江中，其光耀乃照於江邊也。師古曰：皪音歷。的皪，光貌也。江靡，江邊靡迤之處也。迤音弋爾反。【今注】明月珠子：沈欽韓《漢書疏證》認爲，明月指海月，海中所産一種圓而白的貝殼，常用於鑲嵌門窗。珠子指蚌，可産珍珠。　的皪：光彩明亮。　江靡：江邊。靡，通“湄”。

　　〔48〕【顏注】張揖曰：蜀石，石次玉者也。郭璞曰：硬石黄色。水玉，水精也。師古曰：硬音如兗反。磊音洛賄反。砢音洛可反，又音可。【今注】磊砢：石頭累積的樣子。

　　〔49〕【顏注】郭璞曰：皆玉石符采映曜也。師古曰：磷音吝。灝音浩。【今注】磷磷爛爛：奇石珍玉在水中映出閃明的光采。采色灝汗：潔白光明。

　　〔50〕【今注】叢積：聚集。

　　〔51〕【顏注】張揖曰：鴻，大鳥也。郭璞曰：鸕，鸕鶿也。鴇似鴈而無後指。屬玉似鴨而大，長頸赤目，紫紺色。鸕音肅。鴇音保。師古曰：鴻，古鴻字也。鴇即今俗呼爲獨豹者也。豹者，鴇聲之訛耳。駕音加。屬音之欲反。鷫音霜。【今注】鴻：鳥名。即大雁。　鸕：鳥名。即鸕鶿。雁的一種，長頸，羽毛爲綠色，可製裘。　鵠：鳥名。即天鵝。　鴇：鳥名。似雁而略大。頭小頸長，無後趾。背部羽毛有斑紋。不善飛翔而善涉水。　駕鵝：鳥名。野鵝。

　　〔52〕【顏注】郭璞曰：交精似鳧而腳高，有毛冠，辟火災。旋目，未聞也。師古曰：今荆郢間有水鳥，大於鷺而短尾，其色紅白。深目，目旁毛皆長而旋，此其旋目乎？【今注】交精：《史記·司馬相如列傳》作“鵁鶄”。　旋目：王先謙《漢書補注》據

《禽經》以爲旋目其名鸇，方目其名鳩，交目其名鴟。《史記·司馬相如列傳》作"鸇目"。

[53]【顏注】郭璞曰：煩鶩，鴨屬也。庸渠似鳧，灰色而雞腳，一名章渠。鶩音木。師古曰：庸渠，即今之水雞也。【今注】煩鶩：《史記·司馬相如列傳》裴駰《集解》引徐廣説，一作"番鶩"。王先謙《漢書補注》認爲即劉欣《交州記》所載出九真、交趾的鶩鸓。　庸渠：沈欽韓《漢書疏證》認爲，庸渠即《山海經·西山經》所載"鸇渠"，又名"樟雞"。《史記·司馬相如列傳》作"鸇鶏"。

[54]【顏注】張揖曰：箴疵似魚虎而蒼黑色。鵁，鸕頭鳥也。盧，白雉也。郭璞曰：盧，盧鷀也。箴音針。師古曰：盧，郭説是也。白雉不浮水上。疵音貲。鵁音火交反。鸕音鳥了反。鷀音慈也。【今注】箴疵鵁盧：《史記·司馬相如列傳》作"鸕鶄鵁鸕"。

[55]【顏注】郭璞曰：皆鳥任風波自縱漂貌（縱，白鷺洲本、大德本同，殿本作"潕"）。師古曰：汎音馮。氾音敷劍反。澹大覽反（白鷺洲本、大德本、殿本"大"前有"音"字）。淡音琰。【今注】案，此二句指水鳥在水面上漂游沉浮，水面隨風泛起波紋，水鳥隨波而摇動。汎淫氾濫，水鳥浮游不定。隨風澹淡，水面隨風波動。

[56]【顏注】張揖曰：奄，覆也。草叢生曰薄。郭璞曰：薄猶集也。師古曰：薄，郭説是也。言奄集渚上而遊戲。【今注】奄薄水渚（zhǔ）：水鳥停泊在水中的陸地上。渚，通"渚"。水中小塊的陸地。

[57]【顏注】張揖曰：菱，芰也。郭璞曰：菁，水草。藻，聚藻也。師古曰：唼喋，銜食也。唼音所甲反。喋音文甲反（文，白鷺洲本同，大德本、殿本作"丈"）。咀音才汝反。嚼音才削反。【今注】唼（shà）喋（zhá）：水鳥啄食的聲音。　菱藕：菱

角和蓮藕。

　　"於是乎崇山矗矗，巃嵸崔巍，^[1]深林巨木，嶄巖參差。^[2]九嵏巀嶭，南山峩峩，^[3]巖陁甗錡，榷崒崛崎，^[4]振溪通谷，騫產溝瀆，^[5]谽呀豁閜，阜陵別隝，^[6]崴磈嵬廆，丘虛堀礨，^[7]隱轔鬱壘，登降施靡，^[8]陂池貏豸。^[9]沇溶淫鬻，^[10]散渙夷陸，^[11]亭皋千里，靡不被築。^[12]揜以綠蕙，^[13]被以江離，糅以蘪蕪，雜以留夷。^[14]布結縷，^[15]攢戾莎，^[16]揭車衡蘭，^[17]稾本射干，^[18]茈薑蘘荷，^[19]葴持若蓀，^[20]鮮支黃礫，^[21]蔣芧青薠，^[22]布濩閎澤，^[23]延曼大原，^[24]離靡廣衍，^[25]應風披靡，吐芳揚烈，^[26]郁郁菲菲，眾香發越，^[27]肸蠁布寫，晻薆咇茀。^[28]

　　[1]【顏注】郭璞曰：皆高峻貌也。巃音籠。嵸音才總反。崔音摧。巍音五回反。師古曰：嵸音總。【今注】崇山矗矗巃嵸崔巍：山勢高峻。王念孫《讀書雜志·漢書第十》認爲，《史記》卷一一七《司馬相如列傳》、《文選·西都賦》注引均無"矗矗"，《漢書》注亦不注此二字，《史記·司馬相如列傳》"崔巍"後有"嵯峨"二字，故此二句當作"崇山巃嵸，崔巍嵯峨"。

　　[2]【顏注】師古曰：嶄巖，尖銳貌。參差，不齊也。嶄音士銜反。參音楚林反。差音楚宜反。【今注】嶄巖參差：高峻的山崖高低不齊。

　　[3]【顏注】師古曰：九嵏山今在醴泉縣界。巀嶭山即今所謂嵯峩山也，在三原縣西也。南山，終南山也。峩峩，高貌。嵏音子公反，又音總。巀音截。嶭音囓。巀嶭又音在割、五割反。

戠音娀。【今注】九嵏：山名。在今陝西禮泉縣東北。由九座山峰聚集而成，故名。 巀嶭：高峻。

[4]【顏注】張揖曰：榷婁，高貌。崛崎，斗絕也。蘇林曰：榷音磧水反。婁音卒鄙反。郭璞曰：阤，岸際也，音豸。甗錡，隆屈窊折貌。甗音魚晚反。錡音蟻。崛音掘。崎音倚。榷音作罪反。婁字作委。師古曰：蘇、郭兩説並通。郭音作罪反，又音將水反。【今注】巖阤：山巖傾斜而下。 甗（yǎn）錡（qí）：山形上大下小，如同甗錡，難以攀登。甗，古代銅或陶製的炊器。分上下兩層，上大下小，中間有箅子。錡，三足釜。 榷婁崛崎：山勢陡峭險峻。

[5]【顏注】張揖曰：振，拔也。水注川曰溪，注溪曰谷。蹇産，屈折也。郭璞曰：自溪及瀆，皆水相通注也。【今注】振溪通谷：山巖收斂溪水注入山谷。振，同“收”。溪，《史記·司馬相如列傳》作“谿”。 蹇産溝瀆：流淌在山間的溪谷蜿蜒曲折。蹇産，曲折。

[6]【顏注】郭璞曰：谽呀豁閜，澗谷之形容也。隖，水中山也。谽音呼含反。呀音呼加反。閜音呼下反。隖音橋。師古曰：大阜曰陵，言阜陵居在水中，各別爲隖也。豁音呼活反。【今注】谽（hān）呀豁閜：形容山谷廣大而空闊。谽呀，通“谽谺（xiā）”。 阜陵別隖：崇山峻嶺之外遍布大小丘陵和島嶼。別隖，丘陵在水中，成爲分離的島嶼。隖，通“島”。

[7]【顏注】郭璞曰：皆其形埶也。崴音於鬼反。磈音魚鬼反。崣音惡罪反。廆音瘣。虚音墟。堀音窟。礨音磊。師古曰：磈又音於虺反。廆音胡賄反。【今注】崴（wēi）磈（kuǐ）：山勢險峻高低不平。 崣（wěi）廆（huì）：山勢高峻綿長的樣子。廆，《史記·司馬相如列傳》作“瘣”。 丘虚堀（kū）礨（lěi）：山陵起伏不平。此二句指山勢由高峻的山峰蜿蜒下降至較低的丘陵。堀，《史記·司馬相如列傳》作“崛”。礨，《史記·司馬相如列

傳》作“蠱”。

[8]【顏注】郭璞曰：隱轔鬱壘，堆壟不平貌。轔音洛盡反。師古曰：壘音律。施音弋爾反。施靡，猶連延也。【今注】隱轔（lín）鬱壘（lǜ）：山勢高峻不平。 登降施靡：山勢有高有低，延綿傾斜。施靡，又作“陁靡”。

[9]【顏注】郭璞曰：陂池，旁穨貌也。陂音皮。貏音衣被之被。師古曰：陂又音彼奇反。貏又音彼。【今注】陂池貏豸：山勢傾斜延長，漸漸低平。陂池，同“陂陁”“陂陀”，傾斜。貏（bǐ）豸（zhì），山勢漸漸低平。

[10]【顏注】張揖曰：水流溪谷之間也。師古曰：溶音容。𩵱音育。【今注】允溶淫𩵱：水勢盛大，激蕩涌動。𩵱，同“育”。養育。充，《史記·司馬相如列傳》作“沇”。

[11]【顏注】師古曰：散渙，分散而渙然也。《易》曰“風行水上，渙”。夷，平也。廣平曰陸。【今注】散渙夷陸：水在地勢平坦的地方四散流動。

[12]【顏注】師古曰：爲亭候於皋隰之中，千里相接，皆築令平也。被音皮義反。【今注】亭皋千里靡不被築：水邊的平地，都經過人工修築。亭，平。皋，水邊地。

[13]【顏注】張揖曰：掩，覆也。綠，王芻也。蕙，薰草也。師古曰：綠蕙，言蕙草色綠耳，非王芻也。

[14]【顏注】張揖曰：留夷，新夷也。師古曰：留夷，香草也，非新夷。新夷乃樹耳。【今注】留夷：香草名。一説即芍藥。

[15]【顏注】師古曰：結縷蔓生，著地之處皆生細根，如綫相結，故名結縷，今俗呼鼓箏草。兩幼童對銜之，手鼓中央，則聲如箏也，因以名云。【今注】布：《史記·司馬相如列傳》作“尃”。即古“布”字。

[16]【顏注】師古曰：攢，聚也。戾莎，言莎草相交戾也。攢音材官反。【今注】戾莎：王先主謙《漢書補注》認爲，《説文》

"菮"下云"草也，也染留黄"。《廣雅》"留黄，緑也"。"菮"亦作"庆"。此言莎草濃緑，以庆狀其色曰庆莎，如同緑莎。

[17]【顔注】應劭曰：揭車一名芑輿，香草也。師古曰：揭音巨列反。芑音乞。【今注】揭車：王先謙《漢書補注》引《爾雅·釋草》作"藒車，芞輿"。又據《齊民要術》，此草可辟蛀蟲。

[18]【顔注】師古曰：槀本（槀，白鷺洲本、大德本同，殿本作"槁"），草類白芷，根似芎藭。射干，即烏扇耳。射音弋舍反。【今注】案，槀本、射干，皆香草。王先謙《漢書補注》引《後漢書》卷二八下《馮衍傳》注"射干，烏翼也"。槀，白鷺洲本、大德本同，殿本作"槁"。

[19]【顔注】如淳曰：茈薑，薑上齊也。師古曰：薑之息生者，連其株本，則紫色也。蘘荷，蕁苴也（苴，大德本同，白鷺洲本、殿本作"蔓"），根旁生笋，可以爲菹（菹，大德本同，白鷺洲本、殿本作"藥"），又治蠱毒。茈音紫。蘘音人羊反。【今注】茈薑：紫薑、嫩薑。 蘘荷：據沈欽韓《漢書疏證》説，此草其根可以爲菹，亦可爲藥，可治蠱毒。

[20]【顔注】如淳曰：葴音鍼。張揖曰：葴持，闕。若，杜若也。葴，香草也。師古曰：葴，寒漿也。持當爲苻，字之誤耳。苻，鬼目也。杜若，苗頗類薑，而爲樧葉之狀。今流俗書本持字或作橙，非也。後人妄改耳。其下乃言黄甘橙榛，此無橙也。葴音之林反。葴音孫。【今注】葴持：王先謙《漢書補注》認爲葴、蘵爲一物，葴持即葴蘵。箴疵、鶏盧爲一物。明人焦竑《焦氏筆乘》卷四認爲，葴即馬藍。又作"寒將"，即蒹蔣。葴持，《史記·司馬相如列傳》作"葴橙"。

[21]【顔注】師古曰：鮮支，即今支子樹也。黄碟，今用染者黄屑之木也。二者雖非草類，既云延曼大原（大，白鷺洲本同，大德本、殿本作"太"），或者賦雜言之耳。【今注】鮮支：沈欽韓《漢書疏證》認爲，即燕支。又引《古今注》燕支葉似薊，花

如蒲公英，以染粉爲面色，以染紅色，稱爲燕支粉。又謂之紅藍。

　　黃礫：李慈銘《漢書札記》認爲，此賦皆載草名，故黃礫當爲一草，"礫"當作"茦"。黃茦以染黃色。

　　[22]【顏注】張揖曰：蔣，蓏也。芧，三稜也。郭璞曰：芧音杼。師古曰：蔣音將。芧丈與反（丈，白鷺洲本作"音丈"，大德本、殿本作"音文"）。【今注】蔣芧青薠：蔣，菰蒲草。芧，同"苧"。葉似莎草，莖三棱，生於水邊和淺水中。可以編繩。

　　[23]【顏注】郭璞曰：布濩猶布露也。師古曰：閡亦大也。濩音護。延弋戰反（白鷺洲本、大德本、殿本"弋"前有"音"字）。【今注】布濩閡澤：王先謙《漢書補注》認爲，此指草遍布於大澤之中。布濩，遍布。

　　[24]【今注】延曼大原：草木在廣闊的平原上綿延伸展，大原，廣闊的平原。

　　[25]【顏注】師古曰：離靡，謂相連不絕也。衍，布也。離力爾反（白鷺洲本、大德本、殿本"力"前有"音"字）。【今注】離靡廣衍：連綿不絕的平坦岸邊。

　　[26]【顏注】師古曰：烈，酷烈之氣也。披丕蟻反（白鷺洲本、大德本、殿本"丕"前有"音"字；蟻，大德本同，白鷺洲本、殿本作"儀"）。

　　[27]【顏注】郭璞曰：香氣射散也。菲音妃。【今注】菲菲：《史記·司馬相如列傳》作"斐斐"。

　　[28]【顏注】師古曰：肸蠁，盛作也。寫，吐也。晻薆咇莂，皆芳香意也。肸音許乙反。蠁音響。晻（白鷺洲本、大德本、殿本"晻"後有"音奄"二字），又烏感反（白鷺洲本、大德本、殿本"烏"前有"音"字）。薆音愛。咇音步必反。莂音勃。薆字或作隱也。【今注】肸蠁布寫晻薆咇莂：王先謙《漢書補注》認爲，肸指聲嚮散布。蠁，知聲蟲，對聲音非常敏銳，能令人不迷。形容香氣四散，沁入人心。晻薆咇莂，《史記·司馬相如列傳》作

"晻曖苾勃"。

  "於是乎周覽氾觀，[1]繽紛軋芴，[2]芒芒怳忽，[3]視之無端，察之無涯。[4]日出東沼，入虖西陂。[5]其南則隆冬生長，涌水躍波；[6]其獸則庸旄獏犛，沈牛塵麋，[7]赤首圜題，窮奇象犀。[8]其北則盛夏含凍裂地，涉冰揭河；[9]其獸則麒麟角端，騊駼橐駝，[10]蛩蛩驒騱，駃騠驢驘。[11]

  [1]【顏注】師古曰：氾，普也，音敷劍反。

  [2]【顏注】孟康曰：繽紛，眾盛也。軋芴，緻密也。師古曰：繽丑人反（丑人，大德本同，白鷺洲本、殿本作"爭忍"；白鷺洲本、大德本、殿本"丑"前有"音"字）。軋於黠反（白鷺洲本、大德本、殿本"於"前有"音"字）。芴音勿。【今注】繽紛軋芴：《史記》卷一一七《司馬相如列傳》作"瞋盼軋沕"。形容不可區分的樣子。芴，同"忽"。

  [3]【顏注】郭璞曰：言眼亂也。師古曰：芒莫郎反（白鷺洲本、大德本、殿本"莫"前有"音"字）。

  [4]【顏注】師古曰：涯，畔也，音儀。

  [5]【顏注】張揖曰：朝出苑之東池，莫入於苑西陂中也。【今注】案，王先謙《漢書補注》據《文選》引《漢宮殿簿》長安有西陂池、東陂池。

  [6]【顏注】師古曰：言其土地氣溫，經冬草木不死，水不凍。【今注】案，王先謙《漢書補注》據《文選》注引張揖説，上林苑南陽暖，冬十月，草木仍能生長。

  [7]【顏注】張揖曰：旄，旄牛，其狀如牛而四節毛。犛牛黑色，出西南徼外。沈牛，水牛也，能沈沒水中。麈似鹿而大。

郭璞曰：庸牛，領有肉堆。貘似熊，庳脚銳䰁，骨無髓，食銅鐵。貘音貊，犛音貍。師古曰：庸牛即今之犎牛也。旄牛即今所謂偏牛者也。犛牛即今之貓牛者也。犛牛又音茅。麈音主。【今注】案，王先謙《漢書補注》認爲，庸，當作「犪」。一種領肉隆起的野牛。又名「封牛」。《史記·司馬相如列傳》作「犕」。　貘：似熊而黃黑色，出蜀中。傳説能食銅鐵。形狀習性似大熊猫。　麈：成年的麋鹿。《司馬相如集校注》以爲魏晉時清談之士常以其尾爲拂塵（上海古籍出版社1993年版，第51頁）。

[8]【顔注】張揖曰：題，額也。窮奇狀如牛而蝟毛，其音如嗥狗，食人。師古曰：象，大獸也，長鼻，牙長一丈。犀頭似豬，一角在鼻，一角在額前。【今注】赤首：案，《山海經·東山經》有「赤首鼠目」之猲狙，《中山經》有「白身赤首」之蜚，不詳。　圜題：王先謙《漢書補注》認爲，「題」當是「踶」之誤，同「蹄」。指麒麟。

[9]【顔注】師古曰：言其土地氣寒，當暑凝凍，地爲之裂，故涉冰而渡河也。揭，褰衣也。《詩·邶風·匏有苦葉》之篇曰「深則厲，淺則揭」，揭音丘例反。【今注】案，此二句指上林苑之北雖盛暑時地亦爲之凍裂，極言其廣大。涉，步行過河。揭，掀起衣服。

[10]【顔注】張揖曰：雄曰麒，雌曰麟，其狀麋身牛尾，狼題一角，角端似牛，其角可以爲弓。郭璞曰：麒似麟而無角，角端似豬，角在鼻上，中作弓。師古曰：麒麟角端，郭説是也。橐駝者，言其可負橐囊而駝物，故以名云。【今注】案，《史記·司馬相如列傳》「端」作「䗶」。沈欽韓《漢書疏證》引《宋史·符瑞志》認爲，角端日行一萬八千里，通曉四方語言，如遇明君在上，則奉書而至。或即「獬豸」。

[11]【顔注】郭璞曰：駏驉，駏驢類也。駃騠生三日而超其母。駏音遽。驉音虛。駃音決。騠音提。【今注】駏驉：即駒驉。

一種野馬。

　　"於是乎離宮別館，彌山跨谷，[1]高廊四注，重坐曲閣，[2]華榱璧璫，輦道纚屬，[3]步櫩周流，長途中宿。[4]夷嵕築堂，絫臺增成，[5]巖突洞房。[6]頫杳眇而無見，仰攀橑而捫天，[7]奔星更於閨闥，宛虹拖於楯軒。[8]青龍蚴蟉於東箱，象輿婉僤於西清，[9]靈圉燕於閒館，[10]偓佺之倫暴於南榮，[11]醴泉涌於清室，通川過於中庭。[12]磐石裖崖，[13]嶔巖倚傾，[14]嵯峨嶵嵷，刻削崢嶸，[16]玫瑰碧琳，[16]珊瑚叢生，[17]珉玉旁唐，玢豳文磷，[18]赤瑕駁犖，雜臿其間，[19]晁采琬琰，和氏出焉。[20]

　　[1]【顏注】師古曰：彌，滿也。跨猶騎也。【今注】跨谷：上林苑中溪谷以橋梁走廊跨越，使各處離宮別館相連。

　　[2]【顏注】師古曰：廊，堂下四周屋也。重坐，謂增室也。曲閣，閣之屈曲相連者也。【今注】高廊四注：長廊相連，四周環繞。廊，堂下四周所建的通道，有頂無墙而有圍欄。　重坐曲閣：王先謙《漢書補注》認爲，指長廊自高而下，地勢重疊，窗檻參差。《司馬相如集校注》據《文選注》引司馬彪説，指廊廡上級下級皆可坐人，故稱重坐（第53頁）。

　　[3]【顏注】師古曰：榱，椽也。華謂彫畫之也。璧璫，以玉爲椽頭，當即所謂琁題玉題者也。一曰以玉飾瓦之當也。輦道，謂閣道可以乘輦而行者也。纚屬，纚迤相連屬也。纚音力爾反。屬音之欲反。【今注】華榱：雕有花紋的椽子。　輦：白鷺洲本、大德本、殿本作"輂"，輂，天子之車。　纚屬：指宮中閣道回環相連。纚，絲織的頭巾。古禮以纚束髮後加冠。

[4]【顏注】師古曰：步櫚，言其下可行步，即今之步廊也。謂其塗長遠，雖經日行之，尚不能達，故中道而宿也。【今注】步櫚周流：走廊互相連接，四通八達。步櫚，走廊。櫚，通"檐"。

[5]【顏注】師古曰：夷，平也。山之高聚者曰嶻。絫，古累字。言平山而築堂於其上爲絫臺也。增，重也，一重爲一成也。嶻子公反（白鷺洲本、大德本、殿本"子"前有"音"字）。【今注】夷嶻築堂：夷平山峰以构築房屋，形成層層樓臺。嶻，山峰相連的高山。

[6]【顏注】師古曰：於巖洞底爲室（洞，白鷺洲本、大德本、殿本作"穴"），若竈突然，潜通臺上。

[7]【顏注】師古曰：頫，古俯字也。杳眇，視遠貌。艸（艸，白鷺洲本、大德本同，殿本作"扦"），古攀字也。橑（橑，白鷺洲本同，大德本、殿本作"撩"，下同不注），椽也。捫，摸也。言臺榭之高，有升上之者，俯視則不見地，仰攀其橑可以摸天也。橑音老。捫音門。【今注】案，眇，白鷺洲本、大德本同，殿本作"耺"。艸橑，白鷺洲本、大德本同，殿本作"扦撩"。

[8]【顏注】師古曰：奔星，流星也。更，歷也。閨闥，宮中小門也。宛虹，屈曲之虹也。拖謂申加於上也。楯軒，軒之欄板也。並言室宇之高，故星虹得經加之也。更音工衡反。虹音紅。拖音吐賀反，又徒可反（白鷺洲本、大德本、殿本"徒"前有"音"字）。

[9]【顏注】師古曰：象輿，瑞應車也。西清者，西箱清靜之處也。蚴蟉、婉僤，皆行動之貌。蚴一糾反（白鷺洲本、大德本、殿本"一"前有"音"字；糾，白鷺洲本、大德本、殿本作"糺"，下同不注）。蟉力糾反（白鷺洲本、大德本、殿本"力"前有"音"字）。僤音善。【今注】青龍蚴蟉於東箱象輿婉僤於西清：仙人所乘車分列於東西兩廂。指離宮別館華美幽靜，仙人前來居住，故可見到其車乘。青龍，仙人所御的升天之龍。蚴（yòu）

蟉（liáo），龍行走時蜿蜒曲折的樣子。象輿，用大象拉的車。

[10]【顏注】張揖曰：靈圉，眾仙號也。師古曰：間讀曰閑。【今注】閒館：幽雅閑靜的館舍。

[11]【顏注】郭璞曰：偓佺，仙人也，食松子而眼方。暴謂偓卧日中也。榮，屋南檐也。偓音握。佺音銓。【今注】偓佺：《司馬相如集校注》引《搜神記》載，偓佺為槐山采藥的老人，好食松實，形體生毛長七寸，能飛行和追逐奔跑的馬（第54頁）。

[12]【顏注】師古曰：醴泉，瑞水，味甘如醴，言於室中涌出，而通流為川，從中庭而過也。

[13]【顏注】孟康曰：振，砯致也。崖，廉也。以石致川之廉也。師古曰：振砯並之忍反（白鷺洲本、大德本、殿本“之”前有“音”字）。致直二反（白鷺洲本、大德本、殿本“直”前有“音”字）。謂重密而累積。【今注】磐石：堅固的巨石。　振崖：重疊堆積的河岸。

[14]【顏注】郭璞曰：欻巖，欷貌。師古曰：欻口街反（白鷺洲本、大德本、殿本“口”前有“音”字）。倚於綺反（白鷺洲本、大德本、殿本“於”前有“音”字）。【今注】嶔巖倚傾：山巖險峻傾斜。

[15]【顏注】蘇林曰：削音陗峻之陗。崝儳爭反（白鷺洲本、大德本、殿本“儳”前有“音”字）。嶸戶抨反（白鷺洲本、大德本、殿本“戶”前有“音”字）。郭璞曰：言自然若彫刻也。礛音昨盍反（礛，大德本同，白鷺洲本、殿本作“嶪”）。嶻音五盍反。師古曰：直言刻削耳，非云峭峻。郭說是也。崝音捷。嶸音業。【今注】嵯峨嶸嶻刻削崝嶸：山勢陡峭高峻，巖石棱角分明。嶸嶻，《史記·司馬相如列傳》作“礛磼”。

[16]【今注】玫瑰：赤色美玉。　碧：青綠色的美玉。　琳：青色美玉。

[17]【顏注】郭璞曰：珊瑚生水底石邊，大者樹高三尺餘，

枝格交錯，無有葉。

[18]【顏注】蘇林曰：玢音分。郭璞曰：旁唐言盤礴。玢豳，文理貌。師古曰：旁唐，文石也。唐字本作碭，言珉玉及石並玢豳也。玢彼旻反（白鷺洲本、大德本、殿本“彼”前有“音”字）。豳又彼閑反（白鷺洲本、大德本、殿本“彼”前有“音”字）。【今注】珉玉旁唐玢豳文磷：像玉一樣的美石遍布山中，色彩斑斕，層次分明。旁唐，帶有彩紋的石頭。玢豳，色彩丰富。文磷，紋理分明。

[19]【顏注】張揖曰：赤瑕，赤玉也。郭璞曰：言雜厠崖石中。駁犖，采點也。犖洛角反（白鷺洲本、大德本、殿本“洛”前有“音”字）。【今注】赤瑕駁犖雜臿其間：色彩不純的石頭散布在斑斕的美石之間。駁犖，指顏色不純。駁，顏色不純有雜色的馬。犖，顏色不純有雜色的牛。

[20]【顏注】晉灼曰：鼂采闕（殿本無“晉灼曰鼂采闕”句）。師古曰：鼂，古朝字也。朝采者，美玉每旦有白虹之氣，光采上出，故名朝采，猶言夜光之璧矣。琬琰，美玉名。和氏之璧，卞和所得，亦美玉也。言今皆出於上林。

　　“於是乎盧橘夏孰，[1]黃甘橙楱，[2]枇杷橪柿，亭柰厚朴，[3]樗棗楊梅，[4]櫻桃蒲陶，[5]隱夫薁棣，[6]荅遝離支，[7]羅乎後宮，列乎北園，[8]貤丘陵，下平原，[9]揚翠葉，[10]杌紫莖，[11]發紅華，垂朱榮，煌煌扈扈，照曜鉅野。[12]沙棠櫟櫧，[13]華楓枰櫨，[14]留落胥邪，仁頻并閭，[15]欃檀木蘭，[16]豫章女貞，[17]長千仞，大連抱，[18]夸條直暢，實葉葰楙，[19]攢立叢倚，連卷欐佹，[20]崔錯癹骫，[21]坑衡閜砢，[22]垂條扶疏，落英幡纚，[23]紛溶萷蔘，猗柅從風，^[24]薊苀呻歆，^[25]蓋象金石之聲，管籥之音。^[26]柴池芘虒，旋還乎後宮，^[27]雜襲絫輯，^[28]被山緣谷，循阪下隰，^[29]視之無端，究之亡窮。

[1]【顏注】應劭曰：《伊尹書》曰"箕山之東，青馬之所，有盧橘夏孰"。晉灼曰：此雖賦上林，博引異方珍奇，不係於一也。師古曰：盧，黑色也。【今注】盧橘夏孰：盧橘，《司馬相如集校注》引《本草經》作"金橘"。秋天結果，次年二月漸變爲青黑色，至夏始熟，則呈金黃色。盧，黑色（第57頁）。

[2]【顏注】郭璞曰：黃甘，橘屬而味精。榛亦橘之類也，音湊。張揖曰：榛，小橘也，出武陵。師古曰：橙即柚也，音丈耕反。【今注】黃甘：《司馬相如集校注》云，圓形，似橘而大，霜後始熟，味道甘美。甘，一作"柑"（第57頁）。橙榛：似橘而小，皮有皺紋。

[3]【顏注】張揖曰：枇杷似斛樹，長葉，子若杏。橪，橪支，香草也。亭，山梨也（梨，大德本、殿本作"黎"；白鷺洲本無"梨也"二字）。厚朴，藥名也。郭璞曰：橪支木也。師古曰：此二句總論樹木（白鷺洲本無"總論樹"三字），不得雜以香草也。橪，郭說得之。朴，木皮也。此藥以皮爲用，而皮厚，故呼厚朴云。橪音煙。朴匹角反（白鷺洲本、大德本、殿本"匹"前有"音"字）。【今注】橪柿：《司馬相如集校注》以爲即酸小棗（第57頁）。亭：海棠果。一作"椁"。奈：沙果。厚朴：中藥名。落葉喬木，葉呈倒卵形，花大而白，味香。樹皮可入藥。

[4]【顏注】張揖曰：楊梅，其實似穀子而有核，其味酢，出江南也。【今注】椁棗：軟棗。

[5]【顏注】師古曰：櫻桃，即今之朱櫻也。《禮記》謂含桃，《爾雅》謂之荊桃。櫻於耕反（白鷺洲本、大德本、殿本

"於"前有"音"字)。【今注】蒲陶：葡萄。案，據本處記載可知張騫通西域之前葡萄已傳入中國。

[6]【顏注】師古曰：隱夫未詳。薁即今之郁李也。棣，今之山櫻桃。薁於六反。棣徒計反（白鷺洲本、大德本、殿本"徒"前有"音"字）。【今注】隱夫薁棣：《司馬相如集校注》認爲，隱夫爲棠棣，薁棣爲常棣。棠棣，花葉似樹皮色赤紫。常棣又名郁李，即山櫻桃（第58頁）。薁，《史記》卷一一七《司馬相如列傳》作"鬱"。

[7]【顏注】張揖曰：荅遝似李，出蜀。晉灼曰：離支大如雞子，皮麤，剝去皮，肌如雞子中黃，味甘多酢少。師古曰：遝音沓。離力智反（白鷺洲本、大德本、殿本"力"前有"音"字）。【今注】荅遝：《史記·司馬相如列傳》作"楟㮈"。　離支：荔枝。《史記·司馬相如列傳》作"荔枝"。

[8]【今注】案，"羅乎後宮"二句：上林苑中果木遍布宮苑和園林之間。

[9]【顏注】師古曰：貤猶延也，一曰次弟而重也。貤弋豉反。【今注】貤丘陵下平原：苑中果木從丘陵一直延展到平原。貤，延展，延續。同"迆"。

[10]【今注】案，楊，白鷺洲本同，大德本、殿本作"揚"。

[11]【顏注】師古曰：杌，搖也，音兀。

[12]【顏注】師古曰：言其光采之盛也。鉅野，大野。煌音皇。【今注】案，"楊翠葉"六句總説苑中果木花草形態各異，五顏六色，漫山遍野，隨風搖曳。發，花朵向上。垂，花朵向下。草之花爲華，木之花爲榮。

[13]【顏注】張揖曰：沙棠，狀如棠，黃華赤實，其味似李，無核。《呂氏春秋》曰"果之美者，沙棠之實"。櫟，果名也。楠似枰，葉冬不落。應劭曰：櫟，采木也。郭璞曰：楠似采柔。師古曰：櫟非果名，又非采木之櫟，蓋木蓼也（蓼，白鷺洲

本、大德本、殿本作"藜"），葉辛，初生可食。櫟音歷（櫟，
白鷺洲本、大德本同，殿本"音"前無"櫟"字）。櫧音諸。枔
音零（殿本無"枔音零"）。采音菜。柔音食諸反。【今注】櫟：
木名。即柞樹。其葉可養柞蠶。　櫧：木名。木材堅硬，可製舟車
棟梁。果實有苦甜二種。

[14]【顔注】師古曰：華即今之皮貼弓者也。楓樹脂可爲
香，今之楓膠香也。《爾雅》云一名櫹櫹。枰即平仲木也。櫨，今
黃櫨木也。華音胡化反。楓音風。枰音平。櫨音盧。【今注】華：
樺樹。　枰：平仲木，即銀杏樹，俗稱"白果"。　櫨：黃櫨。

[15]【顔注】張揖曰：并閭，椶也。郭璞曰：落，椶也，中
作器素。胥邪似并閭，皮可作索。師古曰：仁頻即賓根也。頻字
或作賓。胥先余反（白鷺洲本、大德本、殿本"先"前有"音"
字）。邪弋奢反（白鷺洲本、大德本、殿本"戈"前有"音"
字）。椶音鬷。【今注】留：同"劉"。劉杙，又稱劉子。《司馬相
如集校注》引《爾雅·釋木》："劉，劉杙。"郭璞注："劉子（樹
名）生山中，實如梨，酢甜，核堅，出交趾。"（第60頁）　落：
櫄。其葉如榆，其皮堅韌，剥之長數尺，可爲組索，其材可爲杯
器。　胥邪：椰子樹。　仁頻：檳榔樹。　并閭：棕櫚樹。

[16]【顔注】孟康曰：欂檀，檀別名。郭璞曰：欂音讒。【今
注】木蘭：樹如楠而常緑，皮似桂而辛香，果實卵圓，春天開花，
産今湖南和山東。

[17]【顔注】師古曰：女貞樹冬夏常青，未嘗凋落，若有節
操，故以名焉。【今注】豫：山檀。　章：樟木。　女貞：冬青樹。

[18]【顔注】師古曰：八尺曰仞。連抱者，言非一人所抱。

[19]【顔注】郭璞曰：夸，張布也。張揖曰：葰，甫也。師
古曰：暢，通也，通謂上下相稱也。葰音峻。楸，古茂字也。甫
音踊。【今注】夸條直暢：此句爲條直花暢之變文，指枝葉伸直而
花朵盛開。《司馬相如集校注》認爲，"夸"爲"葕"字省文。

"荂"爲花之本字（第61頁）。　實葉葰（jùn）楙：樹葉茂盛，果實碩大。葰，大。

[20]【顏注】師古曰：攢立，聚立也。叢倚，相倚也。連卷，屈曲也。欐佹，支住也（住，白鷺洲本、大德本、殿本作"柱"）。倚音於綺反。卷音丘專反，又音巨專反。欐音力爾反。佹音詭。【今注】攢立叢倚連卷欐（lǐ）佹（guǐ）：各種樹木或聚集而直立，或叢生而相倚，或交錯糾結。攢，聚集。連卷，屈曲。欐佹，樹木枝條交叉盤結的樣子。

[21]【顏注】師古曰：崔錯，交雜也。登委，蟠戾也。崔音千賄反。登音步莒反。戾，古委字。【今注】崔錯登（bá）戾（wěi）：樹枝交錯盤曲。登戾，盤旋屈曲。

[22]【顏注】師古曰：坑衡，徑直貌也。閜砢，相扶持也。坑口庚反（白鷺洲本、大德本、殿本"口"前有"音"字）。閜烏可反（白鷺洲本、大德本、殿本"烏"前有"音"字）。砢來可反（白鷺洲本、大德本、殿本"來"前有"音"字）。坑字或作抗，言樹之支幹相抗爭衡也。其義兩通。【今注】坑衡閜（kě）砢（luǒ）：樹木茂密，互相倚靠堆積。坑衡，同"抗衡"。形容樹支重疊交錯。閜砢，互相扶持。

[23]【顏注】師古曰：扶疏，四布也。英謂華也。幡纚，飛揚貌也。纚山爾反（大德本同，白鷺洲本、殿本"山"前有"音"字）。【今注】垂條扶疏：低垂的枝條高低疏密有致。　落英幡纚：落花紛紛如紗巾翻飛。英，花蕊、花瓣。

[24]【顏注】郭璞曰：紛溶萷蔘，支竦擢也。猗柅猶阿也。萷音蕭。蔘音森。猗音於氏反。柅音諾氏反。師古曰：溶音容。萷亦山交反（亦，白鷺洲本、大德本、殿本作"亦音"）。【今注】紛溶萷（xiāo）蔘（shēn）猗（yī）柅（nǐ）從風：草木繁盛輕柔，隨風而動，姿態婀娜。猗柅，同"旖旎"。

[25]【顏注】師古曰：林木鼓動之聲也。薊音劉。莅音利。

芔，古卉字也，音諱。歙音翕。【今注】蓼（liú）莅（lì）芔（hū）歙：風吹動草木，十分迅疾。蓼莅，風吹草木發出的聲音。芔歙，王先謙《漢書補注》認爲，芔歙如同呼吸。

[26]【顔注】師古曰：金石，謂鐘磬也。管長一尺，圍一寸，六孔無底，籥三孔，並以竹爲之。【今注】案，此二句指風吹動樹木的聲音如同鐘磬等樂器奏出的音樂一樣。

[27]【顔注】如淳曰：茈音此。虒音豸。張揖曰：柴池，參差也。茈虒，不齊也。郭璞曰：柴音差。還，還繞（白鷺洲本、大德本、殿本句末有"也"字），音宣。【今注】柴池茈（cí）虒（sī）：參差不齊旋還，周圍環繞。柴池，一作"差池"。

[28]【顔注】師古曰：雜襲，相因也。絫輯，重積也。絫，古累字。輯與集同。【今注】雜襲絫輯：枝葉錯雜繁複，重叠積衆。絫輯，同"纍集"。

[29]【顔注】師古曰：循，順也。下溼曰隰。【今注】被山緣谷循阪下隰：樹木遍布山谷，順着山坡一直到低洼處。

　　"於是乎玄猨素雌，蜼玃飛蠝，[1]蛭蜩蠼蝚，[2]獑胡豰蛫，[3]棲息乎其間。長嘯哀鳴，翩幡互經，[4]夭蟜枝格，偃蹇杪顛，[5]踰絕梁，騰殊榛，[6]捷垂條，掉希間，[7]牢落陸離，爛漫遠遷。[8]

[1]【顔注】張揖曰：蜼如母猴，卬鼻而長尾。玃似彌猴而大。飛蠝，飛鼠也，其狀如兔而鼠首，以其頦飛。郭璞曰：蠝，鼯鼠也，毛紫赤色，飛且生，一名飛生。蜼音贈遺之遺。蠝音誄。師古曰：玄猨素雌，言猨之雄者玄黑而雌者白素也。《爾雅》曰"玃父善顧"也。玃音钁。豰音吾。【今注】玄猨：黑色的雄猿。猨，同"猿"。　素雌：白色雌猿。　蜼：長尾猴。　玃：一種大

猴子。　飛蠝：鼯鼠，可以飛行。

[2]【顏注】如淳曰：蛭音質。張揖曰：蛭，蟥也。蜩，蟬也。玃猱（猱，大德本同，白鷺洲本、殿本作「蝚」），彌猴也。師古曰：方言獸屬，而引蛭蟥水蟲，又及蜩蟬，乖於事類，如説非也，但未詳是何獸耳。猱音乃高反（猱，白鷺洲本、大德本同，殿本作「蝚」），又音柔，即今所謂戎皮爲案褥者也（案，殿本同，白鷺洲本、大德本作「鞍」）。戎音柔，聲之轉耳，非彌猴也。【今注】蛭：《司馬相如集校注》引《山海經・大荒北經》載有山名不咸，有蜚蛭四翼（第 63 頁）。　蜩：《司馬相如集校注》引《神異經・中荒經》載，西方有獸名綢，大如驢，狀如猴，善緣木（第 63 頁）。　玃：《史記》卷一一七《司馬相如列傳》作「蠷」。

[3]【顏注】張揖曰：獑胡似彌猴，頭上有髦，要以後黑。豰，白狐子也。郭璞曰：豰似鼬而大，要以後黃，一名黃要，食彌猴。蜼未聞也。獑音讒。豰呼豰反（白鷺洲本、大德本、殿本「呼」前有「音」字）。蜼音詭。師古曰：豰，郭説是也。【今注】獑胡：《司馬相如集校注》云，其狀足短，頭上毛長，黑身，腰圍白毛如帶，前肢白毛尤長（第 63 頁）。獑，《史記・司馬相如列傳》作「蝭」。　蜼：《司馬相如集校注》引《山海經・中山經》載，即公之山有獸，其狀如龜而白身赤首（第 64 頁）。

[4]【顏注】郭璞曰：互經，互相經過也。【今注】翩幡：猿猴騰轉跳躍十分矯捷。

[5]【顏注】郭璞曰：皆猨猴在樹共戲姿態也。夭蟜，頻申也。師古曰：杪顛，枝上端也。蟜音矯。杪音眇（眇，白鷺洲本、大德本同，殿本作「耼」）。【今注】案，此二句指猿猴在林間樹梢嬉戲跳躍，身手敏捷。夭蟜，矯捷。偃蹇，高聳。

[6]【顏注】師古曰：絕梁，謂正絕水無橋梁也。殊榛，特立株枿也。言超度無梁之水，而跳上株枿之上也。隃字與踰同。

榛仕人反（白鷺洲本、大德本、殿本"仕"前有"音"字；仕，殿本作"側"）。栚五曷反（白鷺洲本、大德本、殿本"五"前有"音"字）。【今注】案，此二句指跨越無橋梁的溪谷，跳過叢林中獨立而出的榛木。

[7]【顏注】張揖曰：捷持縣垂之條，掉往著稀疏無支之間也。師古曰：掉音徒釣反。【今注】案，此二句指猿猴一個接一個迅速地攀援在垂下的樹枝間。掉，通"踔"。騰空跳躍。

[8]【顏注】師古曰：言其聚散不恒，雜亂移徙也。【今注】牢落：稀疏零落。　陸離：《司馬相如集校注》引史樹青説，陸離即琉璃，色彩斑斕，引申爲散亂（第64頁）。　爛漫遠遷：散亂跑遠。此二句指猿猴喜群居，但其生性活潑，四散奔跑，常有離群跑遠的。

　　　"若此者數百千處，娛游往來，宮宿館舍，[1]庖厨不徙，後宮不移，百官備具。[2]

[1]【顏注】師古曰：娛，戲也。戲許其反（大德本、白鷺洲本、殿本"許"前有"音"字）。【今注】娛游往來宮宿館舍：天子一行往來游玩娛樂，休息在苑中的離宮別館中。王念孫《讀書雜志·漢書第十》以"娛"爲"媮"之誤字。《史記》卷一一七《司馬相如列傳》作"嬉"。

[2]【顏注】師古曰：言所在之處供具皆足也。【今注】"庖厨不徙"至"百官備具"：指苑中離宮別館到處都有庖厨、嬪妃、百官，以侍奉天子。

　　　"於是乎背秋涉冬，天子校獵。[1]乘鏤象，六玉虬，[2]拖蜺旌，[3]靡雲旗，[4]前皮軒，後道游；[5]孫叔奉轡，衞公參乘，[6]扈從橫行，出乎四校之中。[7]鼓嚴簿，縱獵者，[8]江河爲阹，泰山爲櫓，[9]車騎靁起，殷天動地，[10]先後陸離，離散別追，[11]淫淫裔裔，緣陵流澤，雲布雨施。[12]生貔豹，搏豺狼，[13]手熊羆，足壄羊。[14]蒙鶡蘇，[15]絝白虎，[16]被斑文，[17]跨壄馬，[18]陵三峻之危，[19]下磧歷之坻，[20]徑峻赴險，越壑厲水。[21]推蜚廉，弄解廌，[22]格蝦蛤，鋌猛氏，[23]羂寅裏，射封豕。[24]箭不苟害，解脰陷腦；[25]弓不虛發，應聲而倒。

[1]【顏注】李奇曰：以五校兵出獵也。師古曰：李說非也。校獵者，以木相貫穿，總爲闌校，遮止禽獸而獵取之。說者或以爲周官校人掌田獵之馬，因云校獵，亦失其義。養馬稱校人者，謂以爲闌校以養馬耳，故呼爲闌也。事具《周禮》，非以獵馬故稱校人。【今注】背秋涉冬：秋末冬初。古代畋獵習武之事在仲秋至仲冬之間。　校獵：用柵欄將禽獸圍住，再進行畋獵。

[2]【顏注】張揖曰：鏤象，象路也，以象牙疏鏤其車轖。六玉蚪，謂駕六馬，以玉飾其鑣勒，有似玉蚪。龍子有角曰蚪。【今注】鏤象：一說指有雕鏤之象輿。

[3]【顏注】張揖曰：析羽毛，染以五采，綴以縷爲旌，有似虹蜺之氣也。師古曰：拖土賀反（白鷺洲本、大德本、殿本“土”前有“音”字），又徒可反（白鷺洲本、大德本、殿本“徒”前有“音”字）。【今注】拖：搖曳。

[4]【顏注】張揖曰：畫熊虎於旒爲旗，似雲氣。

[5]【顏注】文穎曰：皮軒，以虎皮飾車。天子出，道車五乘，游車九乘，在乘輿車前，賦頌爲偶辭耳。師古曰：文說非也。言皮軒最居前，而道游次皮軒之後耳，非謂在乘輿之後也。皮軒

之上以赤皮爲重蓋，今此制尚存，又非猛獸之皮用飾車也。道讀曰導。【今注】案，《司馬相如集校注》載，皮軒車、道車、游車皆爲天子出入導行的儀車，以皮軒車居最前，道車和游車次之，接着是天子乘輿及其隨從的車騎。又引《周禮·春官·司常》"道車載旞，斿車載旌"。鄭玄注："道車，象路也，王以朝夕燕出入。斿車，木路也，王以田以鄙。"（第66頁）

[6]【顏注】鄭氏曰：孫叔者，太僕公孫賀也，字子叔。衛公者，大將軍衛青也。大駕，太僕御，大將軍參乘。師古曰：參乘，在車之右也。解具在《文紀》也。【今注】案，《司馬相如集校注》認爲，孫叔、衛公皆用古代典故（第67頁）。據吳仁傑《兩漢刊誤補遺》云，孫叔即《楚辭》所謂"驥躊躇於弊輦，遇孫陽而得代"，即伯樂，善相馬駕馭。衛公即《國語》所載"衛莊公爲右，曰吾九上九下，擊人盡殪"，即衛靈公太子蒯瞆。據《左傳》哀公二年，趙簡子與鄭人交戰，王良爲御，衛太子爲參乘。奉轡，爲天子乘輿駕車。

[7]【顏注】文穎曰：凡五校，今言四者，一校中隨天子乘輿也。師古曰：此說又非也。四校者，闌校之四面也。言其跋扈縱恣而行，出於校之四外也。【今注】四校：王先謙《漢書補注》認爲，指屯騎、步兵、射聲、虎賁四校尉，皆天子行獵隨從。《司馬相如集校注》認爲，指天子的侍從將校橫行於屯騎等校尉所屬的部曲之間（第67頁）。

[8]【顏注】孟康曰：鼓嚴，嚴鼓也。簿，鹵簿也。師古曰：縱，放也。簿步戶反（白鷺洲本、大德本、殿本"步"前有"音"字）。【今注】鼓嚴簿：天子的儀衛嚴格按照簿籍的次序，井然有序，不可侵犯。簿，鹵簿。天子車駕出行時扈從的儀仗，其先後次序皆著之簿籍。吳恂《漢書注商》認爲，鼓嚴簿當作"鼓嚴薄"，即擊鼓聲。

[9]【顏注】蘇林曰：陆，獵者圍陳遮禽獸也。張揖曰：櫓，

大盾，以爲櫓也。郭璞曰：櫓，望樓也。因山谷遮禽獸爲陆。師古曰：因江河以遮禽，登泰山而望獲，言田獵之廣遠耳。郭說是也。陆音祛。【今注】案，《司馬相如集校注》認爲，以長江、黃河爲圈攔鳥獸，登泰山以瞭望捕獲情況。極言田獵場之廣大（第68頁）。

［10］【顏注】郭璞曰：殷猶震也。師古曰：霌，古雷字也。殷音隱。【今注】案，此二句指車騎駛過，聲音如同響雷，震天動地。

［11］【顏注】師古曰：陸離，分散也。言各有所追逐也。追合韻，音竹遂反。

［12］【顏注】郭璞曰：言徧山野也。【今注】案，“淫淫裔裔”三句指往來追逐鳥獸的車騎士卒，順着山坡和河流，如同烏雲霖雨般遍布。淫淫裔裔，形容田獵隊伍行走連續，如同流水一般。淫淫，水流動的樣子。裔裔，雨水飛瀉的樣子。

［13］【顏注】郭璞曰：貙，執夷，虎屬也，音毗。師古曰：貙豹二物，皆猛獸也。生謂生取之也。搏，擊也。

［14］【顏注】張揖曰：熊，犬身人足，黑色。羆如熊，黃白色。羷羊，麢羊也，似羊而青。師古曰：羷羊，今之所謂山羊也，非麢羊矣。手，言手擊殺之。足謂蹩蹈而獲之。

［15］【顏注】孟康曰：鶡，鶡尾也。蘇，析羽也。張揖曰：鶡似雉，鬥死不卻。郭璞曰：蒙其尾爲帽也。鶡音曷。【今注】鶡蘇：以鶡尾爲帽飾。

［16］【顏注】張揖曰：著白虎文綺也。師古曰：綺，古袴字。

［17］【顏注】師古曰：被謂衣著之也。斑文，亦貙豹之皮也。被皮義反（白鷺洲本、大德本、殿本“皮”前有“音”字）。

［18］【顏注】師古曰：騎之也。

［19］【顏注】師古曰：陵，上也。三峻，三聚之山也。【今注】三峻之危：層巒叠嶂的高山。

［20］【顏注】師古曰：磧歷，沙石之貌也。坻，水中高處也。磧音千狄反。坻音遲。【今注】磧歷之坻：水中沙石淺灘。

［21］【顏注】師古曰：属，以衣度也。【今注】案，此二句指經過高峻險要之處，越過溝壑，穿着衣服涉水。

［22］【顏注】郭璞曰：飛廉，龍雀也，鳥身鹿頭。張揖曰：解廌似鹿而一角，人君刑罰得中則生於朝廷，主觸不直者，可得而弄也。師古曰：推亦謂弄之也，其字從手。今流俗讀作椎擊之椎，失其義矣。解音蟹。廌丈介反（白鷺洲本、大德本、殿本“丈”前有“音”字）。【今注】蜚廉：神鳥，能致風。　解廌：又作“獬豸”。一角，可辨曲直，見人爭鬪則以角觸理虧者。

［23］【顏注】孟康曰：蝦蛤、猛氏，皆獸名也。郭璞曰：今蜀中有獸，狀如熊而小（如，白鷺洲本、大德本、殿本作“似”），毛淺有光澤，名猛氏。師古曰：鋋，鐵把短矛也。蝦音遐。蛤音閣。鋋音蟬。【今注】蝦蛤：《司馬相如集校注》疑當作“貑貜”，同“貑貉”。大如驢，狀似熊，力大能食鐵，爲熊屬猛獸（第69頁）。

［24］【顏注】張揖曰：要褭，馬金啄赤色，一日行萬里者。郭璞曰：封豕，大豬也。要褭音窈嫋。師古曰：羂謂羅羂之也（羂，白鷺洲本、大德本、殿本作“繋”），音工犬反。【今注】羂：以繩繋取鳥獸。案，褭，白鷺洲本同，大德本、殿本作“要”。

［25］【顏注】張揖曰：脰，項也。師古曰：言射必命中，非詭遇也。脰音豆。【今注】箭不苟害：指每箭不是胡亂將獵物射傷，而是射中頭頸等要害。

　　“於是乘輿弭節徘徊，翺翔往來，[1]眄部曲之進退，覽將帥之變態。[2]然後侵淫促節，[3]儵敻遠去，[4]流離輕禽，蹵履狡獸，[5]轊白鹿，捷狡菟。[6]軼赤電，遺光耀，[7]追怪物，出宇宙，[8]彎

蕃弱，滿白羽，[9]射游梟，櫟蜚遽。[10]擇肉而后
發，先中而命處，[11]弦矢分，藝殪仆。[12]

[1]【顏注】郭璞曰：言周旋也。

[2]【顏注】師古曰：睨，亦視也。部曲，解在《李廣傳》。
睨五計反（白鷺洲本、大德本、殿本“五”前有“音”字）。【今
注】部曲：漢代軍隊編制名稱。本書卷五四《李廣傳》顏注引
《續漢書·百官志》載：“將軍領軍，皆有部曲。大將軍營五部，部
校尉一人。部下有曲，曲有軍候一人。”《史記》卷一一七《司馬
相如列傳》作“部伍”。

[3]【顏注】郭璞曰：言短驅也。【今注】侵淫促節：漸漸由
緩行轉爲疾馳。侵淫，《史記·司馬相如列傳》作“浸潭”。

[4]【顏注】師古曰：儵然敻然，疾遠貌。【今注】案，自
“於是乘輿”至此句，指天子乘輿本來從容進行巡視，然後漸漸驅
車疾馳，參與到射獵中。儵（shū）敻（xiòng），疾馳遠去。

[5]【顏注】師古曰：流離，困苦之也。【今注】案，此二句
指用綱捕捉飛鳥，踐踏矯捷的野獸。流離，使離散。蹩履，踐踏。

[6]【顏注】郭璞曰：狡菟健跳，故捷取之也。【今注】案，
此二句指用車撞擊和追逐奔跑的鹿和兔。轔，《史記·司馬相如列
傳》作“轀”。捷，疾取。

[7]【顏注】張揖曰：軼，過也。郭璞曰：皆妖氣爲變怪者，
遊光之屬。【今注】案，此二句指射獵的車騎迅疾，超過閃電，而
遺留其光耀於後。

[8]【顏注】張揖曰：怪物，奇禽也。天地四方曰宇，古往
今來曰宙。師古曰：張說宙，非也。許氏《說文解字》云“宙，
舟輿所極覆也”。【今注】案，此二句指車騎追逐各種禽獸的範圍
十分廣大。

[9]【顏注】文穎曰：彁，牽也。蕃弱，夏后氏之良弓名。

引弓盡箭鏑爲滿。以白羽羽箭，故言白羽也。師古曰：彎烏還反（白鷺洲本、大德本、殿本"烏"前有"音"字）。蕃扶元反（白鷺洲本、大德本、殿本"扶"前有"音"字）。【今注】蕃弱：《史記·司馬相如列傳》作"繁弱"。

[10]【顏注】張揖曰：梟，惡鳥，故射之也。櫟，梢也。飛遽，天上神獸也，鹿頭而龍身。郭璞曰：梟，梟羊也，似人長脣，被髮食人。師古曰：梟，郭說近是矣，非謂惡鳥之梟也。櫟音洛。遽音鉅。【今注】案，此二句指射四處奔走的梟羊，擊打蜚遽。梟，梟羊，即狒狒、猩猩之類。櫟，同"擽"。敲擊。

[11]【顏注】郭璞曰：言必如所志者也。【今注】案，王先謙《漢書補注》認爲，此二句指擇其肥者而射之，先确定要射的部位再射中，矢不隨意發射，射必擊中。

[12]【顏注】文穎曰：所射準的爲蓺，一發死爲殪。郭璞曰：仆，斃也。殪音翳。仆音赴。師古曰：言弦矢適分，則殪死而赴，如射蓺也。蓺謂射的，即今之埒上檗也（埒，白鷺洲本、殿本同，大德本作"垛"）。蓺讀與藝同，字亦作梟，音魚列反。【今注】案，此二句指箭離弦之後，射擊的目標應弦而倒。弦矢分，指箭離弦。蓺，同"梟"。射箭的靶子。殪，一箭射中，使斃命。

　　"然後揚節而上浮,[1]陵驚風，歷駭猋，[2]乘虛亡，與神俱，[3]藺玄鶴，亂昆雞，[4]遒孔鸞，促駿鸃，[5]拂翳鳥，[6]捎鳳皇，[7]捷鴛雛，撟焦明。[8]

[1]【顏注】郭璞曰：言騰遊也。【今注】節：旌節。天子出行時所用的旌旗。

[2]【顏注】師古曰：猋謂疾風從下而上也，音必遙反。【今注】陵驚風歷駭猋（biāo）：指車騎迅急超過疾風，興起自下而上的旋風。驚風，迅疾的暴風。駭，興起。猋，旋風。

[3]【顏注】張揖曰：虛無廖廓，與元通靈（元，白鷺洲本同，大德本、殿本作“天”），言其所乘氣之高，故能出飛鳥之上而與神俱也。【今注】乘虛亡與神俱：指上升到天空，與神明同游。乘虛，天空。

[4]【顏注】張揖曰：昆雞似鶴，黄白色。郭璞曰：亂者，言亂其行伍也。【今注】藺玄鶴亂昆雞：指使玄鶴、昆鷄驚擾紛亂。

[5]【顏注】郭璞曰：遒、促，皆迫捕之也。師古曰：遒材由反（白鷺洲本、大德本、殿本“材”前有“音”字）。【今注】遒孔鸞促鵔（jùn）鸃（yí）：指追捕孔雀、鸞鳥和錦鷄。遒，追捕。

[6]【顏注】張揖曰：《山海經》曰九疑之山有五采之鳥，名曰翳鳥也。【今注】拂：擊。翳，《史記》卷一一七《司馬相如列傳》作“鷖”。

[7]【顏注】師古曰：捎山交反（白鷺洲本、大德本、殿本“山”前有“音”字）。【今注】捎：擊打。

[8]【顏注】張揖曰：焦明似鳳，西方之鳥也。【今注】鵷雛：鸞鳳之類的鳥。

“道盡塗殫，迴車而還。消搖乎襄羊，降集乎北紘，[1]率乎直指，[2]揜乎反鄉，[3]蹷石闕，歷封巒，過鳷鵲，望露寒，[4]下堂梨，息宜春，[5]西馳宣曲，[6]濯鷁牛首，[7]登龍臺，[8]掩細柳，[9]觀士大夫之勤略，[10]鈞獵者之所得獲。[11]徒車之所閵轢，[12]騎之所蹂若，人之所蹈藉，[13]與其窮極倦谻，驚憚讋伏，[14]不被創刃而死者，它它藉藉，[15]填坑滿谷，掩平彌澤。[16]

［1］【顏注】張揖曰：《淮南子》云九州之外曰八澤，八澤之外乃有八紘，北方之紘曰委羽。郭璞曰：襄羊猶彷徉也。師古曰：紘音宏。【今注】案，搖，大德本同，殿本作“擔”，白鷺洲本作“搖”。

［2］【顏注】師古曰：率然直去意。【今注】率乎直指：疾速向前。

［3］【顏注】師古曰：捔然疾歸貌。【今注】捔乎反鄉：忽然返回。

［4］【顏注】張揖曰：此四觀武帝建元中作，在雲陽甘泉宮外。師古曰：歷（歷，白鷺洲本、大德本同，殿本作“蹶”），蹋；歷，經也。歷音鉅月反。巒音鑾。雉音支。【今注】案，此四句指車騎經過石關、封巒、鳷鵲、露寒等觀。歷，急行。石關，《史記》卷一一七《司馬相如列傳》作“石闕”。鳷，白鷺洲本、大德本、殿本作“雉”。望，至。

［5］【顏注】張揖曰：堂梨，宮名，在雲陽南三十里。師古曰：宜春，宮名，在杜縣東，即今曲江池是其處也。【今注】堂梨：宮名。在今陝西淳化縣西北，漢甘泉苑垣外。又作“棠梨”。

［6］【顏注】張揖曰：宣曲，宮名也，在昆明池西。

［7］【顏注】張揖曰：牛首，池名也，在上林苑西頭。師古曰：濯者，所以剌船也（船，大德本、殿本同，白鷺洲本作“船”）。鷁即鷁首之舟也。濯直孝反（白鷺洲本、大德本、殿本“直”前有“音”字）。

［8］【顏注】張揖曰：觀名也，在豐水西北，近渭。【今注】龍臺：觀名。在今陝西西安市鄠邑區東北。

［9］【顏注】郭璞曰：觀名也，在昆明池南也。

［10］【顏注】師古曰：略，智略也。觀士之勤，大夫之略也。

［11］【顏注】郭璞曰：平其多少也。【今注】鈞獵者之所得獲：平分所獲獵物。《司馬相如集校注》據《周禮·夏官·司馬》

載古人對獵物的分配方法，"大獸公之，小禽私之，獲者取左耳"（第75頁）。獵，《史記·司馬相如列傳》作"獠"。

[12]【顏注】郭璞曰：徒，步也。閶，踐也。轢，轅也，音來各反。師古曰：轢女展反（白鷺洲本、大德本、殿本"女"前有"音"字）。【今注】徒車之所閶轢：步卒和車輛所踐踏和輾軋。徒，步卒。閶，《史記·司馬相如列傳》作"鳞"。

[13]【顏注】師古曰：蹂若，謂踐蹋也。蹂音人九反。【今注】蹈藉：踐踏。

[14]【顏注】郭璞曰：窮極倦㺇，疲憊也。驚憚讋伏，讋怖不動貌。師古曰：㺇音劇。憚丁曷反（白鷺洲本、大德本、殿本"丁"前有"音"字）。讋之涉反。【今注】窮極倦㺇驚憚讋伏：指禽獸疲憊困厄，驚恐畏懼。㺇，《史記·司馬相如列傳》作"虡"；讋，《史記·司馬相如列傳》作"慴"。

[15]【顏注】郭璞曰：言交橫也。師古曰：它音徒何反。【今注】它它藉藉：所獲獵物成堆，多而雜亂。

[16]【顏注】師古曰：平，平原也。彌亦滿也。【今注】填坑滿谷掩平彌澤：指所獲獵物填滿溝谷，遍布原野和大澤。形容所獲獵物之多。

"於是乎游戲懈怠，置酒乎顥天之臺，[1]張樂乎膠葛之寓，[2]撞千石之鐘，[3]立萬石之虡，[4]建翠華之旗，樹靈鼉之鼓，[5]奏陶唐氏之舞，[6]聽葛天氏之歌，[7]千人倡，萬人和，[8]山陵爲之震動，川谷爲之蕩波。[9]巴俞宋蔡，淮南干遮，[10]文成顛歌，[11]族居遞奏，金鼓迭起，[12]鏗鎗闛鞈，洞心駭耳。[13]荊吳鄭衛之聲，[14]《韶》《濩》《武》《象》之樂，[15]陰淫案衍之音，[16]鄢郢繽紛，激楚

結風，[17]俳優侏儒，狄鞮之倡，[18]所以娛耳目樂
心意者，麗靡爛漫於前，[19]靡曼美色於後。[20]

[1]【顏注】張揖曰：臺高上干皓天也。師古曰：顥胡考反
（白鷺洲本、大德本、殿本"胡"前有"音"字）。【今注】顥天
之臺：上接天空的高臺。顥天，即昊天，西方之天，指天空。《史
記》卷一一七《司馬相如列傳》作"昊"。

[2]【顏注】郭璞曰：言曠遠深貌也。【今注】膠葛之㝢：深
遠廣大的原野。膠葛，同"寥廓"。《史記·司馬相如列傳》作
"轇轕"。

[3]【顏注】張揖曰：千石，十二萬斤也。【今注】石：古代
以一百二十斤爲一石。

[4]【顏注】師古曰：虡，獸名也。立一百二十萬斤之虡以
縣鍾也。【今注】虡（jù）：古代懸掛鐘、磬的架子，兩旁柱子
爲虡。

[5]【顏注】師古曰：翠華之旗，以翠羽爲旗上葆也。靈鼉
之鼓，以鼉皮爲鼓。鼉音徒河反，又徒丹反（大德本同，白鷺洲
本、殿本"徒"前有"音"字）。【今注】靈鼉：古代以揚子鰐爲
靈物，故稱。

[6]【顏注】郭璞曰：陶唐，堯有天下號也。如淳曰：舞咸
池。師古曰：二家之說皆非也。陶唐當爲陰康，傳寫字誤耳。《古
今人表》有葛天氏，陰康氏，《呂氏春秋》曰："昔陰康氏之始，
陰多滯伏湛積，陽道壅塞，不行其序，民氣鬱閼，筋骨縮慄不達，
故作爲舞以宣導之。"高誘亦誤解云"陶唐，堯有天下之號也"。
案《呂氏》說陰康之後，方一一歷言黃帝、顓頊、帝嚳，乃及堯、
舜作樂之本，皆有次弟，豈再陳堯而錯亂其序乎？蓋誘不視《古
今人表》，妄改易《呂氏》本文。【今注】奏陶唐氏之舞：《司馬
相如集校注》以爲，即《周禮·春官·大司樂》所載"咸池之舞"

（第77頁）。陶唐，即唐堯。帝嚳次子。初封於陶，又封爲唐侯。

[7]【顏注】張揖曰：葛天氏，三皇時君號也。其樂三人持牛尾投足以歌八曲：一曰戴民，二曰玄鳥，三曰育草木，四曰奮五穀，五曰敬天常，六曰徹帝功，七曰依地德，八曰總禽獸之極。師古曰：張說八曲是也。其事亦見《呂氏春秋》。張云三皇時君，失之矣。

[8]【顏注】師古曰：倡讀曰唱。

[9]【顏注】郭璞曰：波浪起也。

[10]【顏注】師古曰：巴俞之人剛勇好舞，初高祖用之，克平三秦，美其功力，後使樂府習之，因名巴俞舞也。宋蔡，二國名。淮南，地名，干遮，曲名也。【今注】巴俞：《司馬相如集校注》認爲，即古巴子國、賨國人的武樂名，配以舞蹈。高祖得巴俞人，矯捷善舞，高祖用之，平定三秦，滅楚，因保存其舞樂（第78頁）。　宋蔡：宋國、蔡國。周代諸侯國名。宋，在今河南商丘市。蔡，在今河南上蔡縣西南。　淮南：王國名。高祖五年（前202）置，在今安徽北部、江蘇西部，淮河以南一帶。

[11]【顏注】文穎曰：文成，遼西縣名也。其縣人善歌。顛，益州顛縣，其民能作西南夷歌也。師古曰：顛即滇字也，其音則同耳。【今注】文成：縣名。治所在今河北盧龍縣。　顛：縣名。又作“滇”。治所在今雲南東部滇池附近。

[12]【顏注】師古曰：族，聚也。聚居而遞奏也。金，鐘也。鐘之與鼓，亦互起也。迭徒結反（白鷺洲本、大德本、殿本“徒”前有“音”字）。【今注】族居遞奏金鼓迭起：衆樂並舉，鐘鼓交替演奏。

[13]【顏注】師古曰：鏗鏘，金聲也。閶鞈，鼓音也。洞，徹也。駭，驚也。鏗口耕反（白鷺洲本、大德本、殿本“口”前有“音”字）。鏘初衡反（白鷺洲本、殿本“初”前有“音”字；初，大德本作“切”，且前有“音”字）。閶音託郎反。鞈音

榻。【今注】鏗鎗闛鞈洞心駭耳：指鐘聲和鼓聲透徹人心、驚動
人耳。

　　[14]【顏注】郭璞云（云，白鷺洲本、大德本同，殿本作
"曰"）：皆淫哇之聲。【今注】案，指楚吳鄭衞南方諸國的音樂。
多房中樂，被稱爲淫樂。《禮記·樂記》云"鄭衞之音，亂世之音
也"。

　　[15]【顏注】文穎曰：《韶》，舜樂也。《濩》，湯樂也。
《武》，武王樂也。張揖曰：《象》，周公樂也。南人服象，爲虐於
夷，成王命周公以兵追之，至於海南，乃爲《三象樂》也。【今
注】案，《司馬相如集校注》引《周禮·春官·大司樂》，《濩》一
名《大濩》。湯以寬治民而除其邪言。《武》一名《大武》。武伐紂
以除其害。《吕氏春秋》以伊尹作《大濩》，周公作《大武》。
《象》，即《三象》。《吕氏春秋·古樂》載，成王立，殷民反，王
命周公伐之。商人服象，周公以師逐之，至於江南。因作《三象》，
以嘉其德。

　　[16]【顏注】郭璞曰：流湎曲也。師古曰：衍音弋戰反。
【今注】陰淫案衍之音：淫靡放縱的樂曲。

　　[17]【顏注】李奇曰：鄢，今宜城縣也。郢，楚都也。繽
紛，舞貌也。郭璞曰：激楚，歌曲也。師古曰：結風，亦曲名也。
繽匹人反（白鷺洲本、大德本、殿本"匹"前有"音"字）。【今
注】鄢郢繽紛激楚結風：楚歌、楚舞交替進行。鄢，楚都名。在今
湖北宜城市東南。公元前 529 年，楚靈王遷鄢。郢，楚都名。在今
湖北荆州市荆州區西北。公元前 506 年，楚文王定都於此。《司馬
相如集校注》認爲，激楚，楚樂名。因其激切昂揚，故名。結風，
歌典結尾之餘聲。

　　[18]【顏注】張揖曰：狄鞮，西方譯名。郭璞曰：西戎樂名
也。師古曰：俳優侏儒，倡樂可狎玩者也。狄鞮，郭說是也。鞮
丁奚反（白鷺洲本、大德本、殿本"丁"前有"音"字）。【今

注】狄鞮：《史記·司馬相如列傳》裴駰《集解》引韋昭注云，地名，在河内，出善倡者。倡爲歌伎、樂人。

[19]【顏注】郭璞曰：言恣所觀也。

[20]【顏注】張揖曰：靡，細也。曼，澤也。【今注】案，"麗靡爛漫於前"與"靡曼美色於後"二句，指美妙的聲色交錯環列。麗靡，悦耳動聽的音樂。爛漫，多姿多彩的舞蹈和雜劇。靡曼，皮膚潔白細膩，體態柔美的美女。

  "若夫青琴虙妃之徒，[1]絶殊離俗，[2]妖冶閑都，靚莊刻飾，便嬛綽約，[3]柔橈嬽嬽，嫵媚孅弱，[4]曳獨繭之褕袘，眇閻易以恤削，[5]便姍嫳屑，[6]與世殊服，[7]芬芳漚鬱，酷烈淑郁，[8]皓齒粲爛，宜笑的皪，[9]長眉連娟，微睇緜藐，[10]色授魂予，心愉於側。[11]

[1]【顏注】伏儼曰：青琴，古神女也。文穎曰：虙妃，洛水之神女也。師古曰：虙讀與伏字同，字本作虙也。【今注】虙妃：伏羲之女，溺死於洛水，成爲洛神。虙，通"宓"。

[2]【顏注】郭璞曰：世無雙也。

[3]【顏注】郭璞曰：靚莊，粉白黛黑也。刻，刻畫鬢鬢也。便嬛，輕麗也。綽約，婉約也。嬛音翾。靚音净。師古曰：妖冶，美好也。閑都，雅麗也。綽音綽。【今注】靚莊刻飾便嬛綽約：指宮中有妝容美麗和髮飾整齊的美女，體態輕盈。靚莊，用粉黛裝飾。刻飾，用膠刷鬢髮，使之整齊得像刻畫出的一樣。

[4]【顏注】師古曰：橈，動曲也。嬽（嬽，白鷺洲本、大德本、殿本作"嬽嬽"），柔屈貌也。孅，細也。細弱總謂骨體也。橈音女教反。嬽音於圓反。嫵音武。孅即纖字耳。【今注】柔

橈嬽嬽嫵媚嬺弱：形容美女姿態柔弱，美麗動人。

[5]【顏注】張揖曰：褕，襜褕也。袣，褒也。郭璞曰：獨
繭，一繭絲也。閣易，衣長貌也。恤削，言如刻畫作之也。師古
曰：褕音踰。袣音曳。易，弋示反（白鷺洲本、大德本、殿本
"弋"前有"音"字）。【今注】獨繭：衣服顏色純正，沒有雜色，
如同出於一繭。　褕袣：裝飾有翟羽的單衣長袖。　閣易：形容衣
長。　恤削：衣服裁製合體。恤，《史記》卷一一七《司馬相如列
傳》作"戌"。

[6]【今注】便姍（shān）嫳（piè）屑：步履輕盈，衣服飄
動的樣子。《史記·司馬相如列傳》作"嫶姽嬕媥"。

[7]【顏注】師古曰：言其行步安詳，容服絕異也。便音步
千反。姍音先。嫳音步結反。【今注】與世殊服：服色特異，不同
於世俗。

[8]【顏注】郭璞曰：香氣盛也。師古曰：漚音一候反。

[9]【顏注】郭璞曰：鮮明貌也。師古曰：皪音礫。【今注】
皓齒粲爛宜笑的皪：指潔白的牙齒十分鮮明，露齒微笑起來很美
麗。粲爛，鮮明。宜笑，笑起來好看。的皪，牙齒鮮明的樣子。

[10]【顏注】郭璞曰：連娟言曲細。緜藐，視遠貌。藐音
邈。師古曰：微睇，小視也。娟一全反（白鷺洲本、大德本、殿
本"一"前有"音"字）。睇大計反（白鷺洲本、大德本、殿本
"大"前有"音"字）。【今注】長眉連娟：長長的眉毛彎曲纖細。
微睇緜藐：眼睛微微斜視，目光含情脈脈。

[11]【顏注】張揖曰：彼色來授，魂往與接也。師古曰：
愉，樂也，音踰。【今注】色授魂予心愉於側：指美色奪人心魄，
讓人神往。

　　"於是酒中樂酣，[1]天子芒然而思，[2]似若有
亡，[3]曰：'嗟乎，此大奢侈！朕以覽聽餘閒，無

事棄日，^[4]順天道以殺伐，^[5]時休息以於此，^[6]恐後世靡麗，遂往而不返，非所以爲繼嗣創業垂統也。’^[7]

[1]【顏注】師古曰：酒中，飲酒中半也。樂酣，奏樂洽也。中音竹仲反。

[2]【顏注】師古曰：芒然猶罔然也。芒莫郎反（白鷺洲本、大德本、殿本“莫”前有“音”字）。

[3]【顏注】師古曰：如有失也。

[4]【顏注】師古曰：言聽政餘暇，不能棄日也。閒讀曰閑。

[5]【顏注】郭璞曰：因秋氣也。【今注】順天道以殺伐：順應上天旨意進行狩獵和伐木等活動。天道，自然界運行的規律。古代認爲這是上天的意旨。

[6]【顏注】郭璞曰：謂苑囿中也。

[7]【顏注】郭璞曰：言不可以示將來也。師古曰：爲音于僞反。【今注】案，“恐後世靡麗”至“創業垂統也”：指恐後世繼承者因前人好田獵和美色，於是也沉溺於此而不知悔改，這並不能爲後世子孫開創帝業，使之世代承襲。繼，白鷺洲本、殿本同，大德本作“继”。

“於是乎乃解酒罷獵，而命有司曰：^[1]‘地可墾辟，悉爲農郊，以贍氓隸，^[2]隤牆填塹，^[3]使山澤之民得至焉。^[4]實陂池而勿禁，^[5]虛宮館而勿仞。^[6]發倉廩以救貧窮，^[7]補不足，^[8]恤鰥寡，^[9]存孤獨。^[10]出德號，省刑罰，^[11]改制度，^[12]易服色，^[13]革正朔，^[14]與天下爲始。’^[15]

[1]【今注】有司：主管相關事務的官吏。

[2]【顏注】師古曰：辟讀曰闢。闢，開也。邑外謂之郊，郊野之田故曰農郊也。《衞風·碩人》之詩曰"稅于農郊"也（于，白鷺洲本、大德本同，殿本作"於"）。【今注】以贍氓隷：以養育平民。贍，供給。

[3]【顏注】師古曰：隤，墜也，音徒回反。【今注】隤牆填塹：推倒圍牆，填塞河道。隤，毀壞、倒塌。

[4]【顏注】師古曰：恣其芻牧樵采者也。

[5]【今注】實陂池而勿禁：指在池塘中放養魚鱉等，不禁止民衆捕獲。

[6]【顏注】師古曰：實謂人滿其中，言恣，其有所取也。牣亦滿也。勿牣，言廢罷之也。【今注】虛宮館而勿牣：指使離宮別館空虛，宮廷中的人不去居住。牣，通"牣"，充滿。

[7]【今注】救貧窮：散發穀米以救濟貧民。救，《史記》卷一一七《司馬相如列傳》作"振"。窮，白鷺洲本、大德本同，殿本作"民"。

[8]【今注】補不足：補助衣食不足的貧民。

[9]【今注】恤鰥寡：老而無妻爲鰥，老而無夫爲寡。恤，周濟。

[10]【今注】存孤獨：老而無子爲獨，幼而無父爲孤。存，撫育。

[11]【顏注】師古曰：德號，德音之號令也。《周易·夬卦》曰"孚號有厲"是也。

[12]【今注】制度：禮儀法令。

[13]【今注】服色：車馬、祭牲、服飾等的顏色。

[14]【今注】正朔：曆法。正，正月，一年中的第一個月，爲歲首。朔，每月的初一日。漢初承襲秦正朔服色。文帝時，用公孫弘建議，以漢爲土德，色尚黃。其後賈誼上書建議改正朔，易服

色制度。武帝太初元年（前104），太中大夫公孫卿、壼遂、太史令司馬遷等上疏，請改正朔。

[15]【今注】與天下爲始：以更新後的制度、服色、正朔爲始，使後世子孫承襲不改。

　　"於是歷吉日以齋戒，[1]襲朝服，乘法駕，[2]建華旗，[3]鳴玉鸞，[4]游于六蓺之囿，馳騖乎仁義之塗，[5]覽觀《春秋》之林，[6]射《貍首》，兼《騶虞》，[7]弋玄鶴，舞干戚，[8]載雲罕，撢群雅，[9]悲《伐檀》，[10]樂樂胥，[11]修容乎《禮》園，翱翔乎《書》圃，[12]述《易》道，[13]放怪獸，[14]登明堂，[15]坐清廟，[16]恣群臣，奏得失，四海之內，靡不受獲。[17]於斯之時，天下大說，鄉風而聽，隨流而化，[18]芔然興道而遷義，[19]刑錯而不用，德隆於三皇，功羨於五帝。[20]若此，故獵乃可喜也。

　　[1]【顏注】張揖曰：歷算也（白鷺洲本、大德本、殿本"算"前有"猶"字）。

　　[2]【今注】法駕：天子的車駕。又稱金根車，駕六馬。

　　[3]【今注】華旗：華美的旌旗。

　　[4]【顏注】郭璞曰：鸞，鈴也，在軔曰鸞，在軾曰和。【今注】鳴玉鸞：天子法駕行進中，侍從車馬所佩的玉和鈴同時作響。

　　[5]【顏注】郭璞曰：六蓺，禮、樂、射、御、書、數也。塗，道也。師古曰：郭說非也。此六蓺謂六經者也。【今注】六蓺：《詩》《書》《易》《禮》《樂》《春秋》。

　　[6]【顏注】如淳曰：《春秋》義理繁茂，故比之於林藪也。

[7]【顏注】郭璞曰:《貍首》,逸《詩》篇名,諸侯以爲射節。《騶虞》,《召南》之卒章,天子以爲射節也。【今注】射貍首:《司馬相如集校注》引《儀禮·大射》"奏貍首閒若"。注"其詩有'射諸侯首不朝者'之言,因以名篇",此詩爲諸侯射時所奏樂章,指諸侯當定期朝會天子(第87頁)。　兼騶虞:騶虞,傳説此物爲義獸,不食活的動物,有至信之德。此詩爲天子射時所奏樂章,指天子當尊賢納士。

[8]【顏注】郭璞曰:干,盾;戚,斧也。【今注】弋玄鶴舞干戚:指用帶繩子的箭射黑鶴,並跳干戚舞。

[9]【顏注】張揖曰:罕,畢也,前有九流雲罕之車。《詩·小雅》之材七十四人,《大雅》之材三十一人,故曰群雅也。【今注】雲罕:捕鳥的綱。此處指天子出行時前驅的旌旗。王先謙《漢書補注》認爲,罕綱出獵時則載於車上,故云載雲罕。　群雅:文雅之士。《司馬相如集校注》認爲,本賦叙田獵,故所涉皆禽獸名,此處揜群雅,亦當與田獵有關(第87頁)。雅,通"鴉"。

[10]【顏注】師古曰:"伐檀",魏國之詩,刺在位貪鄙也。【今注】悲伐檀:此詩諷刺賢者不遇明主。而漢天子招攬群賢,故讀《伐檀》感到傷悲。

[11]【顏注】鄭氏曰:《詩》云"于胥樂兮"。師古曰:此説非也。謂取《小雅·桑扈》之篇云"君子樂胥,萬邦之屏"耳。胥,有材知之人也(知,白鷺洲本、大德本、殿本作"智",下同不注)。王者樂得有材知之人使在位也。胥音先呂反。

[12]【顏注】師古曰:此以上皆取經典之嘉辭,以代游獵之娱樂。【今注】修容乎禮園翔翔乎書圃:《司馬相如集校注》認爲,此二句指以《禮經》和《尚書》爲游賞之所。用《禮經》來修飾儀容,以《尚書》通達政事,知曉遠古(第88頁)。修,白鷺洲本、大德本同,殿本作"脩"。

[13]【顏注】郭璞曰:脩絜静精微之術。【今注】述易道:

順天道而察民情，達到垂拱而治。《易》道，指萬物陰陽剛柔而生變化之道。

[14]【顏注】張揖曰：苑中奇怪之獸，不復獵也。【今注】案，《司馬相如集校注》認爲，指天子已游於六藝之圃而好施仁義，故放怪獸而罷獵。

[15]【今注】明堂：古代天子召見諸侯及宣明政教的地方。凡朝會、祭祀、慶賞、選士均在此舉行。

[16]【今注】清廟：太廟。古代帝王祭祀祖先的宗廟。

[17]【顏注】師古曰：言天下之人，皆受恩惠，豈直如田獵得獸而已（如，白鷺洲本同，大德本、殿本作“於”）。【今注】案，“恣群臣”至“靡不受獲”：令群臣奏議朝政得失，天子虛心納諫。

[18]【顏注】師古曰：說讀曰悅。鄉讀曰嚮。【今注】案，“天下大説”至“隨流而化”：指天下皆擁戴天子，受禮樂教化，形成風气。

[19]【顏注】師古曰：勌然猶欼然也。遷，徙也，徙就於義也。勌許貴反（白鷺洲本、大德本、殿本“許”前有“音”字）。【今注】勌然興道而遷義：興起仁義之道而至於仁義的境界。

[20]【顏注】師古曰：錯，置也。美，饒也。五帝謂黃帝、顓頊、帝嚳、堯、舜也，一曰少昊、顓頊、高辛、堯、舜也。錯音千故反。美音弋戰反。【今注】刑錯而不用：因無人犯法，刑法廢棄而沒有用途。錯，通“措”。廢棄，擱置。

　　“若夫終日馳騁，勞神苦形，[1]罷車馬之用，杬士卒之精，[2]費府庫之財，而無德厚之恩，務在獨樂，不顧衆庶，[3]忘國家之政，貪雉菟之獲，[4]則仁者不繇也。[5]從此觀之，齊楚之事，[6]豈不哀哉！地方不過千里，而囿居九百，是草木不得墾辟，而民無所食也。[7]夫以諸侯之細，而樂萬乘之所侈，僕恐百姓被其尤也。"[8]

[1]【今注】勞神苦形：使精神疲憊和身體勞累。

[2]【顏注】師古曰：罷讀曰疲。杭，挫也，音五官反（五，白鷺洲本、大德本同，殿本作"伍"）。

[3]【今注】務在獨樂不顧眾庶：天子貪圖享樂而不體恤民間疾苦。

[4]【今注】雉菟之獲：泛指田獵等事。

[5]【顏注】師古曰：繇讀與由同。由，用也。【今注】仁者不繇也：仁君不會因沉湎田獵而荒廢朝政。

[6]【今注】齊楚之事：齊楚兩國互相誇耀苑囿之大，貪圖游獵之樂，而不行仁義之政。

[7]【顏注】師古曰：辟讀曰闢。

[8]【顏注】師古曰：尤，過也；被，皮義反（白鷺洲本、大德本、殿本"皮"前有"音"字）。【今注】案，"以諸侯之細"至"百姓被其尤"：指諸侯雖然卑微，但喜好天子的奢華，恐怕百姓會因此遭受禍患。

於是二子愀然改容，超若自失，[1]逡巡避席，[2]曰："鄙人固陋，不知忌諱，乃今日見教，謹受命矣。"

[1]【顏注】師古曰：愀，變色貌，音材小反。【今注】愀然改容超若自失：神情變得憂愁，茫然不知所措。

[2]【今注】逡巡避席：向後退步並離開席位，以表示尊重。

　　賦奏，天子以爲郎。亡是公言上林廣大，山谷水泉萬物，及子虛言雲夢所有甚衆，侈靡多過其實，且非義理所止，故删取其要，[1]歸正道而論之。[2]

　　[1]【今注】案，“侈靡多過其實”三句，指司馬相如此賦所載内容過於奢靡，並非班固所認爲的義理所取，但因其賦出於諷諫的目的，故録其文字。案，王先謙《漢書補注》引《一切經音義》，“删”即“定”，確定。

　　[2]【顔注】師古曰：言不尚其侈靡之論，但取終篇歸於正道耳，非謂削除其辭也，而説者便謂此賦已經史家刊劉，失其意矣。

漢書　卷五七下

司馬相如傳第二十七下

　　相如爲郎數歲，[1] 會唐蒙使略通夜郎、僰中，[2] 發巴蜀吏卒千人，[3] 郡又多爲發轉漕萬餘人，[4] 用軍興法誅其渠率。[5] 巴蜀民大驚恐。上聞之，乃遣相如責唐蒙等，因諭告巴蜀民以非上意。檄曰：[6]

　　[1]【今注】郎：官名。或稱郎官、郎吏。漢九卿之一郎中令（光禄勳）屬官。掌守皇宮門户，出行充皇帝車騎。有議郎、中郎、侍郎、郎中等。秩自比六百石至比三百石不等，無定員。案，據本書《地理志上》載，漢武帝建元六年（前 135）置犍爲郡，此前司馬相如已爲郎數年，則獻《子虚賦》的時間當在武帝即位之初。有學者指出，當在景帝中元五年（前 145）（劉南平：《司馬相如生平及作品繫年考》，《中國典籍與文化論叢》第 3 輯，中華書局 1995年版）。後數歲司馬相如通西南夷。

　　[2]【顏注】師古曰：行取曰略。夜郎、僰中，皆西南夷也。僰，音蒲北反。【今注】唐蒙：漢武帝時爲番陽令。建元六年出使南越，因食枸醬，知南越與西南夷相通。因此上書武帝通西南夷。武帝以其爲郎中將，率千人，從巴蜀筰關（今四川合江縣）入夜郎。案，當時的行程速度，完成這一歷程當需一年左右的時間，則唐蒙上書在元光元年（前 134），入西南夷當在元光二年。司馬相

如《諭巴蜀檄》當在元光二年（參見馬孟龍《西漢廣漢郡置年考辨——兼談犍爲郡置年》，《四川文物》2019 年第 3 期；熊偉業《司馬相如研究》，電子科技大學出版社 2013 年版，第 100—101頁）。有學者認爲，司馬相如通西南夷是在漢武帝元光五年，唐蒙治通夜郎道是在此前的三年之中（周及徐《西漢通西南夷的幾個問題及通西南夷大事年表》，《語言歷史論叢》2019 年第 1 期）。 夜郎：西南古國名。治夜郎城（今貴州關嶺布依族苗族自治縣南）。漢武帝元鼎六年（前 111）於其地置牂柯郡。 僰（bó）中：地名。今四川宜賓市珙縣。僰人爲漢代西南夷的一支，其中心地區稱爲“僰中”（參見祁慶富《〈史記〉中“僰中”“西僰”考辨》，《重慶師範學院學報》1982 年第 3 期）。關於唐蒙經略夜郎、僰中，沈欽韓《漢書疏證》引常璩《華陽國志》：“武帝開南中，令蜀通僰、青衣道。僰道令通之，費功無成。使者唐蒙，以道不通，執令，將斬之。令歎曰：‘忝官益土，恨不見成都市。’蒙即令送成都市而殺之。蒙乃斬石通閣道。世爲諺曰：‘思都郵，斬令頭。’”建元六年，漢朝置犍爲郡。事詳本書卷九五《西南夷傳》。

　　[3]【今注】巴：郡名。治江州（今重慶市北）。蜀：郡名。治成都縣（今四川成都市）。案，發巴蜀吏卒千人，《史記》卷一一六《西南夷列傳》載，發巴蜀卒治道，自僰道至牂柯江。當即此事。

　　[4]【今注】轉漕：通過陸路和水路運輸。車運曰轉，水運曰漕。

　　[5]【顏注】師古曰：渠，大也。【今注】軍興法：戰時徵發調集車輛、物資等稱“軍興”。漢律規定軍需短缺、延遲會受到處罰。《晉書·刑法志》載蕭何又益《興》《厩》《戶》三篇（參孫聞博《秦漢“軍興”、〈興律〉考辨》，《南都學壇》2015 年第 2期）。《史記》卷一一七《司馬相如列傳》無“軍”字。 渠率：首領。古代對反叛者或周邊少數民族首領或部落酋長的稱呼。渠，大。

[6]【今注】撽：即"檄"。以木爲書，長尺二寸，謂之檄。用於徵召。此《諭巴蜀父老檄》文有敦煌卷子，參金少華《日本永青文庫藏敦煌本〈文選注〉箋證一則》（《敦煌吐魯番研究》2016 年第 1 期）。案，撽，白鷺洲本、大德本、殿本作"檄"。下同不注。劉南平、班秀萍據本書卷六《武紀》載，元光五年"夏發巴蜀治南夷道"，確定此檄作於此年（參見劉南平、班秀萍《司馬相如考釋》，天津古籍出版社 2007 年版，第 41 頁）。

　　告巴蜀太守：[1]蠻夷自擅，[2]不討之日久矣，時侵犯邊境，勞士大夫。陛下即位，存撫天下，[3]集安中國，[4]然後興師出兵，北征匈奴，[5]單于怖駭，交臂受事，屈膝請和。[6]康居西域，[7]重譯納貢，[8]稽首來享。[9]移師東指，閩越相誅；[10]右弔番禺，太子入朝。[11]南夷之君，西僰之長，[12]常效貢職，不敢惰怠，延頸舉踵，喁喁然，[13]皆鄉風慕義，欲爲臣妾，[14]道里遼遠，山川阻深，不能自致。[15]夫不順者已誅，而爲善者未賞，故遣中郎將往賓之，[16]發巴蜀之士各五百人以奉幣，衞使者不然，[17]靡有兵革之事，戰鬥之患。今聞其乃發軍興制，[18]驚懼子弟，憂患長老，[19]郡又擅爲轉粟運輸，[20]皆非陛下之意也。當行者或亡逃自賊殺，[21]亦非人臣節也。[22]

[1]【今注】太守：官名。掌一郡政事。秩二千石。

[2]【今注】自擅：自作主張。指不聽從漢朝。

[3]【今注】存撫：撫慰。

[4]【今注】集安：安定。《史記》卷一一七《司馬相如列傳》

作"輯安"。

[5]【今注】匈奴：傳見本書卷九四。北征匈奴事，指漢武帝即位之初（元光二年，前133）的馬邑之戰。

[6]【今注】屈膝請和：王先謙《漢書補注》曰：元光三年，武帝聽從大行王恢的建議，在馬邑誘擊匈奴，被匈奴識破，無功。但匈奴貪戀漢朝財物，漢朝也希望與通關市，以維持雙方關係。事詳本書《匈奴傳》。所謂屈膝請和，祇不過是司馬相如的掩飾之說。

[7]【今注】康居：西域古國名。在今哈薩克斯坦巴爾喀什湖和鹹海之間。都城在卑闐城（今烏兹別克塔什干或哈薩克奇姆肯特地）。　西域：漢代以後指玉門關、陽關以西的地區。

[8]【今注】重譯：多次翻譯。指漢朝周邊的古國，因語言不通，需多次轉譯。

[9]【顏注】師古曰：来入朝覲，豫享祀也。一曰享，獻也，獻其國珍也。【今注】稽首來享：王先謙《漢書補注》引《西域傳》："漢興至于孝武，事征四夷，廣威德，而張騫始開西域之迹。"據《史記》卷一二三《大宛列傳》裴駰《集解》徐廣云，張騫出使西域，至漢武帝元朔三年（前126）歸漢，則司馬相如曉喻巴蜀時，西域、康居尚未與漢朝相通，則所謂西域諸國"稽首來享"的說法也是司馬相如的夸飾之辭。或當時漢朝與西域有民間的交通往來，史書没有明文記載。稽首，古代一種叩頭至地的跪拜禮，是九拜中最恭敬的。來享，前來貢獻方物。

[10]【今注】閩越相誅：王先謙《漢書補注》曰：漢武帝建元六年（前135），閩越王郢攻南越，漢朝遣王恢、韓安國率軍擊之。越人殺郢投降。事詳本書卷九五《閩粵傳》。

[11]【顏注】文穎曰：弔，至也。番禺，南海郡治也。東伐越，後至番禺，故言右也。師古曰：南越爲東越所伐，漢發兵救之，南越蒙天子德惠，故遣太子入朝，所以云弔耳，非訓至也。【今注】右弔番禺太子入朝：南越太子嬰齊入朝，事在漢武帝建元

六年前後。王先謙《漢書補注》曰：閩粵殺王郢，武帝使嚴助前往曉諭南粵，其王胡遣太子嬰齊入朝宿衛。事詳本書《南粵傳》。弔，慰問。番禺，南越國都，在今廣東廣州市番禺區。

[12]【今注】南夷之君西僰之長：泛指西南各少數民族的君長。

[13]【顏注】師古曰：喁喁，衆口向上也，音魚龍反。【今注】喁（yóng）喁然：仰望期待的樣子。

[14]【顏注】師古曰："鄉"讀曰"嚮"。【今注】臣妾：臣下。《左傳》僖公十七年："男爲人臣，女爲人妾。"

[15]【顏注】師古曰：致，至也。

[16]【今注】中郎將：官名。九卿之一郎中令（光禄勳）屬官。掌領諸郎官。秩比二千石。郎官分五官、左、右三署，各有中郎將一人。此處指唐蒙。案，《史記》卷一一六《西南夷列傳》、本書卷九五《西南夷兩粵朝鮮傳》均作"郎中將"。有學者認爲，唐蒙在建元六年已是番陽令，秩最高爲千石；且漢代使者持節出使，多遣中郎將，當以"中郎將"爲是（參見周及徐《西漢通西南夷的幾個問題及通西南夷大事年表》，《語言歷史論叢》2019 年第 1 期）。 往賓：使歸順。本書《西南夷傳》載，建元六年，大行王恢擊東粵，東粵殺王郢。王恢使番陽令唐蒙曉諭南粵。唐蒙因食蒙蜀枸醬，得知通西南夷的道路。故上書武帝"通夜郎道，爲置吏"。武帝以唐蒙爲郎中將（當作"中郎將"），率千人從巴苻關（《史記》作"莋關"）入西南夷，厚賜並曉諭，置吏，以夜郎侯之子爲令。案，賓，大德本同，白鷺洲本、殿本作"賞"。前文亦作"賞"，當據改。

[17]【顏注】張揖曰：不然之變也。

[18]【顏注】師古曰：以發軍之法爲興衆之制也。【今注】今聞其乃發軍興制：王先謙《漢書補注》謂，即前所謂"用軍興法"，司馬貞《索隱》："（引）張揖云：'發軍，謂發三軍之衆。興

制，謂起軍法誅渠帥也。’案，唐蒙爲使，而用軍興法制，故驚懼蜀人也。”

[19]【今注】長老：秦漢時期對年老之人的稱呼。

[20]【今注】轉粟運輸：漢武帝時官營運輸業具有經營調度權高度集中的特點，因此郡以上的官吏也不許擅爲轉粟運輸（參見孫中家、王子今《秦漢時期的官營運輸業》，《求是學刊》1996 年第 3 期）。

[21]【顏注】師古曰：賊猶害也。【今注】當行者或亡逃自賊殺：指巴蜀之人或逃亡自相劫殺。

[22]【今注】案，白鷺洲本、大德本、殿本“節”前有“之”字。

　　夫邊郡之士，聞燯舉燧燔，[1]皆攝弓而馳，荷兵而走，[2]流汗相屬，惟恐居後，[3]觸白刃，冒流矢，[4]議不反顧，計不旋踵，[5]人懷怒心，如報私讎。彼豈樂死惡生，非編列之民，而與巴蜀異主哉？[6]計深慮遠，急國家之難，而樂盡人臣之道也。故有剖符之封，析圭而爵，位爲通侯，[7]居列東第。[8]終則遺顯號於後世，傳土地於子孫，事行甚忠敬，居位甚安佚，[9]名聲施於無窮，功烈著而不滅。是以賢人君子，肝腦塗中原，膏液潤埜中而不辭也。[10]今奉幣役至南夷，[11]即自賊殺。或亡逃抵誅，[12]身死無名，[13]謚爲至愚，[14]恥及父母，爲天下笑。人之度量相越，[15]豈不遠哉！然此非獨行者之罪也，[16]父兄之教不先，子弟之率不謹，[17]寡廉鮮恥，而俗不長厚也。[18]其被刑戮，不亦宜乎！

　　[1]【顏注】孟康曰：燹如覆米篹，縣著契皋頭，有寇則舉之。燧，積薪，有寇則燔然之也。【今注】燹舉燧燔：指由於邊境不安，經常燃烽燧報警。燧是漢代邊塞的最基層單位。各燧相隔數里，有燧長及燧卒三四人，主要負責燃燧報警。白天舉烟火，夜裏舉火炬。

　　[2]【顏注】師古曰：攝謂張弓注矢而持之也。攝，女涉反（白鷺洲本、大德本、殿本"女"前有"音"字）。【今注】案，攝弓而馳荷兵而走：指漢代邊郡士兵手持上弦的弓和兵器來往奔跑。形容邊境軍情緊急。馳、走，均意爲"奔跑"。

　　[3]【顏注】師古曰：屬，逮也，音之欲反。

　　[4]【顏注】師古曰：冒，犯也。

　　[5]【今注】議不反顧計不旋踵：指邊郡士兵奔走時頭也不回，也不向後轉動身體。形容下定決心，作戰十分勇敢。

　　[6]【顏注】師古曰：編列，謂編戶也。編，布先反（白鷺洲本、大德本、殿本作"布"前有"音"字）。【今注】案，"彼豈樂死惡生"三句，指邊境士兵作戰勇敢，但都樂生惡死，都是國家的編戶齊民，與巴、蜀兩郡的人民沒有不同。編列之民，即正式編入戶籍的人民。

　　[7]【顏注】如淳曰：析，中分也。白藏天子，青在諸侯也。【今注】剖符之封析圭而爵位爲通侯：指漢朝分封王、侯等。剖符，古代帝王分封功臣與諸侯，將竹製符節剖分爲二，君臣各執一半，以表守信。析圭，王先謙《漢書補注》引本書《高紀》"與功臣剖符作誓"及《周禮·大宗伯》"以玉作六瑞，以等邦國。王執鎮圭，公執桓圭，侯執信圭，伯執躬圭"認爲，析圭而爵，指分圭而封之以爵。析，即分頒之義，並非一分爲二。通侯，秦漢二十等爵第二十等，爲最高級。又作"徹侯""列侯"。

　　[8]【顏注】師古曰：東第，甲宅也。居帝城之東，故曰東第也。【今注】居列東第：漢代長安的王侯、官員宅第，以東爲尊，

西第次之。第，王先謙《漢書補注》謂，《文選》注引張揖曰："列東第，在天子下方。"《史記》卷一一七《司馬相如列傳》司馬貞《索隱》："列甲第在帝城東，故云東第也。"則府邸有甲乙次第，故曰第。本書卷一下《高紀下》載"爲列侯食邑者，皆佩之印，賜大第室。吏二千石，徙之長安，受小第室"。據司馬相如此賦，知漢代以東第爲甲，西第爲乙。至北第與北闕同嚮，則更加尊貴。第，即甲第，西漢列侯、公主、將軍、丞相等在京師長安的府第。諸侯王朝見皇帝或有大事時，則居京師邸第。這些甲第主要分布在未央宮東闕、北闕、宣平貴里和長安城北五陵、城東杜陵、霸陵的陵邑；甲第所有權屬於國家，祇有較高政治身份的人纔可以擁有（參見王培華、戴國慶《西漢長安的甲第》，《北京師範大學學報》2018 年第 5 期）。

[9]【顏注】師古曰：佚，樂也，讀與"逸"同。

[10]【顏注】師古曰："埜"與"壄"同，古"野"字也。中，古"草"字也（白鷺洲本、大德本、殿本句末無"也"字）。【今注】肝腦塗中原膏液潤埜中而不辭也：指爲國家建功立業，不惜一死。肝腦、膏液均爲身體的一部分，代指生命。膏液，脂膏與血液。

[11]【今注】奉幣役：奉幣之役，指上文所云"發巴蜀之士各五百人以奉幣"。案，役，白鷺洲本、大德本、殿本作"使"。《漢書考正》宋祁曰：越本"使"作"役"。王念孫《讀書雜志·漢書第十》云，景祐本亦作"役"。指發役奉幣，以衞使者，則以"奉幣役"爲是，不當作"奉幣使"。"役"字古文作"伇"，與"使"相似而誤。

[12]【顏注】師古曰：抵，至也，亡逃而至於誅也。

[13]【顏注】師古曰：無善名也。

[14]【顏注】師古曰：謚者，行之迹也。終以愚死，後葉傳稱，故謂之謚。【今注】案，"或亡逃抵誅"數句，指因逃役而被

誅罰的人，死後無名聲，被稱爲愚，父母爲此羞恥，被天下人所恥笑。亡逃抵誅，因逃亡而被誅。

[15]【今注】度量相越：指巴蜀之人不立忠節，身被誅戮，使父母受恥辱。這種做法與在邊境立功的人相去甚遠。

[16]【今注】獨行者：指被徵調赴邊的人。

[17]【顏注】師古曰：不先者，謂往日不素教之也。【今注】父兄之教不先子弟之率不謹：指父輩兄弟等事先不教導，平時又不做出表率。

[18]【顏注】師古曰：寡、鮮，皆少也。鮮，音息淺反。

陛下患使者有司之若彼，[1]悼不肖愚民之如此，故遣信使，[2]曉諭百姓以發卒之事，[3]因數之以不忠死亡之罪，[4]讓三老孝弟以不教誨之過。[5]方今田時，[6]重煩百姓，[7]已親見近縣，[8]恐遠所谿谷山澤之民不徧聞，檄到，亟下縣道，[9]咸喻陛下意，毋忽！[10]

[1]【今注】有司：主管事務的官吏。此指巴蜀郡縣的官吏。案，有，大德本同，白鷺洲本、殿本作"所"。

[2]【顏注】師古曰：誠信之人以爲使也。【今注】信使：使臣。司馬相如自稱。

[3]【顏注】師古曰：諭，告也。

[4]【顏注】師古曰：數，責也，音所具反。

[5]【顏注】師古曰：讓，責也，責其教誨不備也。【今注】三老：漢代鄉、縣、郡中年老且有德行的人，參與地方政事，掌教化。一般年齡在五十歲以上（參見黃今言《漢代三老、父老的地位與作用》，《江西師範大學學報》2007 年第 5 期）。 孝弟：漢代鄉官。本指孝敬父母、友愛兄長的人。惠帝四年（前 191），舉民孝

弟力田者復其身，目的是獎勵表彰孝悌，使爲民表率。高后元年（前187），令郡置孝悌力田一人。文帝十二年（前168），又計戶口之數增置其員。《後漢書》卷二《明帝紀》載：“其賜天下男子爵，人二級；三老、孝悌、力田，人三級。”李賢注：“三老、孝悌、力田，三者皆鄉官之名。三老，高帝置，孝悌、力田，高后置，所以勸導鄉里，助成風化也。”

[6]【今注】田時：農業生產正忙的時候。古代以孟夏、仲秋爲田時。國家實行勸農，不應以其他築城、勞役等奪農時。

[7]【顔注】師古曰：重，難也，不欲召聚之也。

[8]【顔注】師古曰：近縣之人，使者以自見而口諭之矣，故爲檄文馳以示遠所也。

[9]【顔注】師古曰：亟，急也。縣有蠻夷曰道。【今注】縣道：指境內有少數民族的縣。本書《百官公卿表上》載：“列侯所食縣曰國，皇太后、皇后、公主所食曰邑，有蠻夷曰道。”

[10]【顔注】師古曰：忽，怠忽也。

相如還報。[1]唐蒙已略通夜郎，因通西南夷道，發巴、蜀、廣漢卒，[2]作者數萬人。[3]治道二歲，道不成，士卒多物故，[4]費以億萬計。蜀民及漢用事者多言其不便。是時邛、莋之君長[5]聞南夷與漢通，得賞賜多，多欲願爲內臣妾，[6]請吏，[7]比南夷。上問相如，相如曰：“邛、莋、冉、駹者近蜀，道易通，[8]異時嘗通爲郡縣矣，[9]至漢興而罷。今誠復通，爲置縣，愈於南夷。”[10]上以爲然，乃拜相如爲中郎將，建節往使。[11]副使者王然于、壺充國、呂越人，[12]馳四乘之傳，[13]因巴蜀吏幣物以賂西南夷。[14]至蜀，太守以下郊迎，[15]縣令負弩矢先驅，[16]蜀人以爲寵。於是卓王

孫、臨邛諸公皆因門下獻牛酒以交驩。[17] 卓王孫喟然
而嘆，自以得使女尚司馬長卿晚，[18] 乃厚分與其女財，
與男等。[19] 相如使略定西南夷，[20] 邛、莋、冉、駹、
斯榆之君皆請爲臣妾，[21] 除邊關，邊關益斥，[22] 西至
沫、若水，[23] 南至牂柯爲徼，[24] 通靈山道，橋孫水，[25]
以通邛、莋。[26] 還報，天子大說。[27]

[1]【顏注】師古曰：使託還報天子也。【今注】案，當在漢
武帝元光五年（前 130）秋，則司馬相如初通西南夷應在元光四年
（熊偉業：《西漢唐蒙司馬相如通西南夷年代辨正》，《貴州民族研
究》2008 年第 3 期）。

[2]【今注】廣漢：郡名。治梓潼縣（今四川梓潼縣）。事詳
本書卷九五《西南夷傳》："發巴蜀卒治道，自僰道指牂柯江。"《史
記・平準書》載："鑿山通道千餘里，以廣巴蜀，巴蜀之民罷焉。"

[3]【今注】作者：服勞役的人。指上文所説發轉漕萬餘人。

[4]【顏注】師古曰：物故，死也。解在《蘇武傳》。【今注】
案，本書卷九五《西南夷傳》載："數歲，道不通，士罷餓餒，離
暑溼，死者甚衆。"治道二歲，當在元光四年。又本書卷六《武
紀》、卷五八《公孫弘卜式兒寬傳》載，元光五年，時方通西南
夷，巴、蜀苦之，詔使公孫弘視察。當即此事。

[5]【顏注】文穎曰：邛者，今爲邛都縣。莋者，今爲定莋縣。
師古曰：莋，才各反（白鷺洲本、大德本、殿本"才"前有
"音"字）。【今注】邛：古族名。即邛都。在今四川西昌市一帶。
莋：古族名。即莋都。在今四川漢源縣一帶。

[6]【今注】内臣妾：臣服於漢朝。内，指漢朝。

[7]【今注】請吏：請漢朝在西南夷設置官吏。本書《西南夷
傳》作："厚賜，諭以威德，約爲置吏，使其子爲令。"

[8]【顏注】師古曰：今夔州、開州等首領姓冉者，皆舊冉

種也。"駹"音"尨"。【今注】冉駹：均古族名。在今四川茂縣一帶。

　　[9]【顏注】師古曰：異時猶言往時也。

　　[10]【顏注】晉灼曰：南夷謂犍爲、牂柯也。西夷謂越巂、益州也。師古曰：愈，勝也。

　　[11]【今注】建節往使：使使者持節代表皇帝出使、指揮軍隊或處理政務。節，漢代使者所持的信物，以竹爲杆，柄長八尺，上綴飾旄牛尾。本書《西南夷傳》載"使相如以郎中將往諭，皆如南夷，爲置一都尉，十餘縣，屬蜀"。

　　[12]【今注】王然于：陳直《史記新證》認爲，然于即單于之轉音。王然于當作"王單于"。　　壺充國：據本書《百官公卿表》，漢武帝太初元年（前104）爲大鴻臚。　　呂越人：事迹不詳。案，本書《西南夷傳》載，漢武帝令王然于、柏始昌、呂越人等十餘人出使西南夷。

　　[13]【顏注】師古曰：傳，張戀反（白鷺洲本、大德本、殿本"張"前有"音"字）。【今注】馳四乘之傳：案，本書卷一下《高紀下》如淳注曰："律，四馬高足爲置傳，四馬中足爲馳傳，四馬下足爲乘傳，一馬、二馬爲軺傳。急者乘一乘傳。"傳，傳車。四乘之傳，指急傳。

　　[14]【今注】西南夷：楊守敬《水經注疏》卷三六認爲，司馬相如略定西夷，《漢書》並作"西南夷"，"南"字是衍文。蓋邛莋爲西夷，相如所從事在西夷，並未涉及南夷。《史記·西南夷列傳》載，天子乃令王然于、柏始昌、呂越人等使閑出西夷西，指求身毒國。

　　[15]【顏注】師古曰：迎於郊界之上也。

　　[16]【顏注】師古曰：導路也。【今注】負弩矢：背負弩矢在前作爲前驅。按漢代規定，負弩矢者當爲亭吏。《續漢書·百官志》注引應劭《風俗通義》云："漢家因秦，大率十里一亭。亭，留也，

蓋行旅宿會之所館。亭吏舊名負弩，改爲長，或謂亭父。"沈欽韓
《漢書疏證》卷二九曰：《古今注》："兩漢京兆河南尹、執金吾、司
隸校尉，皆使人導引傳呼，使行者止，坐者起。四人皆持角弓，違
者則射之。有乘高窺闚者，亦射之。魏晉設角弩而不用也。"王先
謙《漢書補注》引司馬貞《史記索隱》："案，亭吏名亭長，弩矢合
是亭長負之。今縣令自負矢，則亭長當負弩也。且負弩是守宰無
定，或隨時輕重耳。按，霍去病出擊匈奴，河東太守郊迎負弩。又
魏公子救趙擊秦，秦軍解去，平原君負韝矢迎公子於界上是也。"

[17]【今注】卓王孫：姓卓名王孫。原世居趙國，秦滅趙後，
被虜，遷蜀郡，以冶鐵致富。　臨邛：縣名。治所在今四川邛崍
市。　諸公：秦漢時對年老者的稱呼。《史記》卷一〇七《魏其武
安侯列傳》裴駰《集解》徐廣曰："一云'諸卿'。時人相號長老
老者爲'諸公'，年少者爲'諸卿'，如今人相號爲'士大
夫'也。"

[18]【顏注】師古曰：尚猶配也，義與尚公主同。今流俗書
本此"尚"字作"當"，蓋後人見前云文君恐不得當，故改此文
以就之耳。【今注】尚：匹配、攀附婚姻。

[19]【今注】與男等：本書卷五七上《司馬相如傳上》載，
卓王孫不得已，分與文君僮百人、錢百萬，及其嫁時衣被財物。

[20]【今注】相如使略定西南夷：王先謙《漢書補注》認爲
當以《史記·司馬相如列傳》作"相如便略定西夷"爲是。司馬
相如親自略定，未嘗派使者前往。因"便""使"二字形近致訛。
"南"字當衍。

[21]【今注】斯榆：古族名。即嶲（xī）。漢代分布在今雲南
保山市東部、東北部和瀾滄江西部雲龍縣境。

[22]【顏注】師古曰：斥，開廣也。【今注】除邊關邊關益
斥：王先謙《漢書補注》認爲指除去舊設之關，更於新開之地置
關。《史記·司馬相如列傳》作"除邊關，關益斥"。

[23]【顏注】張揖曰：沫水出蜀廣平徼外（王先謙《漢書補注》案，《水經注》作“沫水出廣柔徼外”，則“平”當爲“柔”之誤字）。若水出旄牛徼外。師古曰：“沫”音“妹”。【今注】沫：水名。今四川大渡河。　若水：今四川雅礱江。

[24]【顏注】張揖曰：徼謂以木石水爲界者也（王先謙《漢書補注》曰：《史記·司馬相如列傳》司馬貞《索隱》引張揖云：“徼，塞也。以木栅水，爲蠻夷界。”則此“石”字有誤）。如淳曰：斯榆之君等自求去邊關，欲與牂柯作徼塞也。師古曰：徼，工釣反（白鷺洲本、大德本、殿本“工”前有“音”字）。【今注】牂柯：水名。今貴州北盤江。

[25]【顏注】張揖曰：鑿開靈山道，置靈道縣。孫水出臺登縣，南至會無入若水。師古曰：於孫水上作橋也。【今注】靈山道：在今四川蘆山縣城以北約十公里處的古靈關山和靈關峽（參見劉世旭《“靈關”與“零關道”》，《涼山民族研究》1995年第2輯）。案，靈山道當作“靈關道”。《漢書考證》齊召南曰：《史記·司馬相如列傳》作“通靈關道”。據本書《地理志》，越巂有靈關道，則本文“山”字當訛。張揖注“置靈道縣”，亦脱一“關”字。錢大昭《漢書辨疑》卷一八曰：兩漢《志》俱作“靈關道”。靈關道故城，在今四川峨邊彝族自治縣南。《史記·司馬相如列傳》作“零關道”。　橋孫水：在孫水上架橋，以通邛莋。孫水，今四川安寧河。發源於今四川冕寧縣小相嶺及牦牛山，經西昌市、德昌縣、米易縣，至攀枝花市，注入金沙江（參見《民族詞典》，上海辭書出版社1987年版，第494頁）。

[26]【今注】邛莋：王先謙《漢書補注》曰：“莋”，《史記·司馬相如列傳》作“都”，《索隱》本作“筰”。案，常璩《華陽國志》云“相如卒開棘道，通南中，置越巂郡。韓説開益州，唐蒙開牂柯，斬筰王首，置牂柯郡”。當以邛莋爲是。

[27]【顏注】師古曰：“説”讀曰“悦”。

相如使時，蜀長老多言通西南夷之不爲用，大臣亦以爲然。相如欲諫，業已建之，不敢，[1]乃著書，藉蜀父老爲辭，而己詰難之，以風天子，[2]且因宣其使指，[3]令百姓皆知天子意。其辭曰：

[1]【顏注】師古曰：本由相如立此事，故不敢更諫也。

[2]【顏注】師古曰：藉，假也。"風"讀曰"諷"。【今注】案，《史記》卷一一七《司馬相如列傳》作"籍以蜀父老爲辭"。司馬相如作《難蜀父老》時間，劉南平認爲，當在漢武帝元光六年（前129）（《司馬相如生平及作品繫年考》，《中國典籍與文化論叢》第3輯，中華書局1995年版）；杜松柏、熊偉業均認爲在武帝元朔元年（前128），即第一次出使期間（分別參見《司馬相如〈難蜀父老〉的寫作年代、文體與篇名考》，《學術交流》2009年第11期；《司馬相如研究》，電子科技大學出版社2013年版，第378頁）。彭春艷認爲在武帝元狩二年（前121）六月至元狩三年四月，即司馬相如第二次出使期間（《〈難蜀父老〉作年及司馬相如生平新考》，《中國賦學》第3輯，齊魯書社2016年版）。今案，當以元朔元年爲是。

[3]【今注】宣其使指：著文向蜀中父老宣諭天子的旨意。

漢興七十有八載，[1]德茂存乎六世，[2]威武紛云，湛恩汪濊，[3]群生霑濡，洋溢乎方外。[4]於是乃命使西征，隨流而攘，[5]風之所被，罔不披靡。[6]因朝冉從駹，定莋存邛，略斯榆，舉苞蒲，[7]結軌還轅，東鄉將報，[8]至于蜀都。[9]

[1]【今注】漢興七十有八載：漢高祖元年（前206）至武帝

元朔元年（前 128），共七十八年。

　　[2]【今注】德茂：以德行勉勵。茂，通"懋"。勉勵、鼓勵。
六世：漢高祖、惠帝、高后、文帝、景帝、武帝。

　　[3]【顏注】師古曰：紛云，盛貌。汪濊，深廣也。"湛"讀
曰"沈"。汪，烏皇反（白鷺洲本、大德本、殿本"烏"前有
"音"字）。濊，音於喙反。【今注】威武紛云湛恩汪濊：指漢朝十
分强盛，恩澤深厚。汪濊，深遠廣大。

　　[4]【顏注】師古曰："洋"音"羊"。【今注】方外：漢朝周
邊的偏遠地區。

　　[5]【顏注】師古曰：攘，卻退也，音人羊反。

　　[6]【顏注】師古曰：被，丕靡反（被，殿本作"被音"，白
鷺洲本、大德本作"披音"）。

　　[7]【今注】苞蒲：古國名。在今雲南尋甸回族彝族自治縣一
帶。案，此句指漢朝平定、經略冉、駹、莋、邛、斯榆、苞蒲等，
使其朝貢、歸順漢朝。

　　[8]【顏注】師古曰：結，屈也。軌，車迹也。"鄉"讀曰
"嚮"。報，報天子也。【今注】結軌還轅：車馬往返使軌迹錯雜，
因而亦稱退車返歸爲結軌。形容路上使者車輛絡繹不絕。還轅，馬
車回轉。

　　[9]【今注】蜀都：今四川成都市（參見謝桃坊《蜀都古史
辨》，《蜀學》2018 年第 2 期）。案，"於是"數句，指唐蒙、司馬
相如等人出使西南夷事。

　　　耆老大夫、搢紳先生之徒二十有七人，[1]儼然
造焉。[2]辭畢，進曰：[3]"蓋聞天子之於夷狄也，
其義羈縻勿絕而已。[4]今罷三郡之士，[5]通夜郎之
塗，[6]三年於兹，[7]而功不竟，士卒勞倦，萬民不
贍；今又接之以西夷，百姓力屈，恐不能卒業，[8]

此亦使者之累也，^[9]竊爲左右患之。且夫邛、筰、西僰之與中國並也，歷年兹多，不可記已。^[10]仁者不以德來，强者不以力并，意者殆不可乎！^[11]今割齊民以附夷狄，^[12]弊所恃以事無用，^[13]鄙人固陋，不識所謂。

［1］【今注】耆老大夫：受人尊敬的老人。古代以六十歲爲耆，七十歲爲老。　搢紳先生：指穿儒服的讀書人，即儒者。春秋時期鄒魯人士多插笏於紳帶間。又稱薦紳。搢紳，指插笏於紳帶。

［2］【顏注】師古曰：造，至也，音千到反（殿本“音”前有“造”字）。【今注】儼然：非常莊重嚴肅。

［3］【顏注】師古曰：辭謂初謁見之辭。

［4］【顏注】師古曰：羈，馬絡頭也。縻，牛紖也。言牽制之，故取諭也。【今注】案，指漢朝對於周邊諸國祇是籠絡牽制，保持關係不斷絕而已。羈縻，籠絡控制。

［5］【今注】三郡：巴、蜀、廣漢三郡。

［6］【顏注】師古曰：“罷”讀曰“疲”。【今注】案，指本書卷九五《西南夷傳》所載發巴蜀卒治道，自僰道指牂柯江。

［7］【今注】三年於兹：漢武帝元光四年（前131）至六年。

［8］【顏注】師古曰：屈，盡也。卒，終也。業，事也。屈，其勿反（屈其勿反，大德本同，白鷺洲本作“屈音其勿反”，殿本無此句）。

［9］【顏注】師古曰：累，音力瑞反。

［10］【顏注】師古曰：已，語終之辭也。

［11］【顏注】師古曰：言古往帝王雖有仁德，不能招來之，雖有強力，不能并吞之，以其險遠，理不可也。

［12］【今注】割齊民以附夷狄：以漢朝的幣物撫慰西南夷。齊民，國家通過編户統一管理的居民（參見劉敏《論“編户齊民”

的形成及其内涵演化——兼論秦漢時期“編户齊民”與“吏民”關係》,《天津社會科學》2009 年第 3 期）。附, 通“撫”。撫慰、體恤。

[13]【顏注】師古曰: 所恃即中國之人也, 無用謂西南夷也。

使者曰:“烏謂此乎?[1]必若所云,[2]則是蜀不變服而巴不化俗也,[3]僕尚惡聞若説。[4]然斯事體大, 固非觀者之所觀也。[5]余之行急, 其詳不可得聞已。[6]請爲大夫粗陳其略:[7]

[1]【顏注】師古曰: 烏, 於何也。

[2]【今注】若: 你。

[3]【今注】案, 此句指如果漢朝不聯繫西南夷, 則巴蜀的服制和風俗就還同蠻夷一樣。《文選》司馬長卿《難蜀父老》李善注引應劭曰:“巴蜀皆古蠻夷, 椎結左衽之人也。”

[4]【顏注】師古曰: 尚, 猶也。若, 如也。言僕猶惡聞如此之説, 況乎遠識之人也。惡, 一故反（白鷺洲本、大德本、殿本“一”前有“音”字）。【今注】僕: 用於自稱的謙詞。

[5]【顏注】師古曰: 觀, 見也, 音“搆”。

[6]【顏注】師古曰: 言行程急速, 不暇爲汝詳言之。

[7]【顏注】師古曰: 粗猶麤也, 音千户反。

“蓋世必有非常之人, 然后有非常之事; 有非常之事, 然后有非常之功。非常者, 固常人之所異也。[1]故曰非常之元, 黎民懼焉;[2]及臻厥成, 天下晏如也。[3]

［1］【顏注】師古曰：常人見之以爲異也。

［2］【顏注】師古曰：元，始也。非常之事，其始難知，衆人懼之。【今注】黎民：平民。許慎《説文解字》：“黔，黎也。秦謂民爲黔首，謂黑色也。周謂之黎民。”案，《文選》司馬長卿《難蜀父老》李善注引張揖曰：“非常之事，其本難知，衆民懼也。”

［3］【顏注】師古曰：臻，至也。晏，安也。

　　“昔者，洪水沸出，氾濫衍溢，[1]民人升降移徙，崎嶇而不安。夏后氏戚之，[2]乃堙洪原，[3]決江疏河，灑沈澹災，東歸之於海，[4]而天下永寧。當斯之勤，豈惟民哉？心煩於慮，而身親其勞，躬胝胼胝無胈，膚不生毛，[5]故休烈顯乎無窮，聲稱浹乎于兹。[6]

［1］【今注】衍溢：水充滿並外溢。王念孫《讀書雜志·漢書第十》認爲，《文選》“衍溢”作“溢溢”，李善注引張揖曰：“‘溢，溢也。’《字林》匹寸切。古《漢書》爲‘溢’；今爲‘衍’，非也。”據此則李善所見古本作“溢”，與顏注不同。

［2］【今注】夏后氏：夏禹。傳説中的夏后氏部落首領，奉舜命代鯀治理洪水，采用疏導方式，治水有功。舜死後繼爲部落首領。其子啓建立夏朝。何焯《義門讀書記》卷一八認爲，古人以禹爲堙水者始自相如，而班固仍沿襲這種説法。

［3］【顏注】師古曰：堙，塞也。水本曰原。“堙”音“因”。【今注】乃堙洪原：王先謙《漢書補注》謂《文選》作“堙洪塞源”。《莊子·天下》載，墨子曰：“昔禹之湮洪水，決江河而通四夷九州也。”

［4］【顏注】師古曰：疏，通也。灑，分也。沈，深也。澹，安也。言分散其深水，以安定其災也。灑，所宜反（白鷺洲本、

大德本、殿本"所"前有"音"字）。澹，徒濫反（白鷺洲本、大德本、殿本"徒"前有"音"字）。【今注】灑沈澹災：疏通洪水，治理災情。灑，分散，疏通。《史記》卷一一七《司馬相如列傳》作"漉沈贍菑"。五臣注本《文選》作"瀝沈澹災"。日本永青文庫藏本佚名《文選注》"瀝，分也"（參見金少華《日本永青文庫藏敦煌本〈文選注〉箋證一則》）。

［5］【顏注】張揖曰：躬，體也。戚，湊理也。孟康曰：胈，毳；膚，皮也。言禹勤，骿胝無有毳毛也。師古曰：胈，步曷反（白鷺洲本、大德本、殿本"步"前有"音"字）。骿，步千反（白鷺洲本、大德本、殿本"步"前有"音"字）。胝，竹尸反（白鷺洲本、大德本、殿本"竹"前有"音"字）。【今注】躬傶骿胝無胈：身體肌膚上磨出硬皮和老繭，腿上的毛都磨掉了。王先謙《漢書補注》曰：《史記‧司馬相如列傳》作"躬胝無胈"，《文選》作"躬胅胝無胈"。裴駰《集解》引徐廣曰，"胈"一作"腠"，指皮膚紋理。司馬貞《索隱》引張揖曰："腠"一作"戚"。戚，湊理。《莊子》作"禹胝無胈，脛不生毛"。王先謙案，據徐、張二人的説法，"無胈"一作"無腠"，"無腠"一作"無戚"。"腠"同"湊"，一般作"奏"，指皮膚紋理。本文既作"無胈"，不應上更有"戚"字，當爲傳寫者誤增。當以《史記》"躬胝無胈"爲正。孟康所見本有"骿"字，特爲"骿"字立義，而《史記》《文選》本皆無之，疑亦傳寫誤增。

［6］【顏注】師古曰：休，美也。烈，業也。浹，徹也。于茲猶言今茲也。浹，子牒反（白鷺洲本、大德本、殿本"子"前有"音"字）。【今注】休烈顯乎無窮聲稱浹乎于茲：盛美的事業、美好的名聲流傳於今，直至後世。浹，充滿。

　　"且夫賢君之踐位也，[1]豈特委瑣握蹴，拘文牽俗，[2]循誦習傳，當世取説云爾哉！[3]必將崇論竑議，[4]創業垂統，爲萬世規。故馳騖乎兼容并包，而勤思乎參天貳地。[5]且《詩》不云乎，'普天之下，莫非王土；率土之濱，莫非王臣'。[6]是以六合之内，八方之外，[7]浸淫衍溢，[8]懷生之物有不浸潤於澤者，賢君恥之。今封彊之内，冠帶之倫，[9]咸獲嘉祉，[10]靡有闕遺矣。而夷狄殊俗之國，遼絶異黨之域，[11]舟車不通，人迹罕至，政教未加，流風猶微，[12]内之則犯義侵禮於邊境，外之則邪行橫作，放殺其上，[13]君臣易位，尊卑失序，父兄不辜，幼孤爲奴虜，係絫號泣。[14]内鄉而怨，[15]曰：'蓋聞中國有至仁焉，德洋恩普，物靡不得其所，[16]今獨曷爲遺己！'[17]舉踵思慕，若枯旱之望雨，[18]鷙夫爲之垂涕，[19]況乎上聖，又烏能已？[20]故北出師以討強胡，南馳使以誚勁越。[21]四面風德，[22]二方之君鱗集仰流，[23]願得受號者以億計。[24]故乃關沫、若，[25]徼牂柯，[26]鏤靈山，梁孫原，[27]創道德之塗，垂仁義之統，將博恩廣施，遠撫長駕，[28]使疏逖不閉，[29]晷爽闇昧得燿乎光明，[30]以偃甲兵於此，而息討伐於彼。遐邇一體，中外禔福，不亦康乎？[31]夫拯民於沈溺，[32]奉至尊之休德，[33]反衰世之陵夷，繼周氏之絶業，[34]天子之急務也。百姓雖勞，又惡可以已哉？[35]

[1]【今注】踐位：即位。

[2]【顏注】師古曰：握踦，局陿也。不拘微細之文，不牽

流俗之議也。齷，初角反。【今注】案，此二句指心胸狹窄，受制於禮法和世俗。委瑣握齪，拘泥於小節，心胸器量狹窄。拘文牽俗，拘泥於微細之文，爲流俗所牽制。王先謙《漢書補注》曰："握齪"，《史記·司馬相如列傳》作"握齪"。司馬貞《索隱》："孔文祥云：'委瑣，細碎。握齪，局促也。'"《文選》作"喔齪"，李善注引應劭曰："急促之貌也。"

[3]【顏注】師古曰："說"讀曰"悅"。言非直因循口誦（口誦，白鷺洲本、大德本同，殿本作"自誦"），誦習所傳聞（白鷺洲本、大德本、殿本無"誦"字），取美悅於當時而已。【今注】循誦習傳：遵循以往的傳統，不善改變。

[4]【顏注】師古曰：紘，深也，音"宏"。【今注】崇論紘（hóng）議：高明的議論和宏大的見解。紘，宏大。

[5]【顏注】師古曰：比德於地，是貳地也。地與己并天爲三，是參天也。【今注】馳騖乎兼容并包：在世間各種事物之中縱橫馳驅。馳，車馬疾行。騖，奔馳。兼容并包，把各個方面都容納進來。　參天貳地：謂與天地並列。《文選》司馬長卿《難蜀父老》李善注："己比德于地，是貳地也；地與己并天，是三也。"此二句指聖賢的知識包括天地萬物，思想與天地一樣廣闊。

[6]【顏注】師古曰：《小雅·北山》之詩也。普，大也。濱，涯也。【今注】案，《詩·小雅·北山》原文作"溥天之下，莫非王土。率土之濱，莫非王臣"。

[7]【顏注】師古曰：天地四方謂之六合，四方四維謂之八方也。

[8]【顏注】師古曰：浸淫猶漸漬也。衍溢言有餘也。【今注】浸淫衍溢：水流泛濫四處流淌。形容漢朝的統治遍布四海。

[9]【顏注】師古曰：倫，類也。【今注】冠帶：官員。冠，做官或有爵位人的冠服。帶，紳帶。指官員、貴族。

[10]【顏注】嘉祉：福祉。指爵祿等待遇。

[11]【今注】夷狄殊俗之國遼絶異黨之域：指周邊夷狄地處遙遠地區，與漢朝習俗不同、種族各異。遼絶，遙遠且隔絶。黨，親朋，此處指種族。

[12]【今注】政教未加流風猶微：漢朝治理和教化尚未施加給這些地區，此前的教化風氣尚有遺留。加，施加。《文選》司馬長卿《難蜀父老》李善曰：《孟子》曰故家遺俗，流風善政，猶有存者。言遠國政教未被而王之流風尚自微薄。流風，謂流化人之風。

[13]【顏注】師古曰：內之，謂通其朝獻也。外之，謂棄而絶之也。橫，胡孟反（白鷺洲本、大德本、殿本“胡”前有“音”字）。“殺”讀曰“弒”（弒，蔡琪本、大德本同，殿本作“弒”）。【今注】案，“內之則犯義侵禮於邊境”數句，指夷狄之人的各種缺少教化，對於漢朝來説，會侵犯漢朝邊地，在其內部則弒殺其君長。所謂內、外，指漢朝爲內，夷狄爲外。《史記·秦楚之際月表》司馬貞《索隱》“後乃放殺”。“殺”音“弒”，指湯放桀，武王討紂。

[14]【顏注】師古曰：爲人所獲而縶係之，故號泣也。縶，力追反。【今注】係縶：捆綁拘禁。縲，捆綁犯人的繩索。同“繫縲”。

[15]【顏注】師古曰：“鄉”讀曰“嚮”。嚮中國而怨慕也。【今注】內鄉而怨：向往漢朝却有怨恨。鄉，向。

[16]【顏注】師古曰：洋，多也。

[17]【顏注】師古曰：曷，何也。己，謂怨者之身也。

[18]【今注】枯旱之望雨：《文選》司馬長卿《難蜀父老》李善注引《孟子》曰：“湯始征葛伯，民望之，若大旱之望雨。”

[19]【顏注】張揖曰：很戾之夫也（很，大德本同，殿本作“狠”，白鷺洲本作“狼”）。師古曰：盭，古“戾”字。【今注】盭（lì）夫：凶狠不近人情的人。盭，乖戾。

［20］【顏注】師古曰：烏猶焉也。已，止也。

［21］【顏注】師古曰：誚，責也，音材笑反。【今注】案，
"故北出師以討强胡"二句，漢朝派衞青、霍去病等率軍於武帝元
光六年（前129）、元朔元年（前128）出擊匈奴，以及建元六年
（前135）使嚴助曉諭南越。强胡，指匈奴。傳見本書卷九四。越，
古族名。一作"粤"。主要分布在今福建、浙江及江西部分地區。
漢初，分爲閩粤、東粤、南海三部分。傳見本書卷九五。

［22］【顏注】師古曰：風，化也。

［23］【顏注】師古曰：二方謂西夷及南夷也。若魚鱗之相次
而仰向承流也。【今注】鱗集仰流：如同魚匯聚在一起而往一个方
向游動。形容人心歸向。鱗，指魚。

［24］【顏注】師古曰：號謂爵號也，一曰受天子之號令也。
【今注】願得受號者以億計：案，據本書卷九四上《匈奴傳上》，
漢武帝元狩二年（前121）匈奴昆邪王率衆四萬餘人降漢。本書卷
九五《西南夷兩粤朝鮮傳》載，武帝元鼎四年（前113），南越王
興嗣及其太后遣使者上書漢朝，請比内諸侯，三歲一朝，除邊關。
漢朝賜丞相吕嘉銀印，及内史、中尉、太傅印，其餘官職得自行設
置。司馬相如上書時，並無此類事，則此處當爲夸飾之説。

［25］【顏注】張揖曰：以沫、若水爲關也。

［26］【今注】徼牂牁：以牂牁爲邊界。《文選》司馬長卿《難
蜀父老》李善注引張揖曰："微，塞也，以木柵水，爲蠻夷界。"

［27］【顏注】師古曰：鏤謂疏通之以開道也。梁，橋也。孫
原，孫水之原也。【今注】梁孫原：在孫水源頭架橋。孫水即今安
寧河。原，同"源"。孫水的源頭出自台登縣，即今四川冕寧縣。

［28］【顏注】張揖曰：駕，行也，使恩遠安長行之也。【今
注】案，博恩廣施遠撫長駕：漢朝廣施恩惠，安撫和控馭遠方的諸
國。指對邊遠地區采用羈縻方式進行控制。《文選》司馬長卿《難
蜀父老》李善注："長駕謂所駕者遠，良曰創始也。言天子始以道

德爲塗以化之，垂仁義以理之，將廣大恩信，以撫御之。"

[29]【顏注】師古曰：逖，遠也，言疏遠者不被閉絕也。

[30]【顏注】師古曰：曶爽，未明也。"曶"音"忽"。【今注】曶爽闇昧：黎明，天快亮之前。曶爽，也作"昧爽"，指天微明時。王先謙《漢書補注》曰：曶爽，《史記·司馬相如列傳》作"阻深"，誤。

[31]【顏注】師古曰：媞，安也。康，樂也。媞，止支反（媞止支反，大德本、殿本作"媞音土支反"，白鷺洲本作"媞音上支反"）。【今注】遐邇一體中外媞福：指通過司馬相如等人的連通，漢朝與周邊地區都可以獲得安寧幸福。媞，安定。誅暴亂以安百姓。

[32]【顏注】師古曰：拯，升也，言人在沈溺之中，升而舉之也。

[33]【顏注】師古曰：休，美也。

[34]【顏注】師古曰：陵夷謂弛替也。【今注】反衰世之陵夷繼周氏之絕業：反轉秦二世而亡的衰敗局面，繼承周朝文王、武王創立的功業並延續至後世。陵夷，衰敗，滅亡。

[35]【顏注】師古曰："惡"讀與"烏"同。已，止也。

"且夫王者固未有不始於憂勤，而終於佚樂者也。[1]然則受命之符合在於此。[2]方將增太山之封，[3]加梁父之事，[4]鳴和鸞，[5]揚樂頌，上咸五，下登三。[6]觀者未覩指，聽者未聞音，猶焦朋已翔乎寥廓，[7]而羅者猶視乎藪澤，[8]悲夫！"

[1]【顏注】師古曰：言始能憂勤則終獲逸樂也。"佚"字與"逸"同。

[2]【顏注】張揖曰：合在於憂勤逸樂之中也。【今注】案，

《史記》卷一三〇《太史公自序》云："受命而王，封禪之符罕用，用則萬靈罔不禋祀。"

[3]【今注】增太山之封：漢武帝即將在泰山進行封禪。封，古代帝王在泰山上築壇祭天。武帝第一次封禪在元封元年（前110），司馬相如寫作此文時在元狩元年（前122），所以説"方將增太山之封"。

[4]【今注】加梁父之事：在泰山下的梁父、蒿里築壇祭地爲"禪"。梁父，又作"梁甫"。

[5]【今注】和鸞：古代裝飾於帝王車上的鈴。挂在軾（車厢前供手扶的橫木）上稱"和"，挂在衡（車轅前端的橫木）上稱"鸞"。馬走時鸞鳴，和與之相應，故稱鳴和鸞。

[6]【顏注】李奇曰：五帝之德比漢爲減，三王之德漢出其上。師古曰：此説非也。咸，皆也，言漢德與五帝皆盛，而登於三王之上也。相如不當言漢減於五帝也。【今注】上咸五下登三：漢朝之德上同五帝，下高於三王。五，五帝。《史記》載黄帝、顓頊、帝嚳、唐堯、虞舜五人。三，三王。指夏禹、商湯、周文（武）王三人。

[7]【顏注】師古曰：寥廓，天上寬廣之處。"寥"音"聊"。【今注】焦朋：鳥名。形似鳳凰。又作"鷦鵬"。

[8]【顏注】師古曰：澤無水曰藪。

　　於是諸大夫茫然[1]喪其所懷來，失厥所以進，[2]喟然並稱曰：[3]"允哉漢德，[4]此鄙人之所願聞也。[5]百姓雖勞，請以身先之。"[6]敞罔靡徙，遷延而辭避。[7]

[1]【顏注】師古曰：茫，莫郎反（白鷺洲本、大德本、殿本"莫"前有"音"字）。

　　［2］【顏注】師古曰：初有所懷而來，欲進而陳之，今並喪失其來意也。

　　［3］【今注】喟然並稱：感慨地一道稱頌。

　　［4】【顏注】師古曰：允，信也。《小雅·車攻》之詩曰：“允矣君子。”【今注】允哉漢德：漢德確實是如此。允，誠、信。

　　［5］【今注】鄙人：對自己的謙稱。指這些諸大夫願聞討西夷之事。

　　［6］【今注】請以身先：謂欲以身先士卒。

　　［7］【顏注】師古曰：敞罔，失志貌。靡徙，自抑退也。【今注】敞罔靡徙遷延而辭避：指諸大夫失意之後舉止無措，向後退却，託辭離開。王先謙《漢書補注》引瞿鴻機曰：“敞罔，即悵惘之借字。”

　　其後人有上書言相如使時受金，失官。居歲餘，復召爲郎。[1]

　　［1］【今注】復召爲郎：時間當在漢武帝元朔元年（前 128）下半年至元朔二年上半年（參見劉南平、班秀萍《司馬相如考釋》，第 43 頁）。

　　相如口吃而善著書。常有消渴病。[1]與卓氏婚，饒於財。故其事宦，未嘗肯與公卿國家之事，[2]常稱疾閒居，不慕官爵。[3]嘗從上至長楊獵。[4]是時天子方好自擊熊豕，馳逐埜獸，相如因上疏諫。其辭曰：

　　［1］【今注】消渴病：中國古代對糖尿病的稱呼。錢大昭《漢書辨疑》卷一八引《西京雜記》載：“長卿常有消渴疾，乃還成都，

悦文君之色，遂以發痼疾，乃作《美人賦》欲以自刺，而終不能改，卒以此疾致死。文君爲誄，傳于世。"沈欽韓《漢書疏證》卷二九引《素問·奇病論》："脾癉者，數食甘美而多肥也。肥者令人內熱，甘者令人中滿，故其氣上溢，轉爲消渴，治之以蘭除陳氣也。"馬蒔注："胃中熱盛，津液枯涸，水穀即消，謂之曰消。"有上消、中消、下消。劉河閒云："飲水多而小便多者曰消渴。"蓋指上消而言。

[2]【顏注】師古曰："與"讀曰"豫"。

[3]【顏注】師古曰："閒"讀曰"閑"也。

[4]【顏注】師古曰：長楊宮也，在盩屋。【今注】長楊：古宮名。故址在今陝西周至縣東南。王先謙《漢書補注》曰："盩"當爲"盩"。《史記》卷一一七《司馬相如列傳》張守節《正義》引《括地志》云："秦長楊宮在雍州盩屋縣東南三里。上起以宮，內有長楊樹，以爲名。"

　　臣聞物有同類而殊能者，故力稱烏獲，捷言慶忌，[1]勇期賁育。[2]臣之愚，竊以爲人誠有之，獸亦宜然。今陛下好陵阻險，射猛獸，卒然遇逸材之獸，駭不存之地，[3]犯屬車之清塵，[4]輿不及還轅，人不暇施巧，雖有烏獲、逢蒙之技不得用，[5]枯木朽株盡爲難矣。是胡、越起於轂下，[6]而羌夷接軫也，豈不殆哉！[7]雖萬全而無患，然本非天子之所宜近也。

[1]【顏注】師古曰：烏獲，秦武王力士也。慶忌，吳王僚子也，射能捷矢也。【今注】烏獲：秦武王時大力士，能舉千鈞。慶忌：吳王僚子。以勇猛迅捷著稱。本書卷六五《東方朔傳》師

古注：“射之，矢滿把，不能中，駟馬追之不能及也。”

[2]【顏注】師古曰：孟賁，古之勇士也，水行不避蛟龍，陸行不避豺狼，發怒吐氣，聲響動天。夏育，亦猛士也。【今注】賁育：孟賁、夏育。《尸子》說云：“人謂孟賁生乎？曰勇，貴乎？曰勇，富乎？曰勇。三者人之所難，而皆不足以易勇，故能懾三軍、服猛獸也。”夏育，《戰國策》曰“夏育叱呼駭三軍，身死庸夫”。高誘注“育爲申繻所殺”。

[3]【顏注】師古曰：“卒”讀曰“猝”，千忽反（白鷺洲本、大德本、殿本“千”前有“音”字），謂暴疾也。不存，不可得安存也。

[4]【顏注】應劭曰：古者諸侯貳車九乘，秦滅九國，兼其車服，漢依秦制，故大駕屬車八十一乘。師古曰：屬者，言相連續不絕也。塵謂行而起塵也。言清者，尊貴之意也。而説者乃以爲清道灑塵謂之清塵，非也。屬，之欲反（白鷺洲本、殿本“之”前有“音”字）。【今注】犯屬車之清塵：指受到驚嚇的野獸會侵犯皇帝的侍從車輛。屬車，皇帝的侍從車輛。又稱副車、貳車、佐車。清塵，指皇帝的車隊行進時揚起的塵土，代指皇帝。《史記》卷一〇《孝文本紀》司馬貞《索隱》引應劭《漢官儀》云：“天子鹵簿有大駕、法駕。大駕公卿奉引，大將軍參乘，屬車八十一乘。法駕公卿不在鹵簿中，惟京兆尹、執金吾、長安令奉引，侍中參乘，屬車三十六乘也。”《史記》卷九《呂太后本紀》裴駰《集解》引蔡邕説，天子有大駕、小駕、法駕。法駕皇帝所乘，曰金根車，駕六馬，有五時副車，皆駕四馬，侍中參乘，屬車三十六乘。則漢代皇帝屬車，大駕有八十一乘，法駕有三十六乘，分中、左、右三列行進。

[5]【顏注】師古曰：逢蒙，古之善射者也。孟子曰：“逢蒙學射於羿也（殿本無“也”字）。”【今注】案，得，白鷺洲本、大德本同，殿本作“能”。

[6]【今注】胡越起於轂下：指漢武帝元狩、元鼎年間伐匈奴、擊南越等事。轂下，輦轂之下。指京城，代指漢朝。

[7]【顏注】師古曰：軫，車後橫木。殆，危也。【今注】羌夷接軫：漢武帝元狩二年（前121），西羌衆十萬人反，與匈奴通使，攻故安，圍枹罕。匈奴入五原，殺太守。

　　且夫清道而後行，中路而馳，[1]猶時有銜橜之變。[2]況乎涉豐草，騁丘虛，[3]前有利獸之樂，而內無存變之意，其爲害也不亦難矣！[4]夫輕萬乘之重不以爲安，[5]樂出萬有一危之塗以爲娛，臣竊爲陛下不取。蓋明者遠見於未萌，而知者避危於無形，[6]戯固多藏於隱微而發於人之所忽者也。故鄙諺曰：“家絫千金，坐不垂堂。”[7]此言雖小，可以諭大。臣願陛下留意幸察。

[1]【今注】清道而後行中路而馳：古代帝王出行時，走馳道中間三丈之路，清除道路，驅散行人。

[2]【顏注】張揖曰：銜，馬勒銜也。橜，騑馬口長銜也。師古曰：橜謂車之鉤心也。銜橜之變，言馬銜或斷，鉤心或出，則致傾敗以傷人也。橜，鉅月反（白鷺洲本、大德本、殿本“鉅”前有“音”字）。【今注】銜橜：馬口中的勒鐵和木製的馬嚼子，皆用以控制馬匹的行走。指道路雖然平坦清閑，但車馬仍有傾覆的危險。

[3]【顏注】師古曰：豐草，茂草也。“虛”讀曰“墟”。【今注】涉豐草騁丘虛：指帝王游獵於園林中。

[4]【今注】案，白鷺洲本、大德本、殿本無“亦”字。

[5]【今注】萬乘：周制，天子地方千里，出兵車萬乘，諸侯

地方百里，出兵車千乘。以"萬乘"代天子。

[6]【顏注】師古曰：萌謂事始，若草木初生者也。

[7]【顏注】張揖曰：畏楣瓦墮中人也。師古曰：垂堂者，近堂邊外，自恐墜墮耳，非畏楣瓦也。言富人之子則自愛深也。【今注】家纍千金坐不垂堂：沈欽韓《漢書疏證》引《論衡·四諱》："毋承屋檐而坐，恐瓦墜擊人首也。"《史記》卷一〇一《袁盎鼂錯列傳》載："臣聞千金之子坐不垂堂，百金之子不騎衡。"當為漢代俗語。

上善之。還過宜春宮，相如奏賦以哀二世行失。[1]其辭曰：

[1]【顏注】師古曰：宜春本秦之離宮，胡亥於此為閻樂所殺，故感其處而哀之（殿本句末有"也"字）。【今注】宜春宮：古宮名。在今陝西西安市東南。王先謙《漢書補注》曰：《史記》卷一一七《司馬相如列傳》張守節《正義》引《括地志》云："秦宜春宮在雍州萬年縣西南三十里。宜春苑在宮之東，杜之南。《始皇本紀》云，葬二世杜南宜春苑中。"

登陂陁之長阪兮，坌入曾宮之嵯峨。[1]臨曲江之隑州兮，望南山之參差。[2]巖巖深山之谾谾兮，通谷𧯆乎谽谺。[3]汩淢靸以永逝兮，注平皋之廣衍。[4]觀衆樹之蓊薆兮，覽竹林之榛榛。[5]東馳土山兮，北揭石瀨。[6]弭節容與兮，[7]歷弔二世。[8]持身不謹兮，亡國失勢；信讒不寤兮，宗廟滅絶。[9]烏乎！操行之不得，[10]墓蕪穢而不脩兮，魂亡歸而不食。[11]

　　[1]【顏注】蘇林曰：夯音馬夯叱之夯。張揖曰：夯，並也。師古曰：曾，重也。嵯峨，高貌也。陂，普何反（白鷺洲本、大德本、殿本"普"前有"音"字）。陁，徒何反（白鷺洲本、大德本、殿本"徒"前有"音"字）。夯，普頓反（白鷺洲本、大德本、殿本"普"前有"音"字），又步頓反（白鷺洲本、大德本、殿本"步"前有"音"字）。【今注】登陂陁之長阪兮夯入曾宮之嵯峨：登上傾斜不平的長坡，一同走進重疊高峻的宜春宮樓閣。

　　[2]【顏注】張揖曰：隄，長也。苑中有曲江之象，中有長州也（州，白鷺洲本、大德本、殿本作"洲"）。師古曰：曲岸頭曰隄。隄即碕字耳。言臨曲岸之州（言臨曲岸之州，殿本作"言臨也岸之洲"，白鷺洲本、大德本作"言臨曲岸之洲"），今猶謂其處曰曲江。隄，鉅依反（大德本同，白鷺洲本、殿本"鉅"前有"音"字）。【今注】曲江之隄州：曲江曲折的堤岸。

　　南山之參差：終南山高低起伏不平。案，此二句指俯視曲江彎曲的岸邊和水中的小洲，遠望高低不平的終南山。

　　[3]【顏注】晉灼曰："嵳"音"籠"，古"礲"字也。師古曰：嵳嵳，深通貌。豁，呼活反（白鷺洲本、大德本、殿本"呼"前有"音"字）。谽，大開貌。谽，呼含反（白鷺洲本、大德本、殿本"呼"前有"音"字）。谺，呼加反（白鷺洲本、大德本、殿本"呼"前有"音"字）。【今注】巖巖深山之嵳嵳兮：指山谷深遠且空曠。　豁乎谽谺：指山谷寬廣且空曠。

　　[4]【顏注】師古曰：汨减，疾貌也。靸然，輕舉意也。皋，水邊地也。汨，于筆反（白鷺洲本、大德本、殿本"于"前有"音"字）。"减"音"域"。靸，先合反（白鷺洲本、大德本、殿本"先"前有"音"字）。【今注】汨减靸以永逝兮注平皋之廣衍：指水流湍急飄忽，流淌在低而平坦的河岸。汨，水流的樣子。减，急流。靸，同"噏"。《史記》卷一一七《司馬相如列傳》

"靱"作"噛",下有"習"字。

　　[5]【顏注】師古曰：蓊薆,蔭蔽貌。榛榛,盛貌。蓊,烏
孔反（白鷺洲本、大德本、殿本"烏"前有"音"字）。"薆"
音"愛"。榛,側巾反（白鷺洲本、大德本、殿本"側"前有
"音"字）。【今注】觀衆樹之蓊薆兮覽竹林之榛榛：指園中樹木竹
林茂盛濃密。

　　[6]【顏注】師古曰：揭,褰衣而渡也。石而淺水曰瀨（而,
白鷺洲本、殿本作"面"）,揭,丘例反（揭丘例反,白鷺洲本、
大德本、殿本作"音賴,揭音丘例反"）。【今注】東馳土山兮北
揭石瀨：指騎馬奔上東邊的土山,提起衣裳渡過沙石上急淌的
水流。

　　[7]【今注】弭節容與：暫時停留,遲緩不前。

　　[8]【今注】二世：秦二世胡亥。公元前207年被趙高逼迫自
殺於望夷宫。其墓在今陝西西安市曲江池遺址南岸,大雁塔東南。

　　[9]【顏注】師古曰：信讒,謂殺李斯也。

　　[10]【顏注】師古曰：操,千到反（白鷺洲本、大德本、殿
本"千"前有"音"字）。

　　[11]【今注】不食：没有後人祭祀、貢獻。案,《史記·司馬
相如列傳》此句後有"復遹絶而不齊兮,彌久遠而愈休。精罔閬而
飛揚兮,拾九天而永逝"四句。

　　相如拜爲孝文園令。[1]上既美子虚之事,相如見上
好僊,因曰："上林之事未足美也,尚有靡者。[2]臣嘗
爲《大人賦》,未就,[3]請具而奏之。"相如以爲列僊
之儒居山澤間,[4]形容甚臞,[5]此非帝王之僊意也,乃
遂奏《大人賦》。[6]其辭曰：

　　[1]【今注】孝文園令：在漢文帝灞陵掌管掃除等事務的官

吏。周壽昌《漢書注校補》曰：陵園令，六百石，掌按行掃除。陳直《史記新證》引本書《百官公卿表》：諸廟寢園食官令長丞等，爲奉常屬官。孝文廟令在京師諸郡國皆有之，孝文園令官署則在灞陵。

〔2〕【顏注】師古曰：靡，麗也。

〔3〕【顏注】師古曰：就，成也。

〔4〕【顏注】師古曰：儒，柔也，術士之稱也，凡有道術皆爲儒。今流俗書本作“傳”字，非也，後人所改耳。【今注】列僊之儒：王念孫《讀書雜志·漢書第十》曰：《史記·司馬相如列傳》作“列僊之傳”，司馬貞《索隱》：“案，傳者，謂相傳以列僊居山澤間。小顏及劉氏竝作‘儒’，云‘儒，柔也，術士之稱’，非。”本書《郊祀志》“此三神山者，其傳在勃海中”，與此“傳”字同義。“儒”與列僊意不相屬，劉邠、顏師古勉强解釋，但終不可通。隸書“傳”或作“傳”，“儒”或作“儁”，二字形狀相似，故“傳”訛爲“儒”。列僊之傳，指當行流傳的關於僊人的傳説。

〔5〕【顏注】師古曰：臞，瘠也，音鉅句反，又音“衢”。

〔6〕【今注】案，王先謙《漢書補注》謂，《史記·司馬相如列傳》“奏”作“就”。案，上文云“嘗爲《大人賦》，未就，請具而奏之”，後文云相如“奏《大人賦》”，則此處當以作“就”爲是，疑涉下文“奏《大人賦》”而誤。

　　世有大人兮，在乎中州。[1]宅彌萬里兮，曾不足以少留。[2]悲世俗之迫隘兮，朅輕舉而遠游。[3]乘絳幡之素蜺兮，載雲氣而上浮。[4]建格澤之脩竿兮，[5]總光燿之采旄。[6]垂旬始以爲幓兮，[7]曳彗星而爲髾。[8]掉指橋以偃蹇兮，[9]又猗捉以招搖。[10]攬欃搶以爲旌兮，靡屈虹而爲綢。[11]紅杳眇以玄湣兮，猋風涌而雲浮。[12]駕應龍象輿之蠖略委麗兮，駘赤螭青虬之蚴蟉宛蜒。[13] 低卬夭蟜裾以驕驁兮，詘折隆窮躩以連卷。[14] 沛艾赳螑仡以佁儗兮，[15] 放散畔岸驤以孱顏。[16] 踛踥輵螏容以骫麗兮，[17] 蜩蟉偃蹇怵㝮以梁倚。[18] 糾蓼叫奰踏以艐路兮，[19] 蔑蒙踊躍騰而狂趭。[20] 莅颯卋歙焱至電過兮，煥然霧除，霍然雲消。[21]

[1]【顏注】師古曰：大人，以諭天子也。中州，中國也。

[2]【顏注】師古曰：彌，滿也。

[3]【顏注】師古曰：竭，去意也，音丘例反。【今注】案，"悲世俗之迫隘兮"二句，《史記》卷一一七《司馬相如列傳》司馬貞《索隱》如淳曰："武帝云'誠得如黃帝，去妻子如脫屣'，是悲世俗迫隘也。"

[4]【顏注】張揖曰：乘，用也。赤氣為幡，綴以白氣也。師古曰：上，時掌反（白鷺洲本、大德本、殿本"時"前有"音"字）。【今注】素蜺：白虹。顏色比虹淡，排列順序與虹相反。又稱雌虹、副虹、雌蜺。《史記·司馬相如列傳》作"垂絳幡之素蜺兮"。

[5]【顏注】張揖曰：格澤之氣如炎火狀，黃白色，起地上至天，下大上銳。脩，長也。建此氣為長竿也。師古曰：格，胡各反（白鷺洲本、大德本、殿本"胡"前有"音"字）。澤，大各反（白鷺洲本、大德本、殿本"大"前有"音"字）。【今注】格澤：彗星名。為客星，即天空中新出現的星。本書《天文志》載"其見也，不種而穫。不有土功，必有大客"。建格澤之脩竿，指建起以格澤之氣做成的長竿。《史記·司馬相如列傳》裴駰《集解》引《漢書音義》曰："格澤之氣如炎火狀，黃白色，起地上至天，以此氣為竿。"

　　[6]【顏注】張揖曰：旄，葆也。總，係也。係光耀之氣於長竿以爲葆也。師古曰："總"音"摠"。葆即今所謂蠹頭也（葆即今，大德本、白鷺洲本同，殿本作"葆者即今之"）。【今注】總光燿之采旄：光耀之氣聚集於長竿，以爲五彩車蓋。采旄，彩色的羽葆。即以長長的野雞尾羽置於長竿一端，作爲儀仗。

　　[7]【顏注】李奇曰：旬始，氣如雄雞，見北斗旁。張揖曰：縿，旒也。縣旬始於葆下，以爲十二旒也。師古曰：縿，所銜反（白鷺洲本、大德本"所"前有"音"字）。【今注】縿（shān）：旌旗下邊懸垂的飾物。

　　[8]【顏注】張揖曰：髾，燕尾也。枻彗星綴著旒以爲燕尾也。【今注】髾：旌旗上所垂的羽毛，形如燕尾。

　　[9]【顏注】張揖曰：掉橋，隨風靡也（白鷺洲本、大德本、殿本"風"後有"指"字）。偃蹇，委曲貌。師古曰：掉，徒釣反（白鷺洲本、大德本、殿本"徒"前有"音"字）。蹇，居偃反（白鷺洲本、大德本、殿本"居"前有"音"字）。【今注】掉指橋以偃蹇兮：旌旗隨風搖蕩，屈曲婉轉。

　　[10]【顏注】晉灼曰：猗音依倚反。扭，年纏反（白鷺洲本、大德本、殿本"年"前有"音"字）。張揖曰：猗扭，下垂貌。招搖，跳踃也。師古曰："招"音"韶"。"踃"音"蕭"。【今注】猗扭：柔弱下垂貌。

　　[11]【顏注】張揖曰：彗星爲欃搶。注髦首曰旄，今以彗星代之也。靡，順也。綢，韜也。以斷虹爲杠之韜也。師古曰：韜謂裹冒旌旗之竿也。欃，初咸反（白鷺洲本、大德本、殿本"初"前有"音"字）。搶，初衡反（白鷺洲本、大德本、殿本"初"前有"音"字）。屈，其勿反（白鷺洲本、大德本、殿本"其"前有"音"字）。綢，直流反（白鷺洲本、大德本、殿本"直"前有"音"字）。【今注】攬欃搶以爲旌兮靡屈虹而爲綢：以欃搶爲旌旗，以屈虹纏繞旗竿。欃搶，彗星名。即天欃，天搶。主

兵禍。王先謙《漢書補注》曰：《史記·司馬相如列傳》"攙"作
"攬"；"攙搶"同，亦作"欃槍"；張守節《正義》引《天官書》
云："天欃長四丈，末銳。天槍長數丈，兩頭銳，其形類彗也。"

[12]【顏注】蘇林曰："玄"音"炫"。"湣"音"緬"。晉
灼曰：紅，赤色貌。杳眇，深遠也。玄湣，混合也。言自絳幡以
下，衆色盛（白鷺洲本、大德本、殿本"色"前有"氣"字），
光采相燿，幽藹炫亂也。師古曰：如焱風之踊（踊，白鷺洲本、
大德本同，殿本作"涌"），如雲之浮，言輕舉也。焱，必遙反
（白鷺洲本、大德本、殿本"必"前有"音"字）。【今注】紅杳
眇以玄湣兮焱風涌而雲浮：指絳幡及各種紅色的旌旗衆多，光彩相
映，隨風涌動，令人眩目。王先謙《漢書補注》曰：《史記·司馬
相如列傳》"玄"作"眩"，"焱"作"焱"，裴駰《集解》引《漢
書音義》曰："旬始，屈虹，氣色。紅杳眇，眩湣，闇冥無光也。"
司馬貞《索隱》："'紅'，或作'虹'。"玄湣，色彩混合。焱風，
疾風、旋風。

[13]【顏注】文穎曰：有翼曰應龍，最其神妙者也。師古
曰：蠖略委麗、蚴蟉宛蜒，皆其行步進止之貌也。蠖，於縛反
（白鷺洲本、大德本、殿本"於"前有"音"字），麗，力爾反
（白鷺洲本、大德本、殿本"力"前有"音"字）。蚴，一糾反。
蟉，力糾反。宛，於元反。"蜒"音"延"。【今注】駕應龍象輿
之蠖略委麗兮驂赤螭青虬之蚴（yòu）蟉（liú）宛蜒：指皇帝的車
隊有各式各樣的車輛，排成很長的隊型有序前行。應龍，傳説中有
翅膀的龍。《文選》班孟堅《答賓戲》："故夫泥蟠而天飛者，應龍
之神也。"象輿，用象牙裝飾的車。赤螭，傳説中紅色無角的龍。
青虬，傳説中青色有角的龍。蠖略委麗、蚴蟉宛蜒，皆龍行走時蜿
蜒曲折的樣子。《史記·司馬相如列傳》"委"作"逶"，"蚴"作
"蟉"，"宛"作"蜿"。案，虬，大德本同，白鷺洲本、殿本作
"蛇"。

[14]【顔注】張揖曰：裾，直項也（項，殿本作"頂"）。驕驁，縱恣也。詘折，曲委也。隆窮，舉鬐也。躩（躩，殿本作"钁"），跳也。連卷，句蹄也。師古曰："裾"音"倨"。驕，居召反（白鷺洲本、大德本、殿本"居"前有"音"字）。驁，五到反（白鷺洲本、大德本、殿本"五"前有"音"字）。躩，鉅縛反（白鷺洲本、大德本、殿本"鉅"前有"音"字）。卷，鉅圓反（白鷺洲本、大德本、殿本"鉅"前有"音"字）。【今注】低卬夭蟜裾以驕驁兮詘折隆窮躩以連卷：指拉車的各種動物隨着奔跑時而昂頭，時而低頭。低卬，同"低仰"。忽高忽低，時起時伏。夭蟜，伸展屈曲而有气勢。裾，王先謙《漢書補注》曰：《史記·司馬相如列傳》"裾"作"据"，"躩"作"蠼"。"裾""据"並借字，當作"倨"，指昂首挺拔。驕驁，形容馬縱恣奔馳。詘折隆窮，屈折而隆起。隆窮即隆穹。躩，脚步快速。連卷，亦作"連蜷"。長曲貌。

[15]【顔注】張揖曰：沛艾，駊騀也。赳螑，申頸低卬也。仡，舉頭也。怡儑，不前也。師古曰：沛，普蓋反（白鷺洲本、大德本、殿本"普"前有"音"字）。赳，古幼反。螑，火幼反（白鷺洲本作"赳音古幼反螑音火幼反"，殿本作"赳音古有幼反螑音火幼反"）。仡，魚乞反（白鷺洲本、大德本、殿本"魚"前有"音"字）。怡，丑吏反（大德本、殿本作"怡音丑吏反"，白鷺洲本作"怡音尹吏反"）。儑，魚吏反（白鷺洲本、大德本、殿本"魚"前有"音"字）。"怡儑"又音"態礙"（殿本"礙"後有"反"字）。【今注】沛艾赳螑仡以怡儑兮：指時而搖頭伸頸，走起路來高低起伏，時而悠閑緩慢。沛艾，馬疾行時搖頭。赳螑，申頸低仰。"螑"當爲"趥"之借字。許慎《説文解字》："趥，輕勁有才力也。趥，行也。"《集韻》"趥"或作"踸"，又云"趥踸，行不正也"。怡儑，閑緩的樣子。

[16]【顔注】師古曰：畔岸，自縱之貌也。驤，舉也。屑

顏，不齊也。屛，士顏反（白鷺洲本、殿本"士"前有"音"字）。【今注】放散畔岸驤以屛顏：指放縱任性、昂首不齊。放散畔岸，放縱任性。屛顏，參差不齊。《史記·司馬相如列傳》司馬貞《索隱》服虔曰：馬仰頭，其口開，即爲屛顏。

　　[17]【顏注】張揖曰：跮踱，互前卻也。輵螛，搖目吐舌也。容，龍體貌也。骫麗，左右相隨也。師古曰：跮，丑日反（白鷺洲本、大德本、殿本"丑"前有"音"字）。踱，丑略反（白鷺洲本、大德本、殿本"丑"前有"音"字）。"輵"音"遏"。"螛"音"曷"。骫，古"委"字也。麗，力爾反（白鷺洲本、大德本、殿本"力"前有"音"字）。【今注】跮踱輵螛容以骫麗兮：指忽進忽退、上下搖擺，曲折前行。跮踱，走路忽前忽後。輵螛，搖擺的樣子。骫麗，曲折蜿蜒。王先謙《漢書補注》曰：《史記·司馬相如列傳》"螛"作"轄"，"骫"作"委"。裴駰《集解》引徐廣曰："跮踱，乍前乍卻也。"《集韻》："輵轄，轉搖也。"《士相見禮》注："容，謂趨翔。"

　　[18]【顏注】張揖曰：蜩蟉，掉頭也。怵㑜，奔走也。梁倚，相著也。師古曰：蜩，徒釣反（白鷺洲本、大德本、殿本"徒"前有"音"字）。蟉，盧釣反（白鷺洲本、大德本、殿本"盧"前有"音"字；釣，殿本作"鉤"）。"怵"音"黜"。㑜，丑若反（白鷺洲本、大德本、殿本"丑"前有"音"字）。倚，於綺反（白鷺洲本、大德本、殿本"於"前有"音"字）。【今注】蜩蟉偃蹇怵㑜以梁倚：指時而彎曲搖擺，時而像驚兔一樣奔跑，時而如屋梁一樣依靠在一起。蜩蟉，龍掉頭貌。偃蹇，委曲宛轉的樣子。怵㑜，受到驚嚇的㑜。㺜，一種似兔的野獸，青色而比兔大。梁倚，如屋梁之相倚。

　　[19]【顏注】張揖曰：糾蓼，相引也。叫奡，相呼也。踏，下也。腠，著也。皆下著道也。師古曰：叫奡，高舉之貌。蓼，力糾反（白鷺洲本、大德本、殿本"力"前有"音"字）。奡，

五到反（白鷺洲本、大德本、殿本"五"前有"音"字）。"踏"音"沓"。"腜"音"屆"。【今注】糾蓼叫奊踏以腜路：指互相牽引並喧呼着跑到路上。糾蓼，互相牽引。叫奊，叫嚚、呼喊。踏以腜路，走到路上。王先謙《漢書補注》曰：《史記·司馬相如列傳》"踏"作"蹋"，"腜"作"艘"，司馬貞《索隱》引《三蒼》云："踏，著地。""蓼"爲"繚"之借字，"奊"爲"嚚"之借字。

[20]【顏注】張揖曰：薆蒙，飛揚也。踊躍，跳也。騰，馳也。趡，奔走也。師古曰：蒙，莫孔反（白鷺洲本、大德本、殿本"莫"前有"音"字）。"趡"音"醮"。【今注】薆蒙踊躍騰而狂趡：飛揚跳躍，奔騰前進。薆蒙，飛揚。騰而狂趡，跳躍奔跑的樣子。王先謙《漢書補注》曰：《史記·司馬相如列傳》"薆"作"蔆"，"趡"作"趡"。《甘泉賦》"浮蔆蠓而撇天"，師古注："蔆蠓，疾也。"《文選》作"蠛蠓"，義皆相近。許慎《說文解字》："趡，動也。"音"唯"。

[21]【顏注】張揖曰：葔颯，飛相及也。屮歙，走相追（白鷺洲本、大德本、殿本句末有"也"字）。師古曰："葔"音"利"。"颯"音"立"。"屮"音"譁"。"歙"音"翕"。【今注】案，"葔颯屮歙"數句，指飛翔奔跑，如同閃電一樣迅速，互相追逐，突然變得明亮，雲霧消散。葔颯，飛行迅捷。屮歙，奔走追逐。《史記·司馬相如列傳》作"卉翕"。焱至電過，如同火光和閃電一樣迅速。

　　邪絕少陽而登大陰兮，與真人乎相求。[1]互折窈窕以右轉兮，橫屬飛泉以正東。[2]悉徵靈圉而選之兮，部署衆神於搖光。[3]使五帝先導兮，反大壹而從陵陽。[4]左玄冥而右黔雷兮，[5]前長離而後矞皇。[6]廝征伯僑而役羨門兮，詔岐伯使尚方。[7]祝融警而蹕御兮，清氣氛而后行。[8]屯余車而萬乘兮，^[9]綷雲蓋而樹華旗。^[10]使句芒其將行兮，吾欲往乎南嬪。^[11]

[1]【顏注】張揖曰：少陽，東極。大陰，北極。邪度東極而升北極也。真人，謂若士也，游於大陰之中（大，大德本同，白鷺洲本、殿本作“太”，下同不注）。師古曰：真人，至真之人也，非指謂若士也。【今注】案，“斜絕少陽”二句：指斜行越過東極而登上北極，與仙人相交游。邪，通“斜”。絕，越過。真人，仙人。同“若士”，《淮南子·道應訓》載，若士游太陰之地。《史記》卷八四《屈原賈生列傳》司馬貞《索隱》：“《莊子》云：‘古之真人，不知悅生，不知惡死，不以心捐道，不以人助天。’《呂氏春秋》曰：‘精氣日新，邪氣盡去，反其天年，謂之真人也。’”王先謙《漢書補注》曰：《說文》“真”下云：“僊人變形而登天也。从匕从目从乚。八，所乘載也。”

[2]【顏注】張揖曰：飛泉，飛谷也（王先謙《漢書補注》曰：《正義》引張說“谷”上無“飛”字。《楚辭》“吸飛泉之微液兮”，《河水注》“崑崙山東北臨大活之井，西南至承淵之谷”，疑張說所謂“飛泉谷”），在崑崙山西南。師古曰：厲，渡也。【今注】案，“互折窈窕”二句，走過交互曲折幽深的地方向右轉，橫渡飛泉谷而向東。飛泉，飛泉谷，在昆侖山西南。

[3]【顏注】張揖曰：搖光，北斗杓頭第一星。【今注】案，“悉徵靈圉”二句：指招集眾仙人，安排在搖光。靈圉，眾仙人的總稱。

[4]【顏注】應劭曰：五帝，五時，太皞之屬也。如淳曰：天極，大星，一明者，太一常居也。張揖曰：陵陽，仙人陵陽子明也。師古曰：令太一反其所居，而使陵陽侍從於己。【今注】五帝：五色之帝。東方青帝靈威仰、南方赤帝赤熛怒、西方白帝白招拒、北方黑帝汁光紀、中央黃帝含樞紐（《周禮注疏》卷二）。一

說東方爲太暤，南方爲炎帝，西方爲少昊，北方爲顓頊，中央爲黃帝。　大壹：天神中的尊貴者。其佐曰五帝。即太一，又作"泰一"。王先謙《漢書補注》引《史記·司馬相如列傳》張守節《正義》："五帝，五時，帝太皓之屬也。"《天官書》云："中宮天極星，其一明者，太一常居也。"《封禪書》"亳人謬忌奏祠太一方，曰'天神貴者太一，太一佐曰五帝'"，《宣紀》"修興泰一、五帝、后土之祠"，是太一爲尊，五帝爲佐，故使五帝先導而反太一。《楚辭》"東皇太一"，注："太一，星名，天之尊神。"　陵陽：古代傳說中的仙人。西漢丹陽人，姓竇，字子明。曾獲白魚，剖得丹書，論服餌之術。後住陵陽山成仙，故稱。陵陽山，在今安徽黃山市黃山區北（參見王天海、王韌《意林校釋》（卷四五），中華書局2014年版，第459頁）。《隋書·經籍志》有《陵陽子說黃金祕法》一卷。事迹詳見《列仙傳》卷下。

　　[5]【顏注】張揖曰：玄冥，北方黑帝佐也。黔雷，黔嬴也，天上造化神名也。《楚辭》曰："召黔嬴而見之。"或曰水神也。【今注】左玄冥而右黔雷兮：沈欽韓《漢書疏證》曰：《遠遊》注云："黔嬴，造化之神，問以得失。"按，"嬴"或爲"嬴"，故轉"雷"。王先謙《漢書補注》曰：《史記·司馬相如列傳》作"含靁"。"黔""含"並今聲，以音近通假。

　　[6]【顏注】服虔曰：皆神名也。師古曰：長離，靈鳥也，解在《禮樂志》。矞，以出反（白鷺洲本、大德本、殿本"以"前有"音"字）。【今注】前長離而後矞皇：王先謙《漢書補注》曰：《史記·司馬相如列傳》"長離"作"陸離"，"矞皇"作"潏湟"。陸離不聞有神名，應因涉下"陸離"而誤。長離，本書《禮樂志》引臣瓚曰："長麗，靈鳥也。故相如賦曰'前長麗而後矞皇'。舊說云鸞也。"《文選》張衡《思玄賦》"長離使拂羽兮，後委衡乎玄冥"，李善注曰：司馬相如《大人賦》曰："前長離後矞皇。"如淳曰："長離，朱鳥也。"《禮記》曰："前行朱鳥而後玄

武。"案，此二句指前後左右圍繞着玄冥、黔雷、長離、蓊皇等神仙。

[7]【顏注】應劭曰：厮，役也。張揖曰：伯僑，仙人王子僑也。羨門，碣石山上仙人羨門高也（碣，大德本同，白鷺洲本、殿本作"碣"）。尚，主也。岐伯者，黃帝大醫，屬使主方藥也。師古曰：征伯僑者，仙人，姓征，名伯僑，非王子僑也。《郊祀志》"征"字作"正"，其音同耳。或說云征謂役使之也（白鷺洲本、大德本、殿本"之"後有"非"字）。【今注】伯僑：王子僑。《史記·司馬相如列傳》裴駰《集解》引徐廣曰："燕人也，形解而仙也。"王先謙《漢書補注》曰：詔，《史記·司馬相如列傳》作"屬"。張說"屬使主方藥"，《集解》引作《漢書音義》，是《漢書》本作"屬"，不作"詔"，疑傳寫有誤。

[8]【顏注】張揖曰：祝融，南方炎帝之佐也，獸身人面，乘兩龍。師古曰：蹕，止行人也。御，禦也。氛，惡氣也。【今注】祝融：上古神話人物。名重黎。顓頊之後，爲高辛氏火正。後世尊爲火神。　清氣氛而后行：清除渾濁之氣而後前行。王先謙《漢書補注》曰："氣""氛"蓋誤倒。《史記·司馬相如列傳》作"氛氣"，亦作"雰氣"。指昏暗不清的霧氣。

[9]【今注】余車：夏后氏的輦車。《周禮·地官·鄉師》："正治其徒役，與其輂輦。"鄭玄注："夏后氏謂輦曰余車，殷曰胡奴車，周曰輜輦。"

[10]【顏注】師古曰：綷，合也，合五采雲以爲蓋也。綷，子內反（白鷺洲本、大德本、殿本"子"前有"音"字）。

[11]【顏注】張揖曰：句芒，東方青帝之佐也，鳥身人面，乘兩龍。師古曰：將行，將領從行也。娭，許其反（白鷺洲本、大德本、殿本"許"前有"音"字）。【今注】南娭：向南方嬉戲。王先謙《漢書補注》曰：娭，《史記·司馬相如列傳》作"嬉"。《楚辭·招魂》注："娭，戲也。"《廣雅·釋詁》："嬉，戲

也。”義得兩通。顏注，《正義》引作“將行，領從者也”。

　　歷唐堯於崇山兮，過虞舜於九疑。[1]紛湛湛其差錯兮，雜遝膠輵以方馳。[2]騷擾衝蓯其紛挐兮，滂濞泱軋麗以林離。[3]攢羅列聚叢以蘢茸兮，衍曼流爛痑以陸離。[4]徑入雷室之砰磷鬱律兮，洞出鬼谷之堀礨崴魁。[5]徧覽八紘而觀四海兮，[6]朅度九江越五河。[7]經營炎火而浮弱水兮，杭絕浮渚涉流沙。[8]奄息蔥極汜濫水娛兮，[9]使靈媧鼓琴而舞馮夷。[10]時若曖曖將混濁兮，[11]召屏翳誅風伯，刑雨師。[12]西望崑崙之軋沕荒忽兮，[13]直徑馳乎三危。[14]排閶闔而入帝宮兮，[15]載玉女而與之歸。[16]登閬風而遙集兮，亢烏騰而壹止。[17]低徊陰山翔以紆曲兮，吾乃今日覩西王母。暠然白首戴勝而穴處兮，亦幸有三足烏爲之使。[18]必長生若此而不死兮，雖濟萬世不足以喜。[19]

　　[1]【顏注】張揖曰：崇山，狄山也。《海外經》曰狄山，帝堯葬於其陽。九疑山在零陵營道縣，舜所葬也。師古曰：疑，似也。山有九峯，其形相似，故曰九疑。【今注】唐堯：上古帝王名。帝嚳次子。居平陽（今山西臨汾市西南）。初封於陶，又封於唐，故號陶唐氏。又稱“唐堯”。在位百年，後讓位於舜。　崇山：在今湖南張家界市西南。　虞舜：上古帝王名。號有虞氏，名重華。居蒲阪（今山西永濟市西）。　九疑：山名。在今湖南寧遠縣南。因其山有九座相似的山峰，故名。又名蒼梧山。傳說舜葬於此。

　　[2]【顏注】師古曰：湛湛，積厚之貌。差錯，交互也。雜

遝，重累也。膠輵，猶交加也。湛，徒感反（白鷺洲本、大德本、殿本"徒"前有"音"字）。遝，大合反（大德本同，白鷺洲本、殿本"大"前有"音"字）。"輵"音"葛"。【今注】案，"紛湛湛其差錯兮"二句，形容車輛衆多，聚集交錯而並行。雜遝膠輵，人多雜亂，交錯糾纏。王先謙《漢書補注》曰：《史記·司馬相如列傳》"輵"作"葛"，司馬貞《索隱》："《廣雅》：'膠葛，驅馳也。'"方馳，並馳。

［3］【顏注】張揖曰：衝蓯，相入貌。澎濞，衆盛貌。決軋，不前也。麗，靡也。林離，椾欐也。師古曰：衝，尺勇反（白鷺洲本、大德本、殿本"尺"前有"音"字）。蓯，相勇反（大德本同，白鷺洲本、殿本"相"前有"音"字）。挐，女居反（白鷺洲本、大德本、殿本"女"前有"音"字）。澎，普郎反（白鷺洲本、大德本、殿本"普"前有"音"字）。濞，普備反（白鷺洲本、大德本、殿本"普"前有"音"字）。決，烏朗反（白鷺洲本、大德本、殿本"烏"前有"音"字）。軋，於點反（白鷺洲本、大德本、殿本"於"前有"音"字）。椾，所林反（椾所林反，殿本作"椾音所林反"，白鷺洲本、大德本作"椾音所林反"）。欐，所宜反（白鷺洲本、大德本、殿本"所"前有"音"字）。【今注】案，"騷擾衝蓯其紛挐兮"二句，形容車輛紛亂衝撞，隊伍遍布山野，如同沒有邊際泛着波浪的水流。騷擾，使不安。衝蓯，衝撞。"蓯"當爲"摐"之借字。紛挐，紛亂。決軋，一作"坱圠"，亦作"軮軋"。本書卷八七上《揚雄傳》《甘泉賦》"忽軮軋而亡垠"，《文選》揚雄《甘泉賦》作"坱圠"，謂無涯際。林離，當作"淋灕"。水流充盛。案，大德本"其"後有"相"字。

［4］【顏注】張揖曰：疼，衆貌，一曰罷極也。陸離，參差也。師古曰：蘢茸，聚貌。流爛，布散也。疼，自放縱也。蘢，來孔反（白鷺洲本、大德本、殿本"來"前有"音"字）。茸，

而孔反（白鷺洲本、大德本、殿本"而"前有"音"字）。衍，
弋扇反（白鷺洲本、大德本、殿本"弋"前有"音"字）。疼，
式爾反（白鷺洲本、大德本、殿本"式"前有"音"字），張云
"罷極"，義則非矣。【今注】案，"攢羅列聚叢以蘢茸兮"二句，
指山峰聚集排列，山上草木茂盛，高低不一，遍布山間。蘢茸，聚
集。衍曼，綿延不絕。疼以陸離，王先謙《漢書補注》曰：《史
記·司馬相如列傳》"攢"作"鑽"，"疼"作"壇"，俱借字。
"疼"亦借字，當爲"嘽"。"疼""嘽"古同音而通用，指衆多。
陸離，屈原《離騷》"長余佩之陸離"，注"陸離，參差衆貌"，
"班陸離其上下"，注"班，亂貌。陸離，分散也"。

[5]【顏注】張揖曰：雷室，雷淵也。洞，通也。鬼谷在崑
崙北直北辰下，衆鬼之所聚也。堀礨崴魁，不平也。師古曰：砰
磷鬱㠥（㠥，白鷺洲本、大德本、殿本作"律"），深峻貌。砰，
普萌反（白鷺洲本、大德本、殿本"普"前有"音"字）。磷，
力耕反（白鷺洲本、大德本、殿本"力"前有"音"字）。堀，
口骨反（白鷺洲本、大德本、殿本"口"前有"音"字）。礨，
洛賄反（白鷺洲本、大德本、殿本"洛"前有"音"字）。崴，
一迴反（白鷺洲本、大德本、殿本"一"前有"音"字）。【今
注】案，王先謙《漢書補注》曰：入雷室、出鬼谷，出入陰陽之
界。雷室，《史記·司馬相如列傳》作"靁室"。鬼谷，裴駰《集
解》引《漢書音義》："鬼谷在北辰下，衆鬼之所聚也。"砰磷鬱律，
均爲雷聲。堀礨崴魁，《史記·司馬相如列傳》作"崛壘崣蹏"。堀
礨崴魁，山谷起伏不平。

[6]【今注】八紘：天的八個極遠的地方。代指天。高誘注
《淮南子·原道訓》："八紘，天之八維也。"王先謙《漢書補注》
曰：《淮南子》："九州之外有八寅，八寅之外有八紘。東北方之紘
曰荒土，東方之紘曰桑野，東南方之紘曰衆安，南方之紘曰反戶，
西南方之紘曰火土，西方之紘曰沃野，西北方之紘曰河所，北方之

　　[7]【顔注】張揖曰：九江在廬江尋陽縣南，皆東合爲大江者。服虔曰：河有九，今越其五也。晉灼曰：五河，五湖，取河之聲合其音耳。師古曰：服、晉説五河皆非也。五河，五色之河也。《仙經》説有紫碧絳青黄之河，非謂九河之内，亦非五湖也。【今注】五河：傳説中的五色河流，出自崑崙山。

　　[8]【顔注】應劭曰：《楚辭》曰："越炎火之萬里。"弱水出張掖删丹，西至酒泉合黎餘波入于流沙。張揖曰：杭，舡也（舡，大德本同，白鷺洲本、殿本作"船"）。絶，度也。浮渚，流沙中渚也。流沙，沙與水流行也。師古曰：弱水謂西域絶遠之水，乘毛車以度者耳，非張掖弱水也。又流沙但有沙流，本無水也。言絶度浮渚，乃涉流沙也。杭，音下郎反。【今注】炎火：火焰山。《山海經·大荒西經》："昆侖之丘……其外有炎火之山，投物輒然。"　弱水：一名張掖河，經張掖、高臺、毛目，北流入居延海（周秉鈞《尚書易解》卷一《虞夏書·禹貢》，華東師範大學出版社 2010 年版，第 61 頁）。王先謙《漢書補注》引《十洲記》："天漢二年，西國王使使來獻。使者曰：'中國有好道之君，故搜奇蘊而貢神香，乘毛車以濟弱水。'於今十三年矣。"又云："鳳麟洲在西海之中央，洲四面有弱水繞之，鴻毛不浮，不可越也。"　浮渚：沙漠中的小洲。　流沙：沙漠。《山海經·海内西經》載："流沙出鍾山，西行，又南行昆侖之虚，西南入海，黑水之山。"郭璞注：今西海居延澤。案，傳説弱水、流沙爲西王母所居之處。

　　[9]【顔注】張揖曰：奄然休息也。葱極，葱領山也，在西域中。【今注】葱極：葱嶺山。今帕米爾高原。案，《史記·司馬相如列傳》"葱"作"總"。　娭：《史記·司馬相如列傳》作"嬉"。

　　[10]【顔注】服虔曰：靈娲，女娲也。伏犧作琴，使女娲鼓之。馮夷，河伯字也，《淮南子》曰："馮夷得道以潛大川。"師古

曰:“媧”音“瓜”,又工蛙反。【今注】使靈媧鼓琴而舞馮夷:使女媧鼓琴而讓馮夷舞蹈。靈媧,即女媧。傳説上古時人首蛇身的神。與伏羲爲兄妹,傳説她以五色石補天,又搏泥造人。鼓琴,王先謙《漢書補注》曰:“琴”,《史記·司馬相如列傳》作“瑟”;《集解》引無“伏”下九字,徐廣曰:“‘媧’,一作‘貽’。”案,《帝王世紀》云:“女媧一號女希,是爲女皇。”“希”“貽”聲近,故又爲“女貽”。馮夷,又作“冰夷”。

[11]【今注】曖曖:混濁不明。《史記·司馬相如列傳》作“蔓蔓”。

[12]【顏注】應劭曰:屏翳,天神使也。張揖曰:風伯字飛廉。師古曰:屏,步丁反(白鷺洲本、大德本、殿本“步”前有“音”字)。【今注】屏翳:神名。此處指雷神。

[13]【顏注】張揖曰:崑崙去中國五萬里,天帝之下都也。其山廣袤百里,高八萬仞,增城九重,面有九井,以玉爲檻,旁有五門,開明獸守之。軋沕荒忽,不分明之貌。師古曰:“沕”音“勿”。荒,呼廣反(白鷺洲本、大德本、殿本“呼”前有“音”字)。【今注】崑崙:山名。西起帕米爾高原,橫貫新疆和西藏交界處,東經青海直至四川西北部。

[14]【顏注】張揖曰:三危山在鳥鼠之西(白鷺洲本、大德本、殿本“之”前有“山”字),與嶓山相近,黑水出其南陂,《書》曰“導黑水至于三危”也。【今注】三危:山名。在今甘肅敦煌市東南。

[15]【今注】閶闔:天門。許慎《説文解字》楚人名門曰閶闔。

[16]【顏注】張揖曰:玉女,青要、乘弋等也。【今注】玉女:仙女。沈欽韓《漢書疏證》卷二九曰:《神異經》:“九府玉童玉女,與天地同休息,男女無爲匹配,而仙道自成。”

[17]【顏注】張揖曰:閬風山在崑崙閶闔之中。遙,遠也。

應劭曰：亢然高飛，如鳥之騰也。師古曰："閬"音"浪"。"亢"音"抗"。【今注】閬風：山名。相傳爲仙人所居，在崑崙之巔。

[18]【顏注】張揖曰：陰山在崑崙西二千七百里。西王母其狀如人，豹尾虎首，蓬髮蠚然白首，石城金室，穴居其中。三足鳥，三足青鳥也，主爲西王母取食，在崑崙墟之北。如淳曰：《山海經》曰："西王母梯几而戴勝。"師古曰：低佪猶徘佪也。勝，婦人首飾也，漢代謂華勝。蠚，工老反（白鷺洲本、大德本、殿本"工"前有"音"字），字或作"㗻"，音"學"。【今注】陰山：王先謙《漢書補注》曰：《西山經》有陰山，去崑崙二千七百八十里，非本書《地理志》西河郡之陰山（另參見逯宏《論神話崑崙原型在陰山》，《鞍山師範學院學報》2016 年第 1 期）。 西王母：古代女神名，傳說其蓬髮戴勝，住崑崙之丘。最早見於《山海經》（參見朱芳圃《西王母考》，《開封師範學院學報》1957 年第 2 期；姚立偉《漢畫中西王母形象原型探析》，《美術學報》2019 年 4 期；張朋兵《神聖與世俗：文字與圖像中的西王母》，《東南大學學報》2019 年第 3 期）。 戴勝：西王母。頭上有勝紋（參見王薪《從漢墓考察西王母"戴胜"圖像涵義及流變》，《西部學刊》2018 年第 6 期）。 三足鳥：三足神鳥。傳說爲西王母取食。關於三足鳥的形象，可參見張程《淺析中國古代太陽崇拜與鳥崇拜的實物圖像——以鳥與三足鳥的形象內涵變遷爲例》（《形象史學》2018 年第 1 期）。《山海經》原文多作"三青鳥"。沈欽韓《漢書疏證》卷二九曰：《西山經》"三危之山，三青鳥居之"。此云"三足鳥"，蓋誤。王先謙《漢書補注》曰：又云"三危之山，三青鳥居之"，郭注："三青鳥，主爲西王母取食者。"《大荒西經》"王母之山有三青鳥，赤首黑目，一名曰大鵹，一名小鵹，一名曰青鳥"，郭注："皆西王母所使也。"《海內北經》"蛇巫之山，西王母梯几而戴勝杖，其南有三青鳥，爲西王母取食，在崑崙虛北"，郭注："又有三足鳥，主給使。"郝懿行箋疏引《史記正義》引《輿地圖》云：

"有三足神鳥，爲王母取食。"又《春秋元命苞》云："陽數起於一，成於三，故日中有三足烏。"是"三足烏"蓋"烏""鳥"因轉寫而訛。

[19]【顏注】師古曰：昔之談者咸以西王母爲仙靈之最，故相如言大人之仙，娛遊之盛，顧視王母，鄙而陋之（陋，白鷺洲本、大德本、殿本作"陋"），不足美慕也。

　　回車朅來兮，絶道不周，[1]會食幽都。呼吸沆瀣兮餐朝霞，[2]咀噍芝英兮嘰瓊華。[3]僸祲尋而高縱兮，紛鴻溶而上厲。[4]貫列缺之倒景兮，[5]涉豐隆之滂濞。[6]騁游道而脩降兮，鶩遺霧而遠逝。[7]迫區中之隘陝兮，舒節出乎北垠。[8]遺屯騎於玄闕兮，[9]軼先驅於寒門。[10]下崢嶸而無地兮，[11]上嶺廓而無天。[12]視眩泯而亡見兮，聽敞怳而亡聞。[13]乘虛亡而上遐兮，超無友而獨存。[14]

[1]【顏注】張揖曰：不周山在崑崙東南二千三百里也。【今注】不周：山名。原稱天柱山，被共工撞壞。《山海經·大荒西經》："西北海之外，大荒之隅，有山而不合，名曰不周負子。"《淮南子·天文》載："昔者共工與顓頊争爲帝，怒而觸不周之山，天柱折，地維絶。"

[2]【顏注】張揖曰：幽都在北方。如淳曰：《淮南》云八極西北曰幽都之門。應劭曰：《列仙傳》陵陽子言春食朝霞，朝霞者，日始欲出赤黃氣也。夏食沆瀣，沆瀣，北方夜半氣也。并天地玄黃之氣爲六氣。師古曰：沆，胡朗反（白鷺洲本、大德本、殿本"胡"前有"音"字）。"瀣"音"聲"。【今注】幽都：北方鬼魂歸聚之地（參見逯宏《幽都考》，《黃河科技大學學報》

2010 年第 6 期）。《山海經·海內經》載"北海之内有山，名曰幽都之山，黑水出焉。其上有玄鳥、玄蛇、玄豹、玄虎、玄狐蓬尾"。

[3]【顏注】張揖曰：芝，草蒻也。榮而不實謂之英。噂，食也。瓊樹生崑崙西流沙濱，大三百圍，高萬仞。華，藥也，食之長生。師古曰：芝英，芝菌之英也。咀，才汝反（白鷺洲本、大德本、殿本"才"前有"音"字）。嚼，才笑反，又才弱反。"噂"音"機"，又音"祈"。【今注】芝英：靈芝。 噂瓊華：食瓊樹的花蕊，形如玉屑。王先謙《漢書補注》引裴駰《史記集解》："徐廣曰：'噂，小食也。'韋昭曰：'瓊華，玉英。'"

[4]【顏注】張揖曰：傑，仰也。鴻溶，竦踊也。師古曰：傑，音角甚反。褸，音子禁反。鴻，音胡孔反。溶，音弋孔反。【今注】褸尋：漸進。 高縱：恣意遠游。 鴻溶：波濤洶湧的樣子。 上屬：往上去。抬頭仰望而身體漸漸升高，紛然騰躍疾飛上天空。

[5]【顏注】服虔曰：列缺，天閃也。人在天上，下向視日月，故景倒在下也。張揖曰：貫，穿也。《陵陽子明經》曰列缺氣去地二千四百里，倒景氣去地四千里，其景皆倒在下也。【今注】倒景：指天上最高處。在日月之上，由上往下看日月，則日月之光由下往上照，其影皆倒。

[6]【顏注】應劭曰：豐隆，雲師也。《楚辭》曰："吾令豐隆乘雲兮。"《淮南子》曰："季春三月，豐隆乃出以將雨。"師古曰：豐隆將雨，故言涉也。滂濞，雨水多也。滂，普郎反（白鷺洲本、大德本、殿本"普"前有"音"字）。濞，匹備反（白鷺洲本、大德本、殿本"匹"前有"音"字）。

[7]【顏注】張揖曰：馳疾而遺霧在後也。師古曰：游，游車也。道，道車也。脩，長也。降，下也。言周覽天上，然後騁車也，循長路而下馳，棄遺霧而遠逝也。"道"讀曰"導"。【今注】游道：游車與道車。王先謙《漢書補注》引《司常》："道車

載旟，斿車載旌。”“斿”“游”字通用。游車，先驅車。道車出入，持馬陪乘。　倏眒：從天上落到地下。　騖遺霧而遠逝：車輛跑得很快，簡直把雲霧都拋在身後。

[8]【顏注】師古曰：舒，緩也。垠，崖也，音“銀”。【今注】區中：人世間。　北垠：極北的邊界。傳說是日落之處。

[9]【顏注】張揖曰：玄闕，北極之山也。【今注】屯騎：數量衆多的隨從騎兵。

[10]【顏注】應劭曰：寒門，北極之門也。師古曰：軼，過也，音“逸”。【今注】寒門：王先謙《漢書補注》謂裴駰《史記集解》引《漢書音義》曰：“寒門，天北門。”案，《淮南子》“北方北極之山曰寒門”，指因速度太快，將屯騎、先驅遺落在後面。

[11]【顏注】師古曰：崝嶸，深遠貌。崝，音仕耕反。“嶸”音“宏”。

[12]【顏注】師古曰：嵺廓，廣遠也。“嵺”音“遼”。

[13]【顏注】師古曰：眩泯，目不安也。㪍怳，耳不諦也。眩，音“州縣”之“縣”。“泯”音“眄”。

[14]【顏注】師古曰：上，音時掌反。【今注】案，《漢書考正》宋祁曰：“友”字，浙本作“有”。王先謙《漢書補注》曰：《史記·司馬相如列傳》作“友”，或作“有”。案，“獨存”與“無友”意思重複，當以作“有”爲是。

相如既奏《大人賦》，天子大說，[1]飄飄有陵雲氣游天地之間意。

[1]【顏注】師古曰：“說”讀曰“悅”。

相如既病免，家居茂陵。[1]天子曰：“司馬相如病甚，可往從悉取其書，若後之矣。”[2]所忠往，[3]而相如已死，家無遺書。問妻，[4]對曰：“長卿未嘗有書也。
時時著書，人又取去。長卿未死時，爲一卷書，曰有
使來求書，奏之。其遺札書言封禪事，[5]所忠奏焉，天
子異之。其辭曰：

[1]【今注】家居茂陵：沈欽韓《漢書疏證》曰：《西京雜
記》：“相如將聘茂林人女爲妾，卓文君作《白頭吟》自絶，乃止。”

[2]【顏注】師古曰：若，汝也。言汝今去已在他人後也。

[3]【顏注】師古曰：使者姓名也，解在《食貨志》。【今注】
案，本書《食貨志下》引師古注：“所，姓也；忠，名也。武帝之
近臣。”楊樹達《漢書窺管》云，據《兒寬傳》武帝奇其書，以問
兒寬，後因封禪。大德本、白鷺洲本、殿本“所”前有“使”字。

[4]【今注】案，白鷺洲本、大德本、殿本“問”後有“其”字。

[5]【顏注】師古曰：書於札而留之，故云遺札。

　　伊上古之初肇，自顥穹生民。[1]歷選列辟，以
迄乎秦。[2]率邇者踵武，聽逖者風聲。[3]紛輪威蕤，
堙滅而不稱者，不可勝數也。[4]繼《昭》《夏》，
崇號謚，略可道者七十有二君。[5]罔若淑而不昌，
疇逆失而能存？[6]

[1]【顏注】師古曰：肇，始也。顥、穹，皆謂天也。顥言
氣顥汗也，穹言形穹隆也。謂自初始有天地以來也。顥，胡老反
（白鷺洲本、大德本、殿本“胡”前有“音”字）。【今注】顥穹：
上天、蒼天。天十分廣大，如同穹窿覆載。

[2]【顏注】師古曰：選，數也。辟，君也。迄，至也。“辟”
音“壁”。【今注】歷選列辟：歷代帝王。

　　[3]【顏注】文穎曰：率，循也。邇，近也。踵，蹈也。武，迹也。逖，遠也。言循履近者之遺迹，聽遠者之風聲。風謂著於雅頌者也。師古曰：風聲，您謂遺風嘉聲耳（您，白鷺洲本、大德本、殿本作"摠"），無繫於雅頌也。【今注】案，"率邇者踵武"二句，指距離漢朝較近的時代，有很明確的事迹可以借鑒，但對於遙遠不能詳細考察的時代，祇有通過一些傳聞得以了解。聽逖，《史記·司馬相如列傳》作"逖聽"。

　　[4]【顏注】張揖曰：紛輪威蕤，亂貌。

　　[5]【顏注】文穎曰：昭，明也。夏，大也。德明大，相繼封禪於泰山者，七十有二人也。【今注】昭夏：舜和禹時的兩種樂曲。《史記·司馬相如列傳》作"續《韶》《夏》"。王先謙《漢書補注》曰："《昭》，舜樂。《夏》，禹樂。繼《昭》《夏》，謂繼舜禹而起。文穎望文生義，非也。尊號，人主生時所上；美謚，歿後所加。七十二君，《索隱》云，見《韓詩外傳》及《封禪書》。"《史記·封禪書》張守節《正義》引《韓詩外傳》云："孔子升泰山，觀易姓而王可得而數者七十餘人，不得而數者萬數也。"案，《管子》卷一六《封禪》管仲所記封禪者有七十二家，但祇列舉自無懷氏以下十二家，其餘六十家並無記録。

　　[6]【顏注】應劭曰：罔，無也。若，順也。淑，善也。疇，誰也。師古曰：言行順善者無不昌大，爲逆失者誰能久存也。

　　軒轅之前，[1]遐哉邈乎，其詳不可得聞已。[2]五三六經載籍之傳，維見可觀也。[3]《書》曰："元首明哉！股肱良哉！"[4]因斯以談，君莫盛於堯，臣莫賢於后稷。[5]后稷創業於唐，[6]公劉發迹於西戎，[7]文王改制，[8]爰周郅隆，大行越成，[9]而后陵遲衰微，千載亡聲，豈不善始善終哉！[10]然無異端，慎所由於前，謹遺教於後耳。[11]故軌迹夷易，易遵也；[12] 湛恩厖洪，易豐也；[13] 憲度著明，易則也；垂統理順，易繼也。[14] 是以業隆於繈保而崇冠乎二后。[15] 揆厥所元，終都攸卒，[16] 未有殊尤絕迹可考於今者也。[17] 然猶躡梁甫，登大山建顯號，施尊名。[18] 大漢之德，逢涌原泉，沕潏曼羡，[19] 旁魄四塞，雲布霧散，[20] 上暢九垓，下泝八埏。[21] 懷生之類，沾濡浸潤，協氣橫流，武節猋逝，[22] 爾陜游原，迵闊泳末，[23] 首惡鬱没，闇昧昭晰，[24] 昆蟲闓懌，回首面内。[25] 然后囿騶虞之珍群，徼麋鹿之怪獸，[26] 導一莖六穗於庖，[27] 犠雙觡共抵之獸，[28] 獲周餘放龜于岐，[29] 招翠黄乘龍於沼。[30] 鬼神接靈圉，賓於閒館。[31] 奇物譎詭，俶儻窮變。[32] 欽哉，符瑞臻兹，猶以爲薄，不敢道封禪。蓋周躍魚隕杭，休之以燎。[33] 微夫斯之爲符也，以登介丘，不亦恧乎！[34] 進讓之道，何其爽與？[35]

[1]【今注】軒轅：上古帝王。即黄帝。號軒轅氏、有熊氏。與蚩尤戰於涿鹿。因有土德之瑞，故號黄帝。後世很多發明和製作均以黄帝爲始。

[2]【顏注】師古曰：遐、邈，皆遠也。已，終之辭（白鷺洲本、大德本、殿本"終"前有"語"字）。

[3]【顏注】師古曰：五，五帝也。三，三皇也。【今注】案，"五三六經載籍之傳"二句，指五帝、三王的事迹，六經等載籍所記已經比較可觀。《漢書考正》宋祁曰："皇"，當作"王"。王先謙《漢書補注》曰：《文選》作"維風可觀也"，李善注引

《漢書音義》曰："五，五帝也。三，三王也。經籍所載，善惡可知也。"六經，指《易》《詩》《書》《禮》《樂》《春秋》。

[4]【顏注】師古曰：此《虞書·益稷》之辭也（辭，大德本同，白鷺洲本、殿本作"語"）。元首，君也。股肱，大臣也。

[5]【今注】后稷：周族始祖，名棄。因發展農業生産被舜封爲后稷。

[6]【今注】后稷創業於唐：后稷被唐堯任命爲相。王先謙《漢書補注》曰：《文選》"唐"下多一"堯"字，李善注引《漢書音義》曰："唐堯之世，播殖百穀。"

[7]【今注】公劉：周族首領，率部族從邰遷至豳，重視發展農業。

[8]【今注】文王改制：《春秋公羊傳注疏》隱公元年注："文王，周始受命之王，天之所命，故上繫天端，方陳受命。制正月，故假以爲王法。"則文王改制説應當源自《公羊傳》。但有學者認爲，殷末周初，周文王、武王基本沿用商代禮儀典章，成王周公之後，在祭祀制度、用牲制度、宗法制度、分封制度等方面都進行了變革（參見王暉《周初改制考》，《中國史研究》2000 年第 2 期）。

[9]【顏注】文穎曰：郅，至也。行，道也。文王始開王業，改正朔服色，太平之道於是成也。應劭曰：大行，道德大行也。師古曰："郅"音"質"。【今注】爰周郅隆：周朝通過文王改制，最爲隆盛。　大行越成：王念孫《讀書雜志·漢書第十》謂意爲大道於是開始形成。古人稱"道"爲"行"。

[10]【顏注】鄭氏曰：無聲，無有惡聲也。師古曰：雖後嗣衰微，政教頹替，猶經千載而無惡聲。【今注】案，"后陵遲衰微"三句，指周朝至春秋戰國雖然衰微，但後人對周朝沒有惡意的評價，這就是善始善終。王先謙《漢書補注》引《史記·司馬相如列傳》徐廣注："周之王四海，千載之後聲教乃絶。"又引《文選》注引《漢書音義》曰："美周家終始相副若一也。"又引《莊子》

曰："善始善終，人猶效之。"

[11]【顏注】師古曰：言既創業定制，又垂裕後昆也。

[12]【顏注】師古曰：夷、易，皆平也。易，弋豉反（白鷺洲本、大德本、殿本"戈"前有"音"字）。【今注】軌迹夷易易遵也：指周朝留下來的典範簡易可行，便於遵循。《文選》李善注：指周之軌迹平易，容易遵奉。

[13]【顏注】師古曰："湛"讀曰"沈"。沈，深也。厖、洪，皆大也。"厖"音"尨"。【今注】湛恩厖洪易豐也：指周朝的深恩洪大，易於完備。《文選》司馬長卿《封禪文》李善注：言深恩大而備用。

[14]【顏注】張揖曰：垂，縣也。統，緒也。理，道也。文王重易六爻，窮理盡性，縣於後世，其道和順，《易》續而明，孔子得錯其象而象其辭也。師古曰：統業直言所垂之業，其理至順，故令後嗣易繼之耳，非謂演《易》也。【今注】案，"憲度著明"四句：指周朝的法度顯明，容易效仿；法統合乎情理，後世容易繼承。《文選》司馬長卿《封禪文》李善注：憲度著明易則，垂統理順易繼。

[15]【顏注】孟康曰：緥保謂成王也。二后謂文武也。周公負成王以致太平，功德冠於文武者，遵成法易故也。

[16]【顏注】師古曰：元，始也。都，於也。攸，所也。卒亦終也。言度其所始，究其所終也。

[17]【顏注】師古曰：尤，異也。考，校也。言不得與漢校其德也。【今注】案，"揆厥所元"三句，指考量周朝初始與滅亡，並没有特異的業迹可與漢朝相比。

[18]【今注】建顯號施尊名：王先謙《漢書補注》引《文選》注："顯號、尊名，謂封禪也。"

[19]【顏注】師古曰："逄"讀曰"夆"。言如夆火之升，原泉之流也。汹湁曼羡，盛大之意也。"汹"音"勿"。"湁"音

"聿"。羡，弋扇反（白鷺洲本、大德本、殿本"弋"前有"音"字）。【今注】逢涌原泉沕潏曼羨：指漢朝盛德如同涌出的泉水一樣廣布。王先謙《漢書補注》曰："逢"，《史記·司馬相如列傳》作"灊"，裴駰《史記集解》引韋昭曰："漢德灊涌如泉原也。"司馬貞《史記索隱》："張揖曰：'逢，遇也。喻其德盛若遇泉原之流也。'又作'峯'讀。""逢"讀爲"漨"，即大水。又與"洚"同。洚水即洪水，言水盛大不擇地而出。

［20］【顏注】師古曰：旁魄，廣被也。魄，步各反（白鷺洲本、大德本、殿本"步"前有"音"字）。

［21］【顏注】服虔曰：暢，達也。垓，重也。天有九重。如淳曰：淮南云若士謂盧敖："吾與汗漫期乎九垓之上。"孟康曰：沂，流也。埏，地之八際也。言德上達於九重之天，下流於地之八際。師古曰：埏，本音"延"，合韻，音弋戰反。《淮南子》作八夤也。

［22］【顏注】師古曰：言和氣橫被四表，威武如焱之盛。【今注】協氣橫流武節焱逝：和氣充盈，威武之節如疾風之逝。本書卷六《武紀》載："朕將巡邊垂，擇兵振旅，躬秉武節。"

［23］【顏注】孟康曰：逎，近也。原，本也。迥，遠也。闊，廣也。泳，浮也。恩德比之於水，近者游其原，遠者浮其末也。

［24］【顏注】師古曰：始爲惡者皆即湮滅，素暗昧者皆得光明也。晰，之舌反（白鷺洲本、大德本、殿本"之"前有"音"字）。

［25］【顏注】文穎曰：闓、懌，皆樂也。師古曰："闓"讀曰"凱"。言四方幽遐，皆懷和樂，回首革面，而内嚮也。

［26］【顏注】師古曰：言騶虞自擾而充苑圍，怪獸自來若入徼塞。言符瑞之盛也。徼，工釣反（白鷺洲本、大德本、殿本"工"前有"音"字）。【今注】案，據《漢書考正》劉奉世說：

此言騶虞可致於囿中，怪獸可驅於徼外。王先謙《漢書補注》云，麋鹿非怪獸，且中國所有，不應武帝時始入徼塞，更何至驅之徼外。所謂"麋鹿之怪獸"，即其形狀若麋的騶虞，非麋似麋，故云"麋鹿之怪獸"。騶虞，傳說中的瑞獸名。《毛詩正義》卷一之五："義獸也，白虎黑文，不食生物，有至信之德。"《淮南鴻烈解》卷一二載："白虎黑文而仁，食自死之獸，日行千里。"也作"騶牙""騶吾"。《史記》卷一二六《滑稽列傳》載建章宮後閤重櫟中有物出，其狀似麋。東方朔曰："所謂騶牙者也。遠方當來歸義，而騶牙先見。其齒前後若一，齊等無牙，故謂之騶牙。"

[27]【顏注】鄭氏曰：導，擇也。一莖六穗，謂嘉禾之米，於庖厨以供祭祀也。【今注】導一莖六穗於庖：一莖生六穗，古人稱爲嘉禾。瞿鴻機曰："導"，《史記·司馬相如列傳》作"藁"，《索隱》："鄭玄云：'藁，擇也。'《説文》：'嘉禾一名藁。'《字林》云：'禾一莖六蕙謂之藁也。'""導"當作"藁"。本書《百官公卿表》有官，即擇米之官。

[28]【顏注】服虔曰：犧，牲也。骼，角也。抵，本也。武帝獲白麟，兩角共一本，因以爲牲也。

[29]【顏注】文穎曰：周放畜餘龜於池沼之中，至漢得之於岐山之旁。龜能吐故納新，千歲不死也。【今注】獲周餘放龜于岐：指漢朝得周鼎和周朝放養的龜。指漢朝繼承周朝的統系。王先謙《漢書補注》曰："餘"下當有"珍"字。《史記·司馬相如列傳》作"獲周餘珍收龜于岐"，《集解》徐廣曰："一作'放龜'。"又引《漢書音義》曰："餘珍，得周鼎也。岐，水名也。"《音義》以獲周餘珍、放龜爲二事，言寶鼎、放龜皆岐周所有，漢朝一併獲得。

[30]【顏注】張揖曰：乘龍，四龍也。孟康曰：翠黃，乘黃也，龍翼馬身，黃帝乘之而仙。言見乘黃而招呼之。《禮樂志》曰："訾黃其何不來下。"余吾渥洼水中出神馬，故曰乘龍於沼也。

師古曰：此説非也。言招致翠黄及乘龍於池沼耳。乘，音食證反。《春秋傳》曰："帝賜之乘龍。"【今注】招翠黄乘龍於沼：翠黄，龍翼馬身。乘龍，傳説黄帝乘之登仙。王先謙《漢書補注》曰：《竹書》"地出乘黄之馬"。《管子》"河出圖，洛出書，地出乘黄"，注："乘黄，神馬也。"翠黄即訾黄。疑"訾""翠"以雙聲借字。訾黄、乘龍，比喻渥洼神馬。案，據本書卷六《武紀》得鼎后土祠旁、馬生渥洼水中，在武帝元鼎四年（前113）。

[31]【顔注】文頴曰：是時上求神仙之人，得上郡之巫長陵女子，能與鬼神交接，治病輒愈，置於上林苑中，號曰神君。有似於古之靈囿，禮待之於閒館舍中也。師古曰："閒"讀曰"閑"。

[32]【顔注】師古曰：儌，音吐歷反。【今注】奇物譎詭儌儻窮變：指以上這些奇珍異獸，超凡脱俗，變幻無窮。王先謙《漢書補注》曰：官本"儻"作"儌"，《史記》同。《文選》注引《漢書音義》曰："儌儻，卓異也。奇偉之物，譎詭非常，卓然絶異，窮極事變。"

[33]【顔注】應劭曰：杭，舟也。休，美也。師古曰：燎，祭天也。謂武王伐紂，白魚入于王舟，俯取以燎。

[34]【顔注】服虔曰：介，大也。丘，山也。言周以白魚爲瑞，登大山封禪，不亦愍乎？【今注】介丘：大山。指泰山。

[35]【顔注】張揖曰：進，周也。攘，漢也。爽，差也。言周未可封禪而封，爲進；漢可封禪而不爲，爲攘也。師古曰：攘，古"讓"字也。

　　於是大司馬進曰：[1]"陛下仁育群生，義征不譓，[2]諸夏樂貢，百蠻執贄，[3]德牟往初，功無與二，[4]休烈液洽，[5]符瑞衆變，期應紹至，不特創見。[6]意者大山、梁父設壇場望幸，蓋號以況榮，[7]上帝垂恩儲祉，將以慶成，[8]陛下嗛讓而弗發也。[9]挈三神之歡，缺王道之儀，[10]群臣恧焉。[11]或謂且天爲質闇，示珍符固不可辭；[12]若然辭之，是泰山靡記而梁甫罔幾也。[13]亦各並時而榮，咸濟厥世而屈，說者尚何稱於後，而云七十二君哉？[14]夫脩德以錫符，奉符以行事，不爲進越也。[15]故聖王弗替，而脩禮地祇，謁欵天神，[16]勒功中岳，以章至尊，[17]舒盛德，發號榮，受厚福，以浸黎民。[18]皇皇哉斯事，天下之壯觀，王者之卒業，不可貶也。[19]願陛下全之。[20]而后因雜縉紳先生之略術，使獲曜日月之末光絶炎，以展采錯事。[21]猶兼正列其義，祓飾厥文，作《春秋》一蓺。[22]將襲舊六爲七，攄之無窮，[23]俾萬世得激清流，揚微波，蜚英聲，騰茂實。[24]前聖之所以永保鴻名而常爲稱首者用此。[25]宜命掌故悉奏其儀而覽焉。"[26]

[1]【顏注】文穎曰：大司馬，上公，故先進議也。【今注】大司馬：加官名。漢武帝元狩四年（前119）初置大司馬，以冠將軍之號。

[2]【顏注】文穎曰：譏，順也。【今注】義征不譓：以仁義之師征討不順服者。

[3]【顏注】師古曰：夏，大也。諸夏，謂中國之人比蠻夷爲大也。【今注】諸夏樂貢百蠻執贄：指漢朝人民及周邊少數民族都樂於貢獻物品，接受統治。百蠻，指漢朝南方的少數民族。

[4]【顏注】師古曰：牟，等也。

[5]【今注】休烈液洽：漢朝盛大的功業遍布。王先謙《漢書

補注》曰：液，《史記·司馬相如列傳》《文選》作"浹"。浹洽，遍及。

[6]【顏注】師古曰：言符瑞衆多，應期相續而至，不獨初創而見也。【今注】不特創見：《史記》卷一一七《司馬相如列傳》司馬貞《索隱》引文穎云"不獨一物，初創見也"，李善注引作"不獨一物造見也。創，初創也"。

[7]【顏注】孟康曰：意者，言太山、梁父設壇場，望聖帝往封禪紀號以表榮名也。師古曰：幸，臨幸也。蓋，發語辭也。【今注】案，指太山、梁父期望武帝的臨幸，給它們加上尊號，以比榮於往代。蓋號，加上封號。

[8]【顏注】師古曰：上帝，天也。言垂恩於下，豫積祉福，用慶告成之禮。

[9]【顏注】張揖曰：不肯發意往也。師古曰：嗛，古"謙"字。【今注】案，"上帝垂恩"數句：指上天垂恩於漢朝，降臨福祉，用以慶告成之禮，而陛下謙讓，不肯前往。

[10]【顏注】應劭曰：挈，絕也。缺，闕也。如淳曰：三神，地祇、天神、山嶽也。師古曰：挈，口許反（白鷺洲本、大德本、殿本作"挈音口計反"）。【今注】三神：《史記·司馬相如列傳》《集解》韋昭以爲上帝、太山、梁父。

[11]【顏注】師古曰：恧，愧也，音，女六反。

[12]【顏注】師古曰：言天道質昧，以符瑞見意，不可辭讓也。

[13]【顏注】張揖曰：泰山之上無所表記，梁父壇場無所庶幾也。【今注】罔幾：沒有希望。

[14]【顏注】應劭曰：屈，絕也。言古帝王若但各一時之榮，畢世而絕者，則説者無從顯稱於後也。師古曰：屈，其勿反（白鷺洲本、大德本、殿本"其"前有"音"字）。【今注】案，"亦各並時而榮"四句，指如果古代帝王盛極一時，但其成就祇在

於他所在的時代而不進行封禪，那麼後世評論者還有什麼可談論的呢？也就不能有七十二君封禪的傳說了。並時，一時、同時。濟，成就。厥世，指古代帝王所處的世代。屈，絕。指不封禪。

[15]【顏注】文穎曰：越，踰也。不爲苟進踰禮也。【今注】案，"夫脩德以錫符"三句，指修德則上天賜符，奉上天之符而行封禪，即不算踰越禮法。

[16]【顏注】文穎曰：謁，告也。款，誠也。師古曰：替，廢也。不廢封禪之事也。【今注】案，"故聖王弗替"三句，指聖明的帝王不廢封禪，而是禮敬地祇，虔誠地謁告天神。

[17]【顏注】張揖曰：蓋先禮中岳而幸大山也。師古曰：章，明也。【今注】中岳：嵩山。在今河南登封市北。本書卷六《武紀》載，元封元年（前110），武帝先祭華山、嵩山，又東巡山東沿海各地，夏四月封泰山。 以章至尊：以表明泰山的尊貴地位。

[18]【今注】案，"舒盛德"數句，指封禪泰山可以宣揚帝王的德行，顯示帝王的尊號和榮耀，受到上天的賜福，並施加給漢朝的百姓。舒，展現。發，顯現。受，得到。厚福，多福、大福。浸，滋潤。

[19]【顏注】師古曰：皇皇，盛貌也。卒，終也，字或作"本"，或作"丕"。丕，大也。

[20]【顏注】張揖曰：願以封禪全其終也。

[21]【顏注】文穎曰：采，官也。使諸儒記功著業，得觀日月末光殊絕之明，以展其官職，設錯其事業也。李奇曰：炎音火之光炎。師古曰：炎，弋贍反（白鷺洲本、大德本、殿本"弋"前有"音"字）。錯，千故反（白鷺洲本、大德本、殿本"千"前有"音"字）。【今注】案，"而后因雜縉紳先生之略術"三句：指聚集當時儒者的謀略道術，使他們獲得如同日月餘光一樣得到封禪的好處，以爲漢朝供職辦事。縉紳先生，即前文"搢紳先生"。

[22]【顏注】孟康曰：猶作《春秋》者，正天時，列人事也。言諸儒既得展事業，因兼正天時，列人事，叙述大義爲一經也。師古曰：祓，除也。祓飾者，言除去舊事，更飾新文也。祓，音敷勿反。【今注】案，"正列其義"三句，指整理闡述其大義，潤色其文辭，撰成如《春秋》那樣微言大義的經典。王先謙《漢書補注》曰：正義飾文，紀述時事，垂之史官，此《春秋》家法，故曰"作《春秋》一蓺"。

[23]【顏注】文穎曰：六經加一爲七也。師古曰：攄，布也，音丑居反。【今注】將襲舊六爲七攄之無窮：指漢朝欲使諸儒著書立說，繼六經而創七經，傳揚大漢德化於永久。攄，流傳。王先謙《漢書補注》引《史記·司馬相如列傳》《集解》："徐廣曰：'"攄"，一作"臚"。臚，叙也。'"《索隱》："《廣雅》云：'攄，張舒也。'"《文選》注引孔安國《尚書傳》曰："襲，因也。"

[24]【顏注】師古曰：蜚，古"飛"字。

[25]【顏注】師古曰：稱，尺孕反（白鷺洲本、大德本、殿本"尺"前有"音"字）。

[26]【顏注】師古曰：掌故，太常官屬，主故事者。

　　於是天子沛然改容，曰："俞乎，朕其試哉！"[1]乃遷思回慮，總公卿之議，詢封禪之事，詩大澤之博，廣符瑞之富。[2]遂作頌曰：[3]

[1]【顏注】師古曰：沛然，感動之意也。俞者，然也，然其所請也。沛，普大反。"俞"音"踰"。

[2]【顏注】孟康曰：詩所以詠功德，謂下四章之頌也。大澤之博，謂"自我天覆，雲之油油"也。廣符瑞之富，謂"斑斑之獸"以下三章（斑斑，大德本、白鷺洲本同，殿本作"班班"），言符應廣大富饒也。【今注】案，"乃遷思回慮"五句，

指武帝反復思考之後，概括公卿的觀點，詢問了他們對封禪的意見，贊頌封禪恩澤的廣大，闡明符瑞的眾多。大澤，指因祭祀得到的恩惠。《禮記·祭統》：“祭者，澤之大者也，是故上有大澤，則惠必及下。”詩，歌頌功德。廣，擴大。王念孫《讀書雜志·漢書第十》謂，詩者，志也。志者，記也。謂作此頌以記大澤之溥博，廣符瑞之富饒。

　　[3]【今注】頌：文體名。用於頌美、告神，尚有勸誡、諷諫。

　　　　自我天覆，雲之油油。[1]甘露時雨，厥壤可游。[2]滋液滲漉，何生不育！[3]嘉穀六穗，我穡曷蓄？[4]

　　[1]【顏注】蘇林曰：油音“油麻”之“油”。李奇曰：油油，雲行貌。《孟子》曰：“油然作雲，沛然下雨。”【今注】油油：形容雲流動的樣子。

　　[2]【顏注】師古曰：言雨露滂沛（露，大德本、白鷺洲本同，殿本作“霧”），其澤可以游泳也。

　　[3]【顏注】師古曰：滲漉，謂潤澤下究，故無生而不育也。滲，音山禁反。“漉”音“鹿”。

　　[4]【顏注】李奇曰：我之稼穡，何等不蓄積？

　　　　匪唯雨之，又潤澤之；匪唯偏我，[1]汜布護之；[2]萬物熙熙，懷而慕之。名山顯位，[3]望君之來。君兮君兮，侯不邁哉！[4]

　　[1]【今注】匪唯偏我：王先謙《漢書補注》曰：“《史記·司

馬相如列傳》作'非惟濡之'，《文選》作'非惟徧之'。《索隱》
胡廣曰：'言雨澤非偏於我，普遍布散，無所不溥也。'據此，則
《史記·司馬相如列傳》本作'偏'，後人誤改。"

[2]【顏注】師古曰：氾，普也。布護，言遍布也。氾，敷
劍反（白鷺洲本、大德本、殿本"敷"前有"音"字）。【今注】
氾布護之：廣泛遍布。案，《史記》卷一一七《司馬相如列傳》作
"氾專濩之"。護，同"濩"。流散。

[3]【今注】名山顯位：王先謙《漢書補注》曰："《文選》
注：'韋昭曰：名山，泰山也。顯位，封禪之事也。'"

[4]【顏注】師古曰：侯，何也。邁，行也。言君何不行
封禪。

　　股股之獸，樂我君囿；白質黑章，其儀可
喜；[1]旼旼穆穆，君子之態。[2]蓋聞其聲，今視其
來。[3]厥塗靡從，天瑞之徵。[4]茲爾於舜，虞氏
以興。[5]

[1]【顏注】師古曰：謂騶虞也。"股"字與"斑"同耳，從
"丹青"之"丹"。喜，許記反（白鷺洲本、大德本、殿本"許"
前有"音"字）。【今注】樂我君囿：《說文解字·囗部》："禽獸曰
囿……穜菜曰圃"。案，囿，白鷺洲本同，大德本、殿本作"圃"。

[2]【顏注】孟康曰：旼旼，和也。穆穆，敬也。言容態和
且敬，有似君子也。張揖曰："旼"音"旻"。

[3]【顏注】師古曰：言往昔但聞其聲，今親見其來也。來
合韻音郎代反。【今注】蓋聞其聲今視其來：指以前祇聽到騶虞的
名聲，現在親眼看到它降臨。今視其來，王先謙《漢書補注》曰：
《文選》"視"作"親"，李善注云："親見其來。"據顏注，疑《漢
書》亦作"親"。《史記》卷一一七《司馬相如列傳》作"觀"。

[4]【顏注】文穎曰：其來之道何從乎？此乃天瑞之應也。【今注】厥塗靡從：指騶虞走過的地方沒有蹤迹可尋。《史記·司馬相如列傳》作"厥塗靡蹤"。

[5]【顏注】文穎曰：百獸舞，則騶虞在其中也。【今注】茲爾於舜虞氏以興：王念孫《讀書雜志·漢書第十》謂，"爾"字於義無取，當從《史記·司馬相如列傳》《文選》作"亦"。指此獸於舜亦見。王先謙《漢書補注》曰："《索隱》引文注曰：'舜百獸率舞，則騶虞亦在其中也。'爲'亦'字作注，是文穎所見本'爾'字爲'亦'之證。"

　　濯濯之麟，游彼靈畤。孟冬十月，君徂郊祀。[1]馳我君輿，帝用享祉。[2]三代之前，蓋未嘗有。

[1]【顏注】文穎曰：濯濯，肥也。武帝冬幸雍，祠五畤，獲白麟也。師古曰：濯，直角反（白鷺洲本、大德本、殿本"直"前有"音"字）。《大雅·靈臺》之詩云："麀鹿濯濯。"【今注】靈畤：祭祀天地五帝的地方。畤，通"止"。指神靈所在的地方。　案，"孟冬十月"二句，本書卷六《武紀》載，武帝元狩元年（前122）冬十月，行幸雍，祠五畤。獲白麟，作白麟之歌。

[2]【顏注】文穎曰：馳我君車之前也。師古曰：帝，天帝也。以此祭天，天既享之，答以祉福也。【今注】案，《文選》司馬長卿《封禪文》李善注："白麟馳我君車之前，因取燎祭于天，天用歆享之，答以祉福也。"

　　宛宛黃龍，興德而升；[1]采色玄耀，煥炳輝煌。[2]正陽顯見，覺寤黎烝。[3]於傳載之，云受命所乘。[4]

[1]【顔注】文穎曰：起至德而見也。【今注】黄龍：瑞獸名。相傳黄帝乘黄龍而去。爲帝王之祥瑞。本書卷四二《張蒼傳》載，漢爲土德，其符黄龍見。

[2]【顔注】師古曰："玄"讀曰"炫"。煇煌，光貌。煇，下本反（白鷺洲本、大德本、殿本"下"前有"音"字）。【今注】焕炳煇煌：明亮燦爛。案，，大德本同，白鷺洲本、殿本作"炳炳煇煌"。《史記》卷一一七《司馬相如列傳》作"熿炳煇煌"。

[3]【顔注】文穎曰：陽，明也。師古曰：黎烝，衆庶也。【今注】正陽顯見：王先謙《漢書補注》曰："《洪範五行傳》曰：'龍，陽類，貴象也。'《續漢書·五行志》注引《風俗通》：'龍者，陽類，君之象也。'故曰'正陽顯見'。"

[4]【顔注】師古曰：謂《易》云："時乘六龍以御天也。"【今注】受命所乘：本書卷五《文紀》載，文帝十五年（前165），黄龍見成紀，復召魯公孫臣爲博士，申明土德。《文選》司馬長卿《封禪文》李善注："如淳曰：'書傳揆其比類。或以漢土德，則宜有黄龍之應於成紀是也，故言受命者所乘。'"

　　　　厥之有章，不必諄諄。[1]依類託寓，諭以封巒。[2]

[1]【顔注】文穎曰：天之所命，表以符瑞，章明其德，不必諄諄然有語言也。師古曰：諄諄，告喻之孰也（孰，白鷺洲本同，大德本、殿本作"熟"），音之純反。【今注】厥之有章不必諄諄：此二句指上天的符瑞很明顯了，不必再反復陳述。

[2]【顔注】文穎曰：寓，寄也。巒，山也。言依事類託寄，以喻封禪。

　　　　披藝觀之，[1]天人之際已交，上下相發允苔。[2]聖王之事，兢兢翼翼。[3]故曰於興必慮衰，安必思危。是以湯武至尊嚴，不失肅祗，[4]舜在假典，顧省厥遺:[5]此之謂也。

[1]【今注】披藝觀之：翻閱經典。披，翻開。藝，指儒家經典六藝。

[2]【今注】上下相發允苔：指人間與上天相互啓發，形成了比較和諧的關係。

[3]【顏注】師古曰：兢兢，戒也。翼翼，敬也。

[4]【顏注】師古曰：言居天子之位，猶不忘恭敬也。【今注】湯武至尊嚴不失肅祗：指湯、武居天子之位，猶不忘敬肅恭敬。

[5]【顏注】師古曰：在，察也。假，大也。典，則也。言舜察琁璣玉衡，恐己政化有所遺失，不合天心。今漢亦當順天意而封禪也。【今注】案，《文選》司馬長卿《封禪文》李善注："湯、武雖居至尊嚴之位，而猶不失肅祗之道。舜所以在於大典，謂能顧省其遺失。言漢亦當不失恭敬而自省也。祭天，是不忘敬也。不封禪，是遺失也。"

相如既卒五歲，上始祭后土。[1]八年而遂禮中岳，[2]封于大山，至梁甫，禪肅然。[3]

[1]【今注】案，本書卷六《武紀》載，元鼎五年（前112）十一月，武帝祭后土。則司馬相如卒年爲元狩五年（前118）。王先謙《漢書補注》引徐廣注："元狩五年也。"劉南平、班秀萍認爲，司馬相如卒年爲元狩六年（參見《司馬相如考釋》，第49頁）。后土，土地神。指祭土地神的社壇。在今山西萬榮縣西南。

[2]【今注】案，據本書《武紀》，元封元年（前110）三月，

武帝禮登中嶽太室。

　　〔3〕【今注】肅然：山名。在泰山東麓。今山東萊蕪市東北。《史記》卷一二《孝武本紀》：“丙辰，禪泰山下阯東北肅然山，如祭后土禮。”

　　相如它所著，若遺《平陵侯書》《與五公子相難》《中木書篇》，[1]不采，采其尤著公卿者云。

　　〔1〕【今注】平陵侯：蘇建。平陵，在今湖北均縣西北。案，司馬相如的著作，嚴可均《全漢文》載《漢志》有長卿賦二十九篇，今存《子虛》《上林》《哀秦二世》《大人》《長門》《美人》六賦，其他著作，遍搜群書，祇得《魏都賦》張載注引“梨賦”一句，《北堂書鈔》引《魚葅賦》有題無文，其餘二十一賦並不可考。

　　贊曰：司馬遷稱：“《春秋》推見至隱，[1]《易》本隱以之顯，[2]《大雅》言王公大人，而德逮黎庶，[3]《小雅》譏小己之得失，其流及上。[4]所言雖殊，其合德一也。[5]相如雖多虛辭濫説，然要其歸引之於節儉，此亦《詩》之風諫何異？”[6]揚雄以爲靡麗之賦，[7]勸百而風一，[8]猶騁鄭衛之聲，曲終而奏雅，不已戲乎！[9]

　　〔1〕【顏注】李奇曰：隱猶微也。言其義顯而文隱，若隱公見弒死，而經不書，隱諱之也。【今注】春秋推見至隱：《春秋》以微言闡釋大義，能展示事物的細微之處。指以人事表達天道。

　　〔2〕【顏注】張揖曰：作八卦以通神明之德，是本隱也。有

天道焉，有地道焉，有人道焉，以類萬物之情，是之顯也。師古曰：之，往也。【今注】易本隱以之顯：《易經》本來以八卦表達天地間的大道，但由於結合了世間事物的道理，故而闡釋得淺顯。

[3]【顏注】張揖曰：謂文王、公劉在位，大人之德下及衆民者也。

[4]【顏注】張揖曰：己，詩人自謂也。己小有得失，不得其所，作詩流言，以諷其上也。師古曰：小己者，謂卑少之人，以對上言大人耳。【今注】案，"《大雅》言王公大人"四句，指《大雅》雖贊頌文王、公劉等大人物，却也惠及百姓；《小雅》雖表達普通人的生活遭遇和情感得失，但也涉及國家大事。《詩經》中《大雅》三十一篇，《小雅》七十一篇。

[5]【今注】案，"所言雖殊"二句，指《詩》中所載的文辭雖然不一，但其與上天合德的思想是一致的。合德，即同德。

[6]【顏注】師古曰："風"讀曰"諷"，次下亦同。【今注】案，"相如雖多虛辭濫説"三句，指司馬相如的賦雖然有很多華麗的修辭和不恰當的比喻，但其目的還是諷諫，這與《詩》的出發點是一致的。

[7]【今注】揚雄：傳見本書卷八七。

[8]【顏注】師古曰：奢靡之辭多，而節儉之言少也。

[9]【顏注】張揖曰：不亦輕戲乎哉！【今注】"勸百而風一"四句：指揚雄認爲，司馬相如的賦以大量華麗的辭藻表達少量的勸諫，這就如同演奏鄭衛之音時，在結尾加了一點雅樂，並不能起到勸諫的作用。這是將司馬相如賦的作用貶低了。鄭衛，春秋戰國時鄭國、衛國。傳説兩國的風俗和音樂浮華淫靡。案，風，大德本同，白鷺洲本、殿本作"諷"。

司馬相如《難蜀文》中云："身親其勞，躬傶骿胝無胈，膚不生毛。"張揖注曰："躬，體也。傶，湊理也。"臣佖撿子書無"俶"字，[1]又"戚"字，《説文》云："戉也。"按，李善注《文選》云："孟康曰：'湊，湊理也。'疑《漢書》傳寫相承，誤以'湊'字作'俶'字耳。合爲'湊'。"[2]

[1]【今注】案，撿子，大德本、殿本作"檢字"。
[2]【今注】案，此段爲原書本卷校記。